보육학개론

조혜경 · 구경선

창지사

머리말

지난해 코로나 팬데믹의 여파로 세계적으로 정치·사회·경제·보건·교육 등의 분야에도 큰 변화가 나타났고 현재도 진행 중이다. 이렇게 사회도 급변하고 있지만 우리가 근무하고 있는 대학과 각 학과들 그리고 이에 소속한 재학생들의 사고와 정서 그리고 전공에 대한 태도나 인식도 예전과는 차이를 나타내고 있다.

보육현장에서는 표준보육과정과 누리과정이 놀이중심 교육과정으로 개정되어 아동중심 교육에 대한 교육과 구체적인 실천이 요망되고 있는 이 즈음에, 대학에서 놀이중심을 반영한 보육학개론은 어떻게 구성할 수 있는지 고민이 있었다. 이에 본 저자들은 예비보육교사들이 보육의 핵심적인 기초지식을 갖추기 위해서 보육학의 개론서로서 보육에 관련된 영역을 가능한 한 골고루 다루려고 노력하는 한편, 지나치게 이론에 치우치지 않고 기초적인 보육교사로서 갖추어야 할 실천적 지식과 기술을 습득할 수 있도록 주의를 기울였다. 또한 보육 관련 법, 정책, 행정체계는 물론 학계와 현장의 최근 동향을 반영하려고 노력하였고, 우리나라 보육의 현황과 보육의 주요 공적기관의 업무 등을 새롭게 포함하면서 보육의 현실을 이해하며 관심을 갖게 하고자 하였다. 그럼에도 불구하고 여전히 부족한 점이 많아 부끄러운 마음이 앞서지만 미비한 점은 여러분의 비판과 조언을 토대로 차후에 보완해 나가기로 마음먹고 이 책을 선보이게 되었다.

특히 본 서를 위하여 한국성서대학교 연계 어린이집(한국성서대 부설 어린이집, 꿈빛어린이집, 상계5동 보나어린이집, 상계백병원어린이집, 늘사랑어린이집)의 원장과 교사의 도움이 많았다. 그들에게 감사드린다.

저자들은 이 책이 보육학을 전공하는 학생들과 보육교사 자격을 취득하고자 하는 많은 예비보육교사들의 보육에 대한 전반적인 이해에 도움이 될 수 있을 것이라 생각하며, 이 시대의 영유아들과 그 가족의 행복은 물론 우리사회의 밝은 미래에 조금이나마 기여할 수 있기를 기대한다.

촉박한 시일에도 불구하고 차질 없이 책이 출간되도록 도와주신 창지사 여러분께 감사드린다.

2021년 2월
저자 일동

차례

보육이란 '아동의 부모가 아닌 다른 사람에 의해 제공되는 대안적 양육제도'를 말한다(Howes & Ponciano, 2000: 39). 광의의 개념으로 보육을 적용하면, 「영유아보육법」에 근거한 어린이집에서의 보육뿐 아니라, 「유치원교육법」에 근거한 유치원 방과 후 과정도 보육의 범주에 포함될 수 있으며, 더 나아가 「아동복지법」에 근거하여 운영되고 있는 지역아동센터나 초등학교에서 운영되고 있는 방과 후 학교 등이 모두 보육의 범주에 포함될 수 있다. 그러나 본 장에서는 「영유아보육법」에 근거한 보육의 개념과 보육개념의 변화를 알아보고, 영유아, 가족, 국가의 차원에서 보육의 필요성을 살펴보고자 한다.

CHAPTER 01

보육의 개념

1 보육의 개념

1) 보육의 개념

'영유아'란 6세 미만의 취학 전 아동을 말하며, '보육'이란 이러한 영유아를 건강하고 안전하게 보호 · 양육하고 영유아의 발달 특성에 맞는 교육을 제공하는 어린이집 및 가정양육지원에 관한 사회복지서비스를 말한다(영유아보육법, 2020). 「영유아보육법」에 나타난 보육의 목적은 "영유아의 심신을 보호하고 건전하게 교육하여 건강한 사회 구성원으로 육성함과 아울러 보호자의 경제적 · 사회적 활동이 원활하게 이루어지도록 함으로써 영유아 및 가정의 복지 증진에 이바지함"이다. 요약하면, 우리나라가 추구하는 보육의 개념은 보호 및 양육과 교육을 모두 포함하는 통합적 개념이며, 영유아의 복지와 가정의 복지를 동시에 고려하고 있을 뿐 아니라, 어린이집을 통한 대리양육지원의 차원을 넘어서 가정양육지원까지도 포함하는 포괄적 개념이라는 것을 알 수 있다.

〈표 1-1〉에 나타난 보육개념의 변화를 살펴보면, 사회발전과 변화로 인해 보육의 개념도 이전과는 차이를 나타내게 되었다. 보육의 대상이 1991년 제정된 「영유아보육법」에서는 "보호자가 근로 또는 질병 기타사정으로 인하여 보호하기 어려운 영아 및 유아"인데 비해 2004년도 개정된 「영유아보육법」에서는 보육대상을 '영유아'라고 명시하고 있다. 즉, 보육의 개념이 보호자가 근로나 질병 등의 이유로 영유아를 보호하기 어려울 때 보호받은 것으로부터 시작하여 일반 영유아가 보호 · 양육 그리고 교육을 받는 것으로 변화되었다. 2008년과 2011년에 일부 개정된 「영유아보육법」에서 보육을 정의하는 범위가 확대되어 '보육이란' 영유아의 보호와 양육 그리고 교육을 제공하는 어린이집(2008; 2011)과 '가정양육지원'까지를 포함한다고 명시되어 있다. 또한 보육을 통해 기존의 가정복지뿐 아니라 영유아의 복지 증진에도 이바지함이 추가되어 보육의 목적에 영유아의 행복이 포함되었다(영유아보육법, 2011).

| 표 1-1 | 보육개념의 변화

개정일(시행일)	영유아보육법의 목적(법 제1조)	보육의 정의(법 제2조)
1991. 1. 14. 법 제정 (1991. 1. 14.)	이 법은 보호자가 근로 또는 질병 기타 사정으로 인하여 **보호하기 어려운 영아 및 유아**를 심신의 보호와 건전한 교육을 통하여 건강한 사회성원으로 육성함과 아울러 보호자의 경제적 · 사회적 활동을 원활하게 하여 가정복지 증진에 기여함을 목적으로 한다.	–
2004. 1. 29. 전부개정 (2005. 1. 30.)	이 법은 **영유아**를 심신의 보호와 건전한 교육을 통하여 건강한 사회성원으로 육성함과 아울러 보호자의 경제적 · 사회적 활동을 원활하게 함으로써 가정복지 증진에 기여함을 목적으로 한다.	'보육'이라 함은 영유아를 건강하고 안전하게 보호 · 양육하고 영유아의 발달특성에 적합한 교육을 제공하는 사회복지서비스를 말한다.
2011. 6. 7., 8. 4. 일부개정 (2011. 12. 8. 2012. 2. 5.)	이 법은 영유아의 심신을 보호하고 건전하게 교육하여 건강한 사회 구성원으로 육성함과 아울러 보호자의 경제적 · 사회적 활동이 원활하게 이루어지도록 함으로써 **영유아 및 가정의 복지 증진**에 이바지함을 목적으로 한다.	'보육'이란 영유아를 건강하고 안전하게 보호 · 양육하고 영유아의 발달 특성에 맞는 교육을 제공하는 **어린이집 및 가정양육 지원**에 관한 사회복지서비스를 말한다.

출처: 출처: 국가법령정보센터.

2) 사회변화에 따른 보육의 패러다임 전환

현대사회의 보육은 여성의 사회 진출과 다양한 가족유형의 증가, 저출산과 선택적 자녀출산 등의 사회분화로 영유아 보육정책과 제도 방향에도 변화가 이루어지면서 보육의 패러다임이 전환되고 있다.

(1) 보호의 개념에서 보호 · 양육 그리고 교육의 통합적 개념으로

우리나라 보육 사업은 1921년 기독교 민간단체인 태화사회관 탁아프로그램을 시작으로 1926년 부산 공생탁아소와 대구의 은총탁아소에서 요보호 아동을 위한 구제사업으로 관, 민, 종교단체가 적극적으로 탁아소를 설립하여 운영하였다. 「아동복리법 시행령(1962년)」에서 탁아소란 '보호자가 없는 아동 또는 이에 준하는 아동을 입소시켜 보육하는 것을 목적으로 하는 시설'로서 당시 보육의 개념은 요보호 아동을 보호하는 것이었다. 이후 경제개발 계획에 따라 여성 노동인력의 수요가 급격히 증가하면서 사회적으로 보육의 수요가 높아져 1978년 어린이집을 일반아동에게도 개방하며 수익자 부담의 원칙을 적용하였고, 1980년대 여성의 사회참여 증가와 가족구조의 핵가족화로 보육의 수요가 높아졌으나 공급이 이에 미치지 못하여 보육이 큰 사회문제로 등장하였다. 1991년 「영유아보육법」이 제정 · 공포되면서 드디어 '탁아'라는 용어 대신에 '보육'이라는 용어를 사용하며, 보호와 교육의 통합적 개념으로 발전하게 되었다.

(2) 선별적 개념에서 보편적 개념으로

1991년 제정된 「영유아보육법」 제1조(목적)에 의하면 보육은 "보호자가 근로 또는 질병 기타 사정으로 인하여 보호하기 어려운 영아 및 유아를 심신의 보호와 건전한 교육을 통하여 건강한 사회성원으로 육성함과 아울러 보호자의 경제적, 사회적 활동을 원활하게 하여 가정복지 증진에 기여함을 목적으로 한다."고 규정되어 있다. 이와 같이 법 제정 초기의 보육의 개념은 선별적 복지의 수준에 머물러 있었다. 그러나 2004년 개정된 「영유아보육법」에 의하면 보육은 "영유아를 심신의 보호와 건전한 교육을 통하여 건강한 사회성원으로 육성함과 아울러 보호자의 경제적 · 사회적 활동을 원활하게 함으로써 가정복지 증진에 기여함을 목적으로 한다."고 제시함으로써 보육이 요보호 아동만을 대상으로 하는 선별적 서비스가 아니라 모든 영유아를 대상으로 하는 보편적 서비스임을 명시하고 있다. 이로써 보육은 모든 영유아들에게 좋은 교육과 보호를 받을 권리를 보장한다는 의미의 보편적 개념으로 변화하게 되었다.

(3) 대리양육의 개념에서 가정양육 지원을 포함한 포괄적 개념으로

2008년 국가보육행정체제의 변화와 함께 보육정책은 질적 수준의 향상과 공공성 강화로의 전환 및 수요자 중심 정책으로의 전환에 목표를 두게 되었다. 따라서 2008년 12월 「영유아보육법」의 일부개정을 통해 보육의 정의에 '가정양육 지원에 관한 사회복지서비스'를 추가하게 되었다. 뿐만 아니라 제1차 중장기보육계획 '새싹플랜'을 '아이사랑플랜(2009~2012)'으로 보완수정하고, 2010년 제2차 저출산·고령사회 기본계획 '새로마지플랜 2015'를 발표함으로써 보육정책을 포함한 다양한 육아지원정책을 수립하기에 이르렀으며, 나아가 제3차 중장기보육 기본계획(2017)과 제3차 저출산·고령사회 기본계획 '브릿지 플랜 2020(2015)'을 통해 보육의 새로운 방향성을 제시였다. 이와 같은 보육정책의 변화와 함께 보육의 개념은 어린이집을 통한 대리양육뿐만 아니라 가정양육 지원까지도 포함하며 나아가 지역사회의 육아공동체 형성 등을 포함하는 포괄적 의미로 확대되고 있다.

(4) 국가가 책임지는 사회문제의 해결에서 일과 양육이 행복한 사회문화 가치추구의 개념으로

지금까지 우리나라의 보육개념은 당면한 사회문제를 해결하기 위한 접근으로 진행되어 왔다. 요보호 아동의 보호나 여성사회참여 조성 및 가족지원, 그리고 저출산 대책 등이 보육의 우선적 관심사로 주목을 받아왔다. 정부는 보육의 공적 책임을 강조하던 것에서 저출산의 패러다임을 전환하여 "일하며 아이 키우기 행복한 나라"로 양육 지원체계를 개편하고 아동권리의 측면에서 아동의 행복권을 보장하고 부모의 노동권과 육아권을 보장하는 정책을 추진하고 있다(백선희, 2020). 저출산에 대응하는 전략이 출산율 제고가 아닌 삶의 질 제고로 육아문화를 개선하고 양육친화적인 사회를 조성하여 출산과 양육이 용이한 사회 환경을 추구하고 있다. 보육의 개념이 사회문제 해결에서 일과 양육이 양립 가능한 새로운 문화와 가치를 선도하며 나아가고 있다.

<비전 및 정책과제 체계도>

비전: 영유아의 행복한 성장을 위해 함께하는 사회

목표 및 전략

보육의 공공성 강화

1. 국공립 이용률 40%로 확대
2. 국공립 운영의 공공성 강화
3. 직장어린이집 활성화
4. 어린이집 운영의 건전성 제고

보육 체계 개편

1. 어린이집 이용 및 지원체계 개선
2. 표준보육비용 산정 및 적정 보육료 지원
3. 보육과정 개편

보육서비스 품질 향상

1. 보육교사 전문성 강화
2. 보육교사 적정 처우 보장
3. 영유아 보육환경 개선
4. 상시적 품질관리 강화

부모 양육지원 확대

1. 부모의 양육역량 강화 지원
2. 시간제 보육 서비스 확대
3. 취약보육 지원 개선

실행기반

▶지원기관 기능 개편
▶민·관 협업 확대
▶전산시스템 개편

| 그림 1-1 | 제3차 중장기보육 추진전략과 방향(2018~2022)

<달라지는 지표>

영유아의 행복한 성장을 위해 함께하는 사회

국가책임보육 기반 조성(~2017)

- 어린이집의 양적 확충
- 부모의 경제적 부담 완화
- 부모교육 등 편의 증진

보육 · 양육에 대한 사회적 책임 확대

- 우수한 보육서비스 제공
- 어린이집의 공공성과 신뢰 증진
- 부모의 양육역량 강화

분야	지표	2017년	2022년
보육의 공공성 강화	국공립 어린이집 확충	이용률 14%	이용률 40%
	직장어린이집 의무이행률	81.5%(10년)	90%
	열린어린이집	1,859개소	5,750개소
보육체계 개편	보육지원체계 개편	맞춤형 보육 (12시간 반, 6시간 반)	지원시간 다양화
	표준 보육과정 개선	2013년 기준	개정·보급
	표준보육 보육비용 재계측	2014년 표준보육비용	표준보육비용 재계측
보육서비스 품질 향상	보육교사 양성체계	학점제	학과제
	보수교육 관리	시·도 개별	총괄관리기관 운영
	보조 대체교사 지원	2.1만 명	2.8 만 명
	보육교사 처우 개선비	0~2세 22만 원 3~5세 30만 원	보육료 인상과 연계해 처우 개선
	평가인증제도 개선	평가인증제도 (신청 어린이집 평가)	평가제도 (모든 어린이집 평가)
부모 양육지원 확대	보육교육실시 인원	연 9만 명	연 30만 명
	육아종합지원센터 설치	전국 87개소	전체 시·군·구 지원
	시간제 보육반 확대	380개반	점진적 확대

| 그림 1-2 | 3차 중장기보육 추진전략과 방향(2018~2022)

2 보육의 필요성

과거로부터 자녀양육의 일차적 책임은 가정에 있으며 특히 어머니가 주된 책임을 가지는 것으로 여겨왔다. 그러나 오늘날에는 자녀양육에 대한 공적 책임이 점차 강화되고 있는 추세이다. 국가에 따라서도 자녀양육의 책임소재에 대한 인식에 다소 차이가 있어 프랑스의 경우는 자녀양육의 책임을 국가와 사회의 공동책임으로 인식하여 일찍부터 공적 지원방안을 마련해 온 데 비해, 영국의 경우는 가정의 책임을 중시하는 경향이 있어 오랜 세월 동안 자녀양육을 위한 지원의 방향이 가정으로 집중되어 왔다.

현대 한국사회의 급격한 사회변화는 영유아를 둘러싼 환경에도 큰 변화를 가져왔다. 이러한 가정환경의 변화와 가정을 둘러싼 사회 환경의 변화가 보육의 필요성을 더욱 부각시키고 있다. 특히 가족구조 및 기능의 변화, 가족해체의 증가 및 대안가족의 출현, 여성의 경제활동참여 증가, 아동양육의 가치관 변화 등 가족환경 변화로 인하여 가족의 자녀양육기능을 지지 또는 보충할 수 있는 아동복지제도 및 서비스의 발전이 요구되고 있다.

전 세계적인 보육요구의 증가에는 일반적으로 여성의 취업욕구 증가, 자녀의 사회화 경험에 대한 욕구 증가, 초등교육을 위한 준비교육의 필요성에 대한 인식 증가의 세 가지 요인이 크게 작용하였다고 보고되었다(Howes & Ponciano, 2000). 그러나 우리나라의 경우 긴급하고도 지속적인 사회문제로 대두되고 있는 저출산 문제 또한 보육의 필요성을 부각시키는 요인으로 작용하고 있으며, 세계적으로 사회문제 해결의 측면을 넘어서서 영유아 권리의 측면에서 보육의 필요성이 강조되고 있다. 이와 같이 보육의 필요성과 관련된 다양한 요인들을 영유아의 측면, 부모의 측면, 사회의 측면에서 정리해 보고자 한다.

1) 영유아의 측면에서 본 보육의 필요성

우리나라의 보육이념은 "보육은 영유아의 이익을 최우선적으로 고려하여 제공"되어야 하고, "영유아는 자신이나 보호자의 성, 연령, 종교, 사회적 신분, 재산, 장애, 인종 및 출생지역 등에 따른 어떠한 종류의 차별도 받지 아니하고 보육되어야 한다"로 나타나 있다. 영유아의 측면에서 보육의 필요성은 영유아는 누구나 최상의 발달을 보장받을 권리를 가지고 있기 때문이다. 즉, 보육이 영유아의 이익을 가장 먼저 고려하고 영유아의 그 어떤 환경조건 여부에 상관없이 평등하게 보육되어야 한다는 우리나라 보육이념의 강조점은 보육의 초점이 영유아의 발달과 복지에 있음을 보여 준다. 영유아기는 인간의 성장과 발달의 결정적 시기로서 발달의 상당 부분이 인생초기에 형성된다. 그리고 이에 UN은 1989년 「아동권리에 대한 협약」을 채택하였다. 아동권리협약을 비준한 나라의 정부는 생존의 권리, 발달의 권리, 유해한 것으로부터 보호받을 권리, 학대받거나 착취당하지 않을 권리, 참여의 권리, 문화적·사회적 삶에 대한 권리 등 협약에 명시된 모든 아동의 권리를 보장할 의무를 가지고 있다. 또한 처음 비준하고 난 2년 후, 그리고 이후 매 5년마다 유엔아동 권리위원회에 협약의 이행 상황을 보고하여야 한다(www.sc.or.kr). 우리나라는 1990년 9월 25일 협약에 서명하고 1991년 12월 23일 비준서를 UN에 기탁하였다. 이에 따라 국가는 영유아를 보호의 대상이 아닌 권리의 주체로 인정하게 되었고, 그들의 권리를 보장할 의무를 가지게 되었다.

아동의 권리에 관한 협약(UN Convention on the Rights of the Child)

[제18조]

1. 당사국은 부모 쌍방이 아동의 양육과 발전에 공동책임을 진다는 원칙이 인정받을 수 있도록 최선의 노력을 기울여야 한다. 부모 또는 경우에 따라서 후견인은 아동의 양육과 발달에 일차적 책임을 진다. 아동의 최선의 이익이 그들의 기본적 관심이 된다.
2. 이 협약에 규정된 권리를 보장하고 촉진시키기 위하여, 당사국은 아동의 양육책임 이행에 있어서 부모와 후견인에게 적절한 지원을 제공하여야 하며, 아동보호를 위한 기관·시설 및 편의의 개발을 보장하여야 한다.
3. 당사국은 취업부모의 아동들이 이용할 자격이 있는 아동보호를 위한 편의 및 시설로부터 이익을 향유할 수 있는 권리가 있음을 보장하기 위하여 모든 적절한 조치를 취하여야 한다.

2) 부모와 가족의 측면에서 본 보육의 필요성

보육은 영유아뿐만 아니라 부모와 가족을 위해서도 필요하다. 현대 한국사회의 가족은 가족구조 및 기능의 변화, 가족해체의 증가 및 대안가족의 출현, 여성의 경제활동참여 증가, 자녀양육에 대한 가치관의 변화 등을 경험하고 있다. 이러한 가정환경의 변화는 가족의 양육기능을 저하시키는 요인으로 작용하고 있다. 인구의 도시집중화와 가족유형의 핵가족화 현상으로 인하여 부부가 전적으로 자녀양육을 책임져야 하며, 적절한 양육모델을 제공받을 수 없는 상황이 되었다. 따라서 젊은 부모들의 자녀양육을 지원하고 역량을 강화하는 차원에서 보육의 필요성이 부각되고 있다. 뿐만 아니라 한부모가족, 조부모가족 등 가족형태의 다양화로 인하여 돌봄의 공백이 발생하고 있어 보육이 절실하게 필요한 상황이다.

한편 〈표 1-2〉와 [그림 1-3]에서 보는 바와 같이 우리나라의 여성 경제활동 참여율이 지난 20년 동안 50% 전후에 머무르고 있음에 주목할 필요가 있다. 2008년 노동부는 '제4차 남녀고용평등과 일·가정 양립 기본계획'을 통해 2012년까지 여성의 경제활동 참여율을 60% 수준까지 높인다는 목표를 수립한 바 있다(노동부, 2008). 그러나 여성 경제활동 참여율은 2009년 49.2%까지 하락한 이후 점차 회복세로 돌아서서 2012년을 기점으로 다시 50%에서 순차적으로 올라가 2019

년에 53.5%에 머무르고 있어서 OECD 주요국가 여성 경제활동 참여율 평균인 64%에는 미달하고 있는 실정이다.

특히, 여성의 경제활동이 점차 증가하고는 있지만 결혼적령기 또는 육아기 여성의 경제활동 참여율이 급격히 하락하는 이상 현상은 자녀양육의 부담이 심각하다는 것을 시사하고 있다. 여성의 경력단절을 예방하고, 경제활동 참여 및 경력을 유지하기 위한 정책수립 추진이 필요하다. 그래서 「OECD 한국경제보고서」에 나타난 정책 권고 중 하나인 '보육서비스의 질 제고'를 제안하고 있다(기획재정부, 2016). 이제 자녀양육기 여성의 양육부담 경감은 여성의 권리 차원에서 뿐만 아니라 가족복지 및 국가 발전의 차원에서도 중요한 과제로 대두되고 있다.

| 표 1-2 | 여성경제활동 인구 및 참여율(2011~2019)

단위: 천 명(%)

	2011	2013	2015	2017	2018	2019
15세 이상 여성 인구	21,119	21,576	22,018	22,357	22,484	22,618
여성 경제활동 인구	10,520	10,862	11,426	11,773	11,893	12,097
여성 경제활동 참여율	(49.8)	(50.3)	(51.9)	(52.7)	(52.9)	(53.5)

출처: 통계청(2020). 경제활동인구조사.

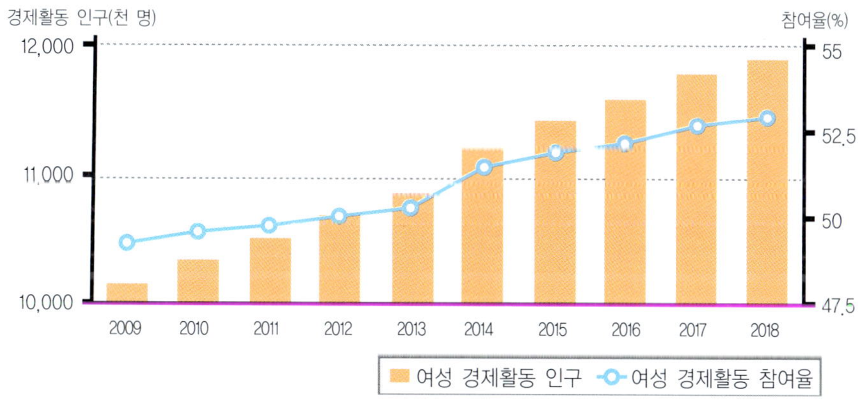

| 그림 1-3 | 여성 경제활동 인구 및 참여율

| 표 1-3 | OECD 주요 국가 여성 경제활동 참여율 비교

구분	2017년	2016년	2015년	2014년	2013년	2012년	2011년
한국	59%	58.4%	57.9%	57%	55.6%	55.2%	54.9%
일본	69.4%	68.1%	66.7%	66.0%	65.0%	63.4%	63.0%
미국	67.9%	67.3%	66.9%	67.1%	67.2%	67.6%	67.8%
OECD 평균	64%	63.6%	63.0%	62.8%	62.6%	62.3%	61.8%

출처: 통계청(2020). 경제활동인구조사.

또한 미취업 기혼여성들도 여성 학력수준의 향상으로 인하여 자아실현의 욕구가 증대하고 있으며, 자녀 수의 감소와 자녀양육관의 변화로 인하여 자녀의 사회화 경험에 대한 욕구가 증가하고 자녀의 교육문제에 더 많은 관심을 기울이게 되어 보육의 필요성에 대한 인식이 더욱 증대하고 있다.

3) 국가의 측면에서 본 보육의 필요성

우리나라는 최근 심각한 저출산 현상으로 인하여 사회체계로서의 가정의 중요성이 부각되면서 영유아에 대한 사회적 인식과 법적 지위가 상승하였다. 우리나라는 2001년 합계출산율이 1.3명으로 감소하여 초저출산사회로 진입하였으며, 2005년 1.08명까지 감소하여 역대 최저 합계출산율을 기록하였다. 이후 2010년 1.23명까지 회복되었으나 2013년 1.19명으로 하락하기 시작하여 2019년 0.92명으로 OECD 국가 중 가장 낮은 출산율을 보였으며, 2020년에는 합계출산율 0.84명으로 사상 첫 인구 자연 감소 단계에 접어들었고 고령화 속도는 세계 최고 수준을 보이는 등 급격한 인구변동이 진행되고 있다.

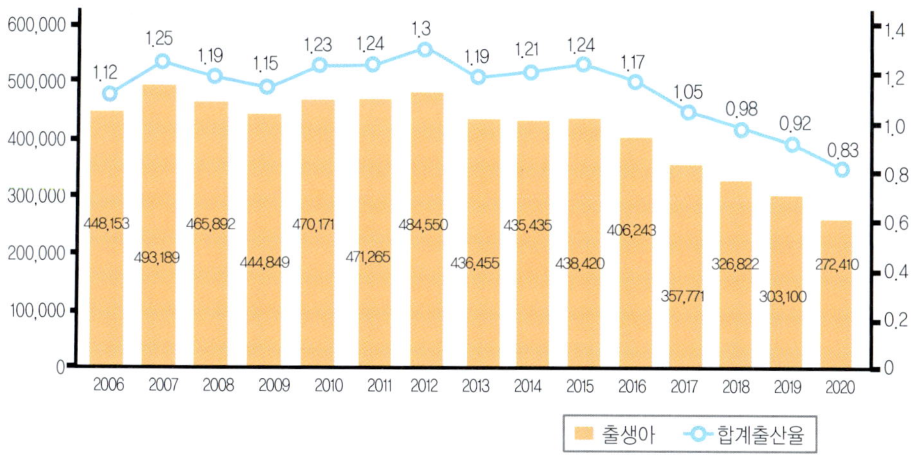

| 그림 1-4 | 연도별 출산율 추이(2006~2019)

출처: KOSIS(국가통계포털, 2020). http://www.kosis.kr.

앞으로 출산율 저하로 예측되는 노동력 감소로 인하여 경제조로화 및 부양자 수 증가 등의 문제가 발생할 것으로 예측되고 있다. 따라서 국가적 차원에서 출산장려정책의 일환으로 다양한 아동복지제도 및 서비스의 발전이 요구되고 있으며, 그중에서도 보육서비스에 대한 욕구가 큰 비중을 차지하고 있다. 그래서 제3차 중장기 보육기본계획(2018~2022)에서 보육의 공공성 강화와 보육체제개편과 보육서비스 품질향상 그리고 부모양육지원 확대로 보육의 질을 제고하여 실행하고 있다.

한편 국가 인력 개발의 차원뿐만 아니라 복지사회를 구현하고자 하는 국가의 이념에 기초하여 볼 때에도 보육의 필요성을 찾을 수 있다. 오늘날 육아는 개별 가정의 문제가 아니라 사회공동의 책임이라는 인식이 확산되고 있다. 따라서 각 가정을 넘어서서 지역사회의 양육기능을 강화할 수 있도록 지원하는 것도 국가의 보육정책의 일환이 되고 있다.

우리나라의 보육은 요보호 아동을 대상으로 하는 탁아개념에서 시작되었고 사회의 변화에 따라 관계 법령과 제도가 계속적으로 변화되어 왔다. 보육에 대한 수요가 급증하면서 양적으로 팽창하던 보육 사업이 질적으로 우수한 보육을 지향하는 것으로 발전하여 왔다. 2장에서는 1991년 「영유아보육법」 제정과 2004년 전면 개정을 통해 발전해 온 보육사업의 변화 과정과 보육정책을 살펴보고자 한다. 외국의 보육사업 역시 자선적 차원에서 시작되어 오늘에 이르고 있는데, 여러 나라의 보육정책을 살펴봄으로써 우리나라 보육사업의 나아가야 할 방향을 모색해 보도록 한다.

CHAPTER 02

영유아 보육의 역사와 보육정책

1 우리나라 보육의 역사와 보육정책

우리나라의 보육사업은 보호가 필요한 아동을 부모를 대신하여 돌보아 주는 자선적, 사후처리적, 구호적 차원에서 시작되었다. 그러나 사회가 발전·변화하면서 보육에 대한 부모의 요구가 변화함에 따라 보육은 모든 영유아에게 보호와 교육을 최적으로 제공하여 건강한 사회구성원으로 육성하고 어머니의 일과 가정의 양립을 지원함으로써 모든 영유아에 대한 보편적 보육뿐 아니라 영유아가 속한 가정 복지 증진에까지 보육의 범위가 확대되었다.

우리나라는 21세기 들어 저출산으로 전체 영유아 수가 감소하는 추세에 있으며(2012년 48.5만 명에서 2017년 36만 명), 여성의 경제활동 참여율은 지속적으로 상승(2012년 53.5%→2016년 56.2%) 중이다. 그러나 자녀의 출산으로 육아로 인한 여성의 경력단절 문제가 발생하고 있으며 영아의 어린이집 이용률은 과거에 비해 증가하고 어린이집을 이용하는 시기도 빨라지고 있다.

이러한 보육에 대한 시대적·사회적 요구와 변화에 맞추어 우리나라 보육제도와 정책의 변화가 있었다. 이번 장에서는 「영유아보육법」이 제정된 1991년을 기준으로 그 이전 시기와 이후 시기로 나누어 살펴보고자 한다.

1) 영유아보육법 이전

우리나라의 보육사업은 1921년 서울의 태화기독교사회관에서 요보호 아동의 구제사업의 일환으로 탁아 프로그램이 시작되었다. 그 후 1926년 부산의 공생탁아소와 대구의 은총탁아소를 비롯하여 민, 관, 종교단체 등에서 탁아소를 설립하여 탁아사업이 이루어졌다. 1950년 한국전쟁으로 발생한 전쟁고아와 기아·미아 등의 요보호 아동을 위한 수용시설이 외국의 원조로 설치되었다.

1961년 우리나라는 「아동복리법(1961~1981)」을 제정·공포함으로써 보육이 구빈적 성격에서 벗어나 아동의 복리를 증진시키기 위한 사업으로 발전되었다. 「아동복리법」에는 '탁아시설'의 용어 규정 및 탁아시설 설치기준, 직원 배치기준, 탁아기간, 보호내용 등을 구체화함으로써 보육시설에 대한 법적 근거를 마련하였다. 1969년에 「미인가 탁아시설 임시조치 요령」을 공포하고 법인 이외에도 보육시설을 설치할 수 있게 하였으며, '탁아소'라는 명칭을 어린이집으로 변경하도록 제안하였다.

제5공화국 출범과 함께 정부는 유아교육을 주요 개혁시책으로 삼으면서 「아동복리법」을 「아동복지법」으로 전면 개정하였다. 1982년에는 「아동복지법 시행령」을 개정하면서 탁아에 대한 관련 규정을 제외시키고, 1982년에 제정된 「유아교육진흥법」에 관련 내용을 포함시켰다. 「유아교육진흥법」에는 기존에 보건사회부에서 관장하던 어린이집, 농촌진흥청에서 관장하던 농번기탁아소, 내무부에서 관장하던 새마을협동유아원을 '새마을유아원'으로 흡수·통합하였다. 또한 탁아와 관련된 주무부서도 보건사회부에서 내무부로 이관되었다. 그러나 모든 것을 내무부가 주관하지 않고 시설운영 및 행정지도는 내무부에서, 법제정 및 장학지도, 교사양성, 교재교구 개발 보급은 문교부에서, 보건·의료 지원은 보건사회부에서 담당하였다.

'새마을유아원'은 도시빈민지역의 영세민이나 맞벌이 가정의 자녀를 대상으로 종일제 시설로 운영할 것을 제안하였지만, 실제로는 대부분 반일제로 운영되었고 교육내용도 기존 유치원과 차이가 없었으며 보육료도 비싸 저소득층 맞벌이 근로자에 대한 보육료 부담을 가져왔다. 한편 민간인들이 법적 근거가 없는 탁아소를 만들어 운영하기도 했다. 이러한 상황에서 노동부는 1987년 「남녀고용평등법」을 제정하고 직장탁아제도를 도입하였다.

정부는 1989년 9월 보육사업을 관장하는 부서를 보건사회부로 일원화하고 「아동복지법 시행령」을 개정하면서 1982년 삭제되었던 탁아시설의 법적 근거를 다시 마련하였다. 1990년 1월 세부지침으로 '탁아시설의 설치 운영 규정'을 마련하게 되었다. 「영유아보육법」이 제정되기 이전의 보육관계법령을 정리하면 다음과 같다.

| 표 2-1 | 「영유아보육법」 이전까지의 보육관계법령

보육관련법	시행일	주요 내용
아동복리법	1961~1981	복지부 주관으로 탁아사업 실시
아동복지법	1981. 4. 13.	아동복리법으로 전문개정
유아교육진흥법	1982년 이후	어린이집 691개소를 '새마을유아원'으로 흡수 · 법 제정 및 장학제도, 교사양성 등: 문교부 · 시설 운영 및 행정제도: 내무부 · 보건 의료 지원: 보건사회부
남녀고용평등법	1987. 12. 4.	'직장 탁아제' 도입
아동복지법 시행령	1989. 9. 19.	탁아사업 실시 근거 부활
탁아시설의 설치 운영규정	1990. 1. 15.	탁아사업의 설치 운영 근거 마련

2) 영유아보육법 제정

1991년 1월 「영유아보육법」이 제정·공포되고, 1991년 8월 시행령 및 시행규칙이 제정되어 법적 근거에 기초한 영유아 보육이 본격적으로 실시되었다. 「영유아보육법」이 새롭게 제정된 이유는 첫째, 여성의 사회 참여 증가와 핵가족화, 영유아에 대한 보육 욕구 증가 등의 문제가 개인의 차원을 넘어 사회적 · 국가적 차원에서 해결해야 한다는 합의에 도달하게 된다. 그러나 당시의 「아동복지법」에 명시된 탁아사업으로는 이러한 사회적, 시대적 요구에 부응하는 데 한계가 있었다. 둘째, 「아동복지법」에 의하면 보육을 담당하는 주관부처가 교육부, 내무부, 보건사회부, 노동부로 다원화되어 있어 정부재정의 비효율적 투자로 효율적인 보육사업을 진행하는 데 장애가 되었다.

이에 보육 담당 주무부처를 보건복지부로 일원화하고, 종전의 단순 '탁아'에서 보호와 교육을 통합한 '보육'의 개념으로 확대·발전시켰다. 「영유아보육법」 제정의 목적은 보육시설의 조속한 확대, 아동의 건전한 보호·교육 및 보호자의 경제적·사회적 활동을 지원하기 위한 것이었다. 이와 함께 「아동복지법」에 있던 '탁아시설의 설치·운영규정'은 폐지되었고 '새마을 유아원'은 1993년까지 「교육법」에 의한 유치원이나 「영유아보육법」에 의한 어린이집으로 전환하도록 하였다.

보육에 대한 수요는 급증하였으나 보육시설의 공급이 이에 미치지 못하자 어린이집의 양적 확충을 위해 1995년 '보육시설 확충 3개년 계획'을 수립하여 실시하였다. '보육시설 확충 3개년 계획' 이전인 1994년의 보육시설수가 6,088개소에서 1997년 15,016개소로 약 2.5배 증가하였고, 보육 아동 수는 1994년 192,000명에서 1997년 493,000명으로 약 2.6배 증가하였다. 이처럼 보육시설의 양적 확대가 이루어졌으나 계획 대비 공공보육시설(53.1%)보다 민간 어린이집의 급속한 확대(237.8%)로 정부 지원이 없는 민간보육시설에 과도하게 의존했다는 한계점이 있다. 또한 공공어린이집에서 담당해야 하는 영아나 장애보육 미흡, 지역별 정부지원 보육아동의 불평등 분포, 보육 수요에 부응하는 다양한 서비스의 부재 등 문제점도 나타났다. 어린이집의 수를 늘리기 위해 「영유아보육법」 제정 당시 어린이집 신규 설치 시 인가제였던 것을 신고제로 완화하기도 했다. 이러한 문제점을 개선하기 위해 1998년 '보육사업의 질 개선 및 보육서비스 향상'을 위해 장애자 전담보육시설 강화, 민간보육시설의 교재·교구비 지원, 보육료 소득공제 등의 노력을 기울이기도 하였다. 「영유아보육법」 제정으로 보육사업을 개인이 아닌 국가사업으로 인식하고 관리하기 시작하였다. 그러나 이 시기에는 보육의 양적 확충에 목적을 둠으로써 국가의 보육에 대한 공공성보다는 민간 보육에 의존했던 것을 볼 수 있다.

3) 영유아보육법 전면 개정 이후

「영유아보육법」이 제성·공포된 후 어린이집의 양적 확대가 이루어졌으나 질적 수준이 미흡한 상태였다. 보육사업의 운영상 나타난 문제점을 개선·보완하기 위해 2004년 「영유아보육법」의 전문을 개정(2004.1/ 2005.1. 30. 시행)하였다. 개정 영유아보육법의 주요 특징을 살펴보면 다음과 같다.

첫째, 보편주의 보육이념이 강화되었다. 「영유아보육법」 제1조에서 1991년 법에는 "보호자가 근로 또는 질병 기타 사정으로 인하여 보호하기 어려운 영아 및 유아"를 보육의 대상으로 보았다면, 2004년 개정법에는 그 대상을 전체 영유아로 확대하였다.

둘째, 아동권리의 기본 원칙이 천명되었다. 「영유아보육법」 제3조에 영유아의 이익을 최우선으로 고려해야 함을 강조하고 있다.

셋째, 보육의 공공성 강화와 보육서비스의 질 제고를 위한 제도를 보완하였다. 보육의 공공성 강화를 위해 보호자 보육비용부담원칙을 삭제하고 소득수준에 따른 차등보육료 지원대상 확대, 국공립어린이집의 확충 및 정부 보육시설에 대한 감리·감독을 강화하였다. 보육서비스의 질 제고를 위해 어린이집 설치와 운영에 있어 기존의 신고제에서 인가제로 바꾸고, '어린이집 평가인증제도'를 도입하였다.

넷째, 보육의 전문성을 강화하였다. 보육교직원의 국가자격증제도 및 국가수준의 보육과정을 도입하였다. 보육교직원의 자격을 국가수준에서 관리하는 교사 및 원장 자격증 제도를 도입하고 국가수준의 보육과정인 '표준보육과정'을 고시하여 영유아의 발달을 도모할 수 있는 보육서비스를 제공할 수 있게 하였다. 2019년에는 누리과정이, 2020년에는 표준보육과정이 개정되었다. 또한 어린이집의 질관리를 위해 2006년에 어린이집 평가인증제를 도입하여 실행하였고, 어린이집이 보육의 질적 수준을 향상시키고 유지함으로써 영유아와 부모 모두에게 안심 보육환경을 제공하기 위해 2019년부터 평가제로 전환되었다.

다섯째, 보육관련 기구 및 기관을 설립하였다. 보육정책의 기본방향에 관한 심의 및 관계부처 간의 의견을 조정하기 위해 국무총리 소속 '보육정책조정위원회'를 두고, 보육의 각종 정책·사업·보육지도를 심의하는 보건복지부의 '중앙보육정책위원회'를, 시·도·군·구에 '지방보육정책위원회'를 두도록 하였다. 어린이집 운영과 가정보육 지원과 같은 보육사업 전반의 실무를 전담하는 기관으로 '중앙육아종합지원센터'와 '지방육아종합지원센터'를 두도록 하였다.[1)]

4) 중장기 보육계획

(1) 제1차 중장기 보육계획

1 새싹플랜(2006~2010)

그동안 저소득 가정이나 맞벌이 가구를 중심으로 제공하는 선별적 보육에서 벗어나 보편적 보육에 대한 요구를 반영하고 보육의 공공성을 강화하기 위해 제1차 중장기 보육계획인 '새싹플랜'을 제시하였다. 보육사업의 비전으로는 '함께 키우는 건강한 아동'으로 설정하고 보육의 공공성 강화와 양질의 보육서비스 제공을 정책 목표로 삼았다. 목표 달성을 위한 구체적인 정책과제로는 공보육기반 조성, 부모 육아부담 경감, 다양한 보육서비스 제고, 아동중심의 보육환경 조성, 보육서비스 관리체계 강화의 5개 목표가 수립되었다. 구체적인 내용은 〈표 2-2〉와 같다.

1) 「영유아보육법」에 관한 보다 자세한 정보는 국가법령정보센터에서 '영유아보육법'으로 검색하면 알 수 있다. http://www.law.go.kr/법령/영유아보육법/(14597,20170314)

| 표 2-2 | 새싹플랜(2006~2010)

비전	함께 키우는 건강한 아동	
정책목표	보육의 공공성 강화	양질의 보육서비스 제공
정책과제	공보육 기반조성	· 중장기 수급계획에 따른 보육시설 확충 · 국공립 보육시설 확충 · 기본보조금제도 도입
	부모 육아부담경감	· 보육비용 지원 확대 · 영아보육 활성화 · 취업부모에 대한 지원 강화
	다양한 보육서비스 제공	· 보육시설 이용시간 다양화 · 장애아 보육 활성화 · 농어촌 보육서비스 확대
	아동중심의 보육환경 조성	· 보육시설 환경 개선 · 건강 영양 안전관리 강화 · 보육인력 전문성 제고 및 처우개선 · 표준보육과정 개발과 보급
	보육서비스 관리체계 강화	· 보육시설 평가인증시스템 구축 · 지자체 보육정책 활성화 · 지역사회 참여 및 시설운영 투명성 제고 · 보육사업 추진관련 인프라 확충

출처: 보건복지부(2008). 2008 보육사업안내, p. 3.

새싹플랜은 제1차 중장기보육 기본계획으로 여성의 사회진출 증가에 대응한 보육서비스 공급에 중점을 두었다.

② 아이사랑플랜(2009~2012)

이명박 정부가 들어서면서 새 정부 국정 철학과 보육정책 환경 변화를 반영하여 이를 수정·보완한 '아이사랑플랜'을 마련하였다. 법적 근거로는 보건복지부 장관, 시·도지사 및 시·군·구청장은 매 5년마다 중장기 보육계획을 수립하고, 매년 시행계획을 수립하는 것을 의무로 하는 「영유아보육법」 제11조 및 시행령 제19조에 근거한다.

보육사업의 비전으로는 '아이와 부모가 행복한 세상'으로 영유아중심, 국가책임제 보육, 신뢰구축의 3대 추진방향과 부모의 비용부담 완화, 수요자 맞춤 지원, 보육시설 질 제고 및 균형 배치, 보육인력 전문성 제고, 전달체계 효율화, 보육사업지원체계 구축이라는 6대 추진과제를 설정하였다. 아이사랑플랜 6대 추진과제의 성과를 보면 비용 지원 확대, 시간연장형 어린이집 확대 등 양적 부분은 높은 성과를 달성하였다. 보육환경 개선, 처우 개선 도입 등 질적인 부분도 진일보하였으나, 공적시설 확충, 안전·교육역량 강화 및 교사 전문성 제고 등 질 수준 제고에 있어 선택과 집중이 필요하다.

| 표 2-3 | 아이사랑플랜(1991~2012)

비전	아이와 부모가 행복한 세상					
3대 추진방향	영유아 중심		국가 책임제 보육		신뢰 구축	
6대 추진과제	부모의 비용 부담 완화	수요자 맞춤지원	보육시설 질 제고 및 균형배치	보육인력 전문성 제고	전달체계 효율화	보육사업 지원체계 구축

출처: 보건복지부(2011). 아이사랑플랜 시행계획(안), p. 2.

아이사랑플랜은 1차 계획을 수정 보완하여 국가책임 강화를 강조하고 보육서비스를 '영유아' 중심으로 설정하였다.

(2) 제2차 중장기보육 기본계획(2013~2017)

박근혜 정부는 보육이 미래를 위한 투자라는 정책기조에 따라 중장기 보육계획을 수립하였다. '국민 행복' 구현을 위한 맞춤형 복지를 위해 영유아 보육·교육에 대한 국가완전책임제 실현 및 안심하고 양육할 수 있는 여건 조성의 필요성을 강조하였다.

제2차 중장기 보육계획은 공급자 중심의 양적 확충보다는 수요자인 아동의 건전한 발달과 부모의 선택권을 높이는 맞춤형 지원에 역점을 두었다. 이를 위해 보육사업 전략으로 첫째, 아이의 건강한 성장 발달을 최우선으로 한다. 모든 아이에게 양질의 교육과 돌봄 서비스를 제공하여 가능한 한 최적의 출발선(The Best Possible Start)의 기회를 부여한다. 둘째, 보육에 대한 국가의 책임을 실현한다. 국가는 일-가정 양립, 가계부담 완화, 미래 인적 투자 등을 위해 보육에 대한 책임을 진다. 셋째, 참여와 신뢰의 보육생태계를 조성한다. 각계 참여를 토대로 보육 정책을 수립·추진하고 믿고 맡길 수 있는 보육 생태계를 조성한다. 구체적인 추진과제는 다음과 같다.

| 표 2-4 | 제2차 중장기보육 기본계획

비전	아이는 행복하고 부모는 안심할 수 있는 세상	
3대 전략	· 아이의 건강한 성장 발달 · 국가 책임 실현 · 참여와 신뢰 증진	
6대 추진 과제	부모의 보육·양육 부담 경감	· 0~5세 보육료·양육수당 전 계층 지원 · 보육료 적정화 및 부모 추가비용 경감
	수요자 맞춤형 보육·양육 지원	· 아동과 가족 특성별 맞춤형 지원 · 장애아·다문화 영유아 맞춤형 지원
	공공성 확대와 품질 관리 강화	· 믿고 맡길 수 있는 어린이집 확대 · 서비스 질 관리 강화 및 진입·퇴출 등 연계
	양질의 안심 보육 여건 조성	· 보육인력의 역량 지원 강화 및 처우 개선 · 영유아의 발달에 적합한 질 높은 보육프로그램 제공 · 아이가 안전한 보육환경 기반 마련
	신뢰가 있고 투명한 보육 생태계 구축	· 참여·정보공개·신뢰 등 민관 협력 기반 조성 · 효율적·체계적인 보육 3.0 관리시스템 구축
	보육서비스 재정 및 전달체계 개선	· 체감도 높은 보육·양육지원 전달체계 강화 · 중앙-지방 간 보육 재정의 합리적 분담 · 바람직한 한국형 유보통합 추진방안 검토

출처: 보건복지부(2013). 제2차 중장기보육 기본계획, p. 26.

제2차 중장기보육 기본계획은 무상 보육을 도입하고 수요자 맞춤 지원에 중점을 둔 사업이다.

(3) 제3차 중장기 보육 기본계획(2018~2022)

보육의 질적 보완에도 불구하고 여러 가지 개선점들이 나타났다. 무상보육에도 불구하고 어린이집 적정 이용 보장의 문제와 어린이집의 서비스 질 제고를 위한 투자 부족, 양적·질적 측면의 낮은 어린이집 공공성, 보육서비스 품질에 대한 부모의 기대수준에 대한 미충족, 부모에 대한 직접적인 양육 지원의 부족, 보육제도의 효율적 운영을 위한 인프라 개선의 필요 등 이전 계획 실행에 있어 한계점과 개선해야 할 점이 드러났다. 이에 정부는 보육서비스 지원에 대한 부모의 체감도를 더욱 높이고 보육·양육에 대한 사회적 책임을 강화하며, 특히 공공성 제고와 보육서비스의 질을 강화할 수 있는 방안을 추진하려고 하였다(보건복지부, 2017).[2)]

제3차 중장기보육 기본계획은 '영유아의 행복한 성장을 위해 함께하는 사회'라는 비전을 설정하고 네 가지 정책과제를 수립했다. 첫째, '보육의 공공성 강화'로 다양한 방식을 통한 국공립어린이집 확충 및 지역적 균형 확충을 통해 보육의 양적인 공공성을 확충한다. 국공립어린이집 위탁운영 방식을 개선하고 취약보육 운영 의무 확대 등 국공립 운영의 공공성을 강화한다. 직장어린이집 설치 의무 이행제도의 강화와 직접 설치 지원 확대로 근로자의 어린이집 이용 여건을 개선한다. 모든 어린이집이 '믿고 맡길 수 있는 어린이집'이 될 수 있도록 원장 자격 강화 및 공공형 관리 확대 등 운영의 건전성을 제고한다.

둘째, 보육체계 개편으로 부모의 어린이집 적정이용을 위해 보육서비스 이용여부, 이용시간을 스스로 선택할 수 있도록 보육지원 체계를 개선한다. 영유아 보육환경 변화와 누리과정 개편 등을 고려해 영유아의 발달 수준을 고려한 놀이중심, 아동중심의 표준보육과정을 개정하여 제공하였다. 적정 보육서비스 제공이 이뤄지도록 표준보육비용 계측과 이에 따른 적정 보육료를 지원한다.

셋째, 보육서비스 품질향상을 위해 유치원과의 교사자격·시설환경 등의 격차

2) 3차 중장기 보육 기본계획(http://www.mohw.go.kr/react/modules/download.jsp?BOARD_ID=320&CONT_SEQ=343333&FILE_SEQ=220667)

해소를 통해 어디에서든 동일한 수준의 보육·교육을 받을 수 있도록 보장한다. 우수 보육교사 양성과 질 담보를 위해 보육교사 학과제를 도입하고 보육교사의 적정 처우도 보장한다. 쾌적한 보육환경 조성을 위해 교사 1인당 영유아 수 개선과 함께 어린이집 시설 기준을 강화한다. 모든 어린이집 대상 평가제도 전환, 지도점검 체계화, 어린이집 운영에의 부모 참여 보장 등을 통해 상시적 품질관리를 강화한다.

넷째, 부모양육 지원 확대를 위해 부모 상담 확대, 체계적인 부모교육 지원 등 부모의 역량 강화를 위한 가정 내 양육 지원을 확대한다. 제공 기관 확대 및 지원 기준 개선으로 시간제 보육의 접근성을 제고하는 것을 목표로 한다.

| 표 2-5 | 제3차 중장기 보육 기본계획

<table>
<tr><th>비전</th><td colspan="2">영유아의 행복한 성장을 위해 함께하는 사회</td></tr>
<tr><th rowspan="4">목표 및 전략</th><th>보육의 공공성 강화</th><th>보육 체계 개편</th></tr>
<tr><td>1. 국공립 이용률 40%로 확대
2. 국공립 운영의 공공성 강화
3. 직장어린이집 활성화
4. 어린이집 운영의 건전성 제고</td><td>1. 어린이집 이용 및 지원체계 개선
2. 표준보육비용 산정 및 적정 보육료 지원
3. 보육과정 개편</td></tr>
<tr><td>보육서비스 품질 향상</td><td>부모 양육지원 확대</td></tr>
<tr><td>1. 보육교사 전문성 강화
2. 보육교사 적정 처우 보장
3. 영유아 보육환경 개선
4. 상시적 품질관리 강화</td><td>1. 부모의 양육역량 강화 지원
2. 시간제 보육 서비스 확대
3. 취약보육 지원 개선</td></tr>
</table>

출처: 보건복지부(2017). 제3차 중장기 보육 기본계획, p. 14.

2 외국의 보육정책

1) 스웨덴의 보육

(1) 스웨덴의 보육정책

스웨덴의 보육정책은 양성평등에 기초한 노동시장 참여와 부모의 균등한 육아 참여에 근거하여 영유아기 공보육·교육 체계를 확립하고 발전시켜 왔다. 스웨덴은 모든 아동기 서비스와 의무교육 체계가 교육부 산하에 완전히 통합된 체제를 갖추고 있다. 스웨덴의 보육정책은 영유아기 교육·보육과 부모 및 가족 대상 육아지원의 체계와 맥을 같이한다.

스웨덴은 모든 아동에게 평등한 기회를 제공한다는 기본이념에 입각해서 아동의 발달과 학습을 지원하여 삶의 첫 단계를 잘 시작할 수 있도록 부모에게는 일-가정 양립을 지원하는 차원에서 보육정책을 실시하고 있다. 1~12세 아동에게는 국가에서 보육서비스를 지원하고 0~1세 영아들은 대부분 부모가 부모휴가를 이용하여 돌보게 하고 부모가 돌볼 수 없는 경우에는 공립보육시설을 이용하도록 한다.

스웨덴의 보육관련 주요 정책으로는 교육법, 가족정책, 보육정책, 일-가족 양립정책, 양성평등정책, 미혼모학교 등이 추진되고 있다. 스웨덴의 보육정책을 구체적으로 살펴보면 다음과 같다.

| 표 2-6 | 스웨덴의 보육정책

정책	주요내용
보육정책	· 양쪽 부모가 모두 일을 하거나 공부를 하는 경우 1~12세 모든 영유아들은 보육서비스를 받을 권리 있음 · 취업 중 · 학업 중인 부모, 실업상태 또는 다른 자녀를 돌보기 위해 부모휴가를 사용하고 있는 부모의 자녀들을 대상으로 일 3시간(주당 15시간) 무상 보육서비스를 제공 · 3세 이상의 모든 아동들에게 연간 최소 525시간의 무상 보육서비스 이용 가능
일-가족 양립정책	· 산전후 및 유급육아휴직: 자녀가 만 8세까지 부모가 65주 공동사용 가능 – 시간제 근로자에게도 지급되며 휴가도 동일하게 연장될 수 있음 – 산전후 휴가 및 배우자 출산휴가에 드는 비용은 고용주와 정부가 재원을 조성한 의료보험 재정에서 지원 · 아버지 휴가: 자녀 출생 시 아버지는 10일간의 임시부모휴가를 받음 – 임금의 80% 보전 – 부모휴가에서 4주는 아버지를 위한 것으로 사용하지 않을 경우 소멸됨
가족정책	· 아동수당: 소득수준에 관계없이 16세가 될 때까지 아동에 대한 정액급여 방식으로 제공 · 한부모 가족 양육비 보조: 자녀가 비양육 부모로부터 양육비를 받지 못하는 경우 정부에서 생활비 보조 · 부모보험: 임신수당, 부모수당, 임시부모수당의 세 종류로 지급 · 자녀가 있는 세대주에게 주택수당 지급
양성평등정책	· 남녀가 직업을 통해 경제적 독립을 유지할 수 있는 여건 및 양육과 직업을 병행할 수 있는 여건 마련
교육법	· 1995년 1~12세의 아동에게 필요하다면 지체 없이 취학 전 활동과 아동보육서비스를 제공해야 한다는 교육법 제정

(2) 보육서비스의 유형

스웨덴의 보육·교육은 교육부가 주무부서로 연령 및 부모의 취업 등 가구 여건에 따라 푀르스콜라, 개방 푀르스콜라, 유아학급(preschool class 또는 kindergarten), 가정보육시설, 여가활동센터를 이용할 수 있다. 이 외에도 비형식적 시간제 서비스인 pedagogical care가 있으며, 비취업모 또는 종일제 기관에 다니지 않는 경우 개방형 푀르스콜라와 여가활동센터에서 시간제 서비스를 제공받을 수 있다.

영유아 대상 보육·교육정책은 「학교법」에 따라 지방자치단체에서 실행한다. 중앙부처인 교육부는 국가수준의 정책 결정을 하고 국립교육원 또는 교육청은 중앙과 지방수준에서 육아지원 서비스에 관한 전체 평가와 자료수집, 관리·감독을 한다. 스웨덴 보육기관의 유형과 특징을 살펴보면 다음과 같다.

| 표 2-7 | 스웨덴의 보육기관 유형과 특징

기관		이용아동 연령	특징
퓌르스콜라	퓌르스콜라 (preschool)	만 1~5세	· 취업 혹은 학업 중인 부부 이용 가능이 원칙 · 미취업 상태이거나 육아휴직인 경우에도 이용 가능 · 연중무휴 종일제(부모 근무시간에 따라 조정 가능) · 평균 3학급 정도로 구성, 학급당 인원은 15~24명 정도로, 3명의 교직원 배치 · 지자체별로 비용 상한액 정해져 있음
	pedagogical care	만 1~12세	· 비형식적 기관으로 2009년부터 Family daycare에서 pedagogical care로 명칭 변경 · 아이를 돌봐주는 사람이 가정으로 방문하여 데이케어를 하는 경우(만 1~12세 이용 가능, 보통 만 1~5세 이용) · 가정보육과 방과 후 센터는 취업/학업 중에만 이용 가능 · 지자체별로 비용 상한액이 정해져 있음
	개방형 퓌르스콜라 (open preschool)	만 1~5세	· 전업 주부를 위한 시설, 비형식적 기관 · 퓌르스콜라에 다니지 않는 아동이 부모/양육자와 함께 이용하는 서비스 시간제(정기적 등록 필요 없음) · 부모, 가정보육교사 등이 함께 방문하여 가정에서 접하기 어려운 교재 등을 이용 · 주로 3세 미만 아동을 대상으로 함 · 학기 중-시간제 위주, 방학 중 전일제 위주로 제공됨
유아학급 (pre-school class, förskoleklass)		만 6세 (취학 전 아동)	· 취학 직전 유아를 위한 기관으로 초등학교 내 위치 · 반일+방과 후 보육으로 구성됨 · 높은 이용률(99%)로 준 의무교육에 해당됨 · 연간 525시간이 무상으로 제공됨

기관		이용아동 연령	특징
취학 아동을 위한 보육	여가활동센터	만 6~12세	· 부모가 취업/학업 중인 경우 도움을 주기 위해 구성 · 학교를 다니지 않거나 학교가 휴일인 경우 아동을 보육하고, 학교에 다니는 경우에는 학교에서 경험할 수 있는 경험을 제공함으로써 아동발달을 지원함 · 연중무휴, 시간제 서비스 제공 · 지자체별로 비용 상한액이 정해져 있음
	pedagogical care	만 1~12세	· 아이를 봐주는 사람이 가정으로 방문하여 데이케어를 하는 경우에 해당 · 가정보육과 방과 후 센터는 부모가 취업/학업 중인 경우에만 이용가능 · 지자체별로 비용 상한액이 정해져 있음

출처: 최윤경 외(2015). 스웨덴의 육아정책(II): 교사정책을 중심으로, pp. 8-9.

(3) 시사점

스웨덴은 여성의 사회참여, 남녀 간의 평등한 육아 참여, 공보육·교육 체계를 근거로 하여 영유아 교육과 보육(Early Childhood Education Care, ECEC) 정책을 발전시켜왔다. 유아교육·보육 정책은 부모의 일과 가정이 양립할 수 있는 환경 조성과 영유아교육을 중심으로 진행되었다. 영유아 교육기관은 교육정책의 큰 틀 안에서 유아학교(만 1~5세)와 유아학급(preschool class)(만 6세), 초등교육(9년), 여가활동센터 간의 연계성을 높였다.

스웨덴은 만 3세 이상의 모든 아동에 대해 반일제 무상교육을 제공하고, 그 이상의 이용에 대해 부모부담비율을 평균 10% 내외로 제한하여 부모 부담이 월 20만 원을 넘지 않게 하였다. 반일제는 부모의 취업 여부를 구분하지 않는 보편주의 적용과 3시 이후의 보육·교육 서비스 이용에 대해 실제 이용시간과 소득, 자녀수 대비로 부담액을 산정하고 부모의 근로시간에 맞춰 시간연장이나 야간보육까지 다양한 지원을 하고 있다.

그러나 개개인의 생활 유지와 보호의 책임이 사회로 전가되면서 가족 구성원 간의 기능 약화, 국가 재정 약화로 인한 복지 예산의 감축 등 부작용도 나타나고 있다.

2) 영국의 보육

(1) 영국의 보육정책

영국은 England, Northern Ireland, Scotland, Wales 지역으로 구성되어 있고 각 지역에 따라 유아교육과 보육의 법적, 행정적 책임을 분산시켜 놓고 있다. 여기서는 England의 유아교육·보육에 대한 내용을 소개한다.

영국의 보육정책의 책임은 중앙정부와 지방정부가 함께 공유한다. 2007년부터 아동학교가족부(Department for Children, Schools and Families)가 유아교육·보육정책을 총괄하고 있다. 특히 영국의 보육정책은 경제적 불안과 이혼율 상승으로 증가하고 있는 맞벌이 가족, 한부모 가족 등 전통적인 성별 분업과 남성 생계부양자 모델로는 아동을 양육할 수 없는 계층의 지속적인 증가에 따라 여성의 자녀양육 역할과 모성을 강조하면서 여성의 경제활동 참가에 대해서는 소극적이었던 전통에서 벗어나 여성들의 취업을 강조하고 일과 가정의 양립을 위한 다양한 제도적 조치들을 도입한 여성가족정책의 변화와 맥을 같이 하면서 여성들의 취업, 일-가정 양립 지원 차원에서 접근하고 있다. 보육정책의 핵심은 보육시설의 양적 확충, 보육서비스 질적 확충, 국가 재정지원 증대를 통한 보육비 부담완화를 중심축으로 하여 부모의 일-가정 양립과 아동의 건강한 발달의 지원에 초점을 맞추고 있다. 영국 보육의 주요 정책은 다음과 같다.

| 표 2-8 | 영국의 보육정책

정책		주요내용
국가 보육 전략	슬로건	· 믿고 신뢰할 만한 보육시설의 확충을 통하여 '부모에게는 선택을, 아동에게는 최상의 시작을(Choice for parents, the best for children)'
	목적	· 부모들에게는 일과 가정의 양립을 가능하게 하고 아동들에게는 가족형태와 관계없이 건강한 시민으로 자랄 수 있게 환경을 조성해 준다는 목적
	목표	· 어린 자녀를 둔 여성의 고용증대를 유도하고 이를 통해 아동빈곤문제를 해결해 나가야 한다는 두 가지 목표
	내용	· 국가의 재정지원 확대를 통한 보육시설 증대, 부모의 보육비 부담 감소, 보육서비스 질 확보와 이를 바탕으로 저소득층 및 여성의 취업 증진에 초점
10년 보육전략		· 만 3세 모든 아동에게 무상유아교육을 시작하고 4세부터 교육제도를 적용하는 것을 기본골격으로 함 · 이를 위해 국가가 재정적 지원을 늘릴 것 규정
보육법		· 여성의 고용유지와 아동의 빈곤퇴치를 위해 중앙정부와 지방정부 간 역할 분담 · 보육시설 공급이나 운영에 있어 지방정부의 의무 강화 · 무상유아교육을 연간 38주 주당 20시간으로 확대

(2) 보육서비스 유형[3)]

영국의 대부분의 아동은 3~4세부터 초등학교 내의 유아학교(nursery school)나 놀이집단(playgroup)에 다니고, 4세에는 초등학교의 예비학급(reception class)으로 이동하기 시작한다. 4세 아동은 지방정부의 재정지원을 받는 초등예비학급(대다수의 4세 아동이 다님)이나 사립유아학교(private nursery school)에 다닌다. 만 5세 아동은 의무적으로 지방정부에서 운영하는 초등학급 내의 예비학급(reception class) 초등학급(primary class)에 다니게 된다. 아동 연령에 따른 영국 보육 서비스의 주요 유형을 살펴보면 다음과 같다.

3) 문무경 편역(2007). 영국의 육아정책, pp. 18-21.

① 0~만 1세 미만

생후 1년 미만의 영아 보육에 대한 수요는 많지만 공급이 부족하다. 이 시기의 영아들은 대부분 부모나 친척의 손에 양육되며, 약 20% 정도만 사립보육시설 또는 보육사에 의해 공식적인 보육서비스를 받는다.

② 만 1~3세 미만

이 시기의 영아들은 대부분 보호 형태의 서비스를 받는다. 만 1~3세 연령 집단 영유아의 약 30%가 보육사나 사립보육시설에 보내져 돌봄을 받는다. 2세 아동의 약 30%는 놀이집단이나 기간제 보육시설(sessional care)에 다닌다. 이 중 2/3는 교회나 기부단체가 운영하고, 1/3은 개인이나 단체가 사립으로 운영한다.

③ 만 3~5세

만 3세 아동의 96%가 무상교육을 받고 있으며, 이 중 54%가 사립 및 기부단체가 운영하는 기관을 이용한다. 만 4세 아동의 98%가 무상보육을 받고 서비스 기관은 지방교육청에 의한 공립기관이 70%, 사립기관이 20%, 비영리단체가 9% 정도이다. 지방교육청은 유아학교(nursery school), 유아학급(nursery class), 초등예비학급(receptional class) 등의 교육기관을 지원한다.

④ 만 5~6세

영국에서는 만 5세에 의무교육이 시작된다. 모든 만 5세 아동은 종일제(9:00~15:30까지 대략 6.5시간) 공사립 교육기관에 취학한다. 이외에도 학교 일과 전후 서비스(out of school service)가 개발, 이용되고 있다.

(3) 시사점

영국의 보육정책은 통합적이고 포괄적인 서비스를 제공에 중점을 두고 있다. 과거 교육부 산하에 슈어스타트국(Sure Start Unit)을 두어 각종 아동 서비스와 교육의 업무를 담당해 오다가 2007년 출범한 아동학교가족부 내에 슈어스타트국을 그대로 두어 업무를 수행하고 있다. 이는 영국정부가 아동과 가족과 관련된 모든 부처를 연계하고 총괄하는 조직을 발족하고 보육정책을 보다 일관성 있고 효율적으로 운영하려는 의지가 있음을 볼 수 있다. 또한 중앙정부와 지방정부와의 협력을 통해 통합적인 서비스 전달과 관리·감독을 하고 있으며, 「아동보육법(Childcare Act, 2006)」에 근거하여 지방정부는 아동과 가족을 위한 업무를 지역특성에 맞추어 정책을 실행하고 있다.

보육 서비스의 질 제고를 위해 0~5세 아동을 위한 Early Years Foundation Stage를 개발하였고, 교육표준청을 평가전담기관으로 설치·운영하면서 중등교육기관까지 평가하고 있다. 영국은 모든 아동에게 무상 보육을 받을 수 있도록 하는 보편적 서비스를 제공하고 있다. 이를 위해 법적 기반을 마련하고 재정을 확충하며 육아지원인력을 위한 다양한 전략을 수립하는 등 영유아기의 중요성을 인식하고 개혁하려는 의지가 돋보인다.

3) 일본의 보육

(1) 일본의 보육정책

일본의 어린이집은 1875년 초등 의무교육으로 학교에 수업을 받으러 오는 아동의 동생들 돌봐주는 시설이 필요하면서 만들어졌다. 그 후 방적, 염색, 견직 공장에 여성 노동력을 확보하고 도시 하층계급의 자녀를 보호하기 위한 탁아시설을 설치함으로 보육소가 만들어지게 되었다. 1904년 어린이집을 '보육소'로 개칭하면서 오늘에 이르고 있다. 제2차 세계대전 후 일본은 「학교교육법」과 「아동복지법」을 제정하면서 유치원은 '유아를 교육하고 적당한 환경을 제공하여 심신의 발달을 조장하는 것을 목적'으로 하는 학교교육기관으로, 보육소는 '부모가 근로, 질병, 임신, 출산 등의 사유로 인해 가정에서 보육하기 불가능한 영유아를 보육'하는 아동복지시설로 정의하였다.

일본의 보육소는 1955년부터 시작된 고도성장과 더불어 여성 노동자 증가와 함께 양적 증가가 뚜렷하게 나타났다. 1970년대까지 공립보육소를 중심으로 증설되었으며 다양한 유형의 보육소 즉, 소규모 형태의 보육소, 영아보육과 장애아 통합보육(1974), 연장보육과 야간보육(1981)에 대한 제도가 정착되었다.

1990년대부터 출산율 저하로 보육소 확충과 출산아동수당 지급 등 보육제도를 정비하였다. 1994년에 보육소를 늘리고 일과 육아를 양립할 수 있는 고용환경 정비, 자녀 양육을 지원하는 가족지원정책을 골자로 하는 '엔젤플랜(1994~1999)'을 세웠다. 그 후 엔젤플랜을 정비하여 '소자녀화 대책의 구체적인 실시계획'인 '신엔젤플랜(2000~2004년도 5개년계획)'을 계획하여 실행하였다.

엔젤플랜과 신엔젤플랜의 시행에도 불구하고 저출산 문제가 해결되지 않아 종합적 시책을 강구하게 되었다. 이에 자녀양육지원뿐 아니라 노동정책, 가족정책을 포함한 전반적인 재정비를 하여 2003년「차세대육성지원대책추진법」을 제정하였다.

1990년대부터 일본은 출산율 하락 현상이 지속되고 있으나, 한편으로는 맞벌이 가정의 증가로 보육소에 입소하려는 대기 아동이 증가하고 있다. 이들 대기 아동 문제를 해결하기 위해 보육소의 신설과 증설이 요구되고 있다. 대응 방안으로 보육소를 증설하기보다 입소 정원을 증원시키거나 보육소 신설에 민간기업의 참여를 허용하는 등 다양한 규제완화정책으로 보육문제를 해결하려고 한다.

지금까지 보육소는 후생노동성, 유치원은 문부과학성이 주관하여 주무부처가 이원화되어 왔다. 이원화된 행정으로 경비의 비효율성에 대한 문제가 지속적으로 제기되어 왔다. 취학 전 아동의 교육 보육의 일체화 시설인 '인정아동원'[4] 이 만들어졌다. 그러나 일하는 여성의 수가 증가하는 만큼 보육소의 공급이 그에 미치지 못해 보육인프라 공급을 확대해 줄 것을 요구하고 있다. 이러한 문제를 해결하기 위해 2011년「아동, 자녀양육 신 시스템 기본제도안 요강」[5]에서 아동가정국(가칭)을 창설하여 모든 시설을 일원적으로 운영, 관리할 것을 제시하였다(유혜미 · 유희정 · 장경희, 2011).

일본의 아동 · 보육의 비전은 가족과 부모의 육아지원에서 사회 전체의 육아지원으로의 전환을 통해 아동과 육아를 응원하는 사회, 개인의 희망이 실현될 수 있는 사회를 지향하고 있다. 이를 위해 2013년부터 각 지역에서 육아를 지원하는 시스템의 기반을 구축하고 있다. 지역기능강화형 서비스센터는 육아관련 사업의 이용 지원과 지역 내 부모와 자녀 양자의 성장 지원 노력 강화를 지향하고 있다.

(2) 보육서비스의 유형

일본의 보육소는 인정보육소와 인정 외 보육소로 구분되며 인정아동원이 있다. 보육서비스로는 일반적으로 운영시간이 11시간이며, 그 외에도 연장보육, 휴일보육, 야간보육과 단시간 근무 등에 따른 수요에 부응하기 위해 주 2, 3일 또는 오전이나 오후 등 필요에 따라 유연하게 운영되는 특정보육 등이 있다. 또한 자녀의 질병으로 집에서 돌보기 어려울 경우 병원이나 보육소 등에 부설된 전용공간에 간호사 등을 배치하여 일시 보육을 하고 있다.

4) '인정아동원'이 제도화됨으로 다양한 규제가 완화되었다. 보육이 필요한 아동으로 시정촌으로부터 인정을 받지 않은 아동도 '인정아동원' 입소가 가능해지고 시설 입소는 부모와 시설 간 계약을 통해 성립된다. 2010년에는 3세 이상 아동을 보육하고 있는 공 · 사립보육소가 외부에서 음식을 조리하여 반입할 수 있게 하였다.

5)「아동, 자녀양육 신 시스템」은 고령화로 인해 사회보장비용이 급증하자 보육의 시장화를 통해 보육분야에 소요되는 공적자금을 절감하고자 하는 의도가 있다. 전통적으로 보육은 시정촌에서 공적 책임을 가지고 보육소 입소 등 직접 책임을 졌다면, 이 시스템에서는 보육소 입소가 개별 부모의 책임으로 규정하여 보육에 대한 책임을 부모에게 부여하고 있다.

① 인정보육소

「아동복지법」은 '보육이 필요한 상황에 놓인 아동'은 공적기관이 책임지고 보육하도록 규정하고 있다. 즉 부모가 보육할 수 없는 상황에 놓인 모든 아동들에 대해서 시정촌은 책임을 지고 보육소에 입소시키고 보육서비스를 제공해야 한다. 시정촌은 이들에 대해 보호자로부터 입소 신청을 받아 보호자의 희망을 존중하면서 보육소 입소를 결정하며 이와 관련된 재원을 확보해야 한다. 보육소는 1999년까지 시정촌이 설치한 공립보육소 또는 사회복지법인이 설치한 사립보육소가 주를 이루었다. 2000년에 대기아동을 해소한다는 이유로 영리기업인 주식회사가 설치할 수 있도록 규제를 완화했다. 이에 설치 주체별 사립보육소로는 사회복지 법인, 사단법인, 재단법인, 학교법인, 종교법인, 주식회사, 개인 등이 있다.

② 인가 외 보육소

일본의 인가 외 보육은 2008년「아동복지법」개정을 통해 가정보육시설을 제도화하였다. 가정 보육시설은 기존의 시설 보육과는 달리 영아나 장애아 등 특수한 요구를 지닌 아동을 둔 부모들의 수요가 높다. 또한 전적으로 영리를 목적으로 하는 베이비 호텔이 있다. 보육유형으로는 야간보육, 24시간 보육, 시간제 보육 등 유연하고 탄력으로 운영하고 있어 근무 성격이 일정치 않은 근로 여성들에게 높은 수요가 있다.

③ 인정아동원

일본은 기본적으로 보육에 대한 공적 책임을 강조하였다. 그러나 1980년대 이후 여성의 사회 참여로 인한 보육 수요의 증가 저출산 대응을 위한 보육정책 강화에도 불구하고 보육 재정 절감이라는 요구가 있었다. 보육원에 대한 대기 아동수를 줄이기 위해 각종 규제완화조치를 취하였고, 유치원과 보육소 일원화가 새로운 대응책으로 부상하였다. 이에 취학 전 아동의 교육과 보육의 일체화 시설인 '인정아동원'을 만들게 되었다.

인정아동원에는 인가유치원에 비어 있는 교실을 정비, 또는 인가 외 보육소를 설치하여 일체적으로 운영하는 형태인 '유치원형 인정아동원', 인가보육소에 유치원 유아를 입소시켜 보육을 제공하는 형태인 '보육소형 인정아동원', 유치원과 보육소 중 어느 쪽의 인가도 받지 않은 시설이 지방의 재량에 의해 인정아동원으로 인정받는 형태인 '지방재량형 인정아동원'이 있다(나종혜 외, 2018).

(3) 시사점

일본은 우리나라와 같이 이원화 체제로 운영되고 있다. 보육은 보육을 필요로 하는 모든 아동을 대상으로 국가가 공적 책임을 지고 지원을 해 왔다. 그러나 저출산, 고령화로 1980년대 이후 정책의 변화를 가져왔다. 중앙정부의 재정 부담을 완화하기 위해 지방정부의 책임을 강화하였고, 보육서비스에 대한 선택을 개별 부모의 책임으로 규정하여 보육의 국가적 책임을 완화시켰다. 부모에게 다양한 보육서비스를 선택할 수 있도록 부모의 선택권을 강조하였다. 종일제 보육 이외에 시간제 보육, 야간보육, 영아보육 등을 제공하였다. 우리나라도 복지부문에 많은 예산을 지출해야 하는 이 시기에 국가의 공적 책임을 개별 부모에게 많이 전가하는 일이 없어야 할 것이다.

일본은 후생노동성에서 보육소를, 문부과학성에서 유치원을 주관하는 등 이원화 체제를 유지해 왔다. 그러나 이원화된 행정은 비용의 비효율적 집행 등의 문제를 야기시킨다. 이에 아동가정국(가칭)을 창설하여 모든 시설을 일원적으로 운영, 관리하려는 움직임이 있다. 우리나라도 유보일원화를 위한 다각적인 노력을 기울이고 있는데 이를 참고할 수 있을 것이다.

4) 중국의 보육

(1) 중국의 보육정책[6)]

중국은 중앙정부 차원의「유아교육법」이 없으며, 보육정책도 지역마다 조금씩 다르다. 2016년 중국은 중앙정부가「유아원사업규정(중화인민공화국 교육부령 제39호, 2016. 1. 5.)」,「3~6세 아동의 학습과 발전 지침서(2012년)」,「유치원교육지도요강(2001년)」에 근거로 유아교육과 보육이 일원화되어 사업이 진행되고 있다.「유치원사업규정」에 의하면 유치원은 양질의 보육과 교육을 제공하여 유아의 심신 건강을 촉진하며「중화인민공화국교육법」에 의거하여 국가의 교육방침을 준수하는 학교교육 제도의 기초단계이다. 즉 중국의 유치원은 법률규범에 따라 설치, 운영하며(제1조) 3세 이상의 학령 전 유아에게 보육과 교육을 함께 제공하고(제2조) 국가의 교육방침을 관철하는 역할을 하는(제3조) 기관이다.

중국은「국가중장기교육개혁과 발전계획요강(2010~2020년)」을 구체화한「유아교육발전 현안에 대한 국무원의 소견」(국가발행 41호) 문서에서 10대 유아교육개혁을 위한 정책방향을 다음과 같이 소개하고 있다.

① 유아교육을 교육개혁의 최대 쟁점사안으로 결정한다.

② 다양한 형태의 유아교육 자원을 확대한다.

6) 이윤진 · 백미화(2017). 중국의 유아교육 보육정책. 육아정책연구소.

③ 다양한 경로를 통해 유아교사[7] 수급문제를 해결한다.

④ 소외계층 유아에게 우선 투자한다.

⑤ 유치원의 행정 관리와 감독을 강화한다.

⑥ 유치원의 안전관리를 강화한다.

⑦ 유치원의 비용관리 체계를 공고히 한다.

⑧ 과학적인 보육사업을 펼쳐 아동의 올바른 심신 건강을 유도한다.

⑨ 교육사업 시스템을 개선하고 조직 관리를 강화한다.

⑩ 현 주도하의 유아교육사업인 '3년 행동계획'을 계획한다.

중장기 계획의 추진 목표와 내용은 다음과 같다. 첫째, 유아교육을 보급하여 공공성을 확대하고 강화한다. 개혁개방 이후 3세 미만의 영아보육을 담당했던 탁아소는 거의 사라졌고 유치원도 공립보다 민간이 설치한 기관이 훨씬 많아졌다. 개혁개방 이후 학전 교육의 공공성이 약화되었기 때문에 2010년부터 추진하는 중장기 교육개혁 요강에서는 유아교육의 공공성 확대 및 강화를 주요 과제로 추진하고 있다. 유아교육의 공공성 강화를 위한 구체적인 목표로는 2020년까지 취학 전 1년 교육을 의무교육으로 제공하며 국가가 제공하는 유아교육 대상 아동의 연령을 하향화하여 취학 전 3년까지 확대하였다. 또한 3세 이하 영아보육도 중시할 것을 표방하였다.

7) 유치원사업규정에 따르면 유치원에는 원장, 부원장, 교사, 보육원, 위생보건인원, 취사원, 기타 인력을 배치해야 한다, 원장은 대학 이상의 학력을 구비하고 3년 이상의 유치원사업 경력과 일정한 관리능력이 있어야 '유치원원장부서양성합격증서'를 획득할 수 있다. 교사는 담당 학급의 총책임자로 유아발달과 흥미를 고려해서 교육계획을 수립, 실시하고 양호한 교육환경을 제공하며 안전, 위생, 보건에 힘쓰며 교육 보육활동에 참여 및 원장의 지도·감독을 따라야 한다. 보육원은 고등학교 졸업 이상 학력자로 유아보육 직무연수를 이수해야 한다. 유치원에는 교육담당 교사와 보육담당 보육원이 배치되어 있다. 보육원은 학급의 위생청결, 교사의 지도하에 학급 유아를 돌보고 교육활동에 일정부분 참여하며 위생보건인원과 협력하여 유치원의 안전, 위생보건, 시설설비, 유아의 의류 위생 등을 점검하는 역할을 한다. 위생보건인원은 의사, 간호사가 담당한다. 주요 업무는 유아의 식사 지도 및 음식물·식수 등의 위생 점검, 유아의 건강 체크 및 건강검진 차트관리, 질병예방 및 면역사업 참여, 교직원과 학부모 대상 위생보건 홍보와 지도를 담당한다.

둘째, 유아교육에 대한 정부의 책임을 구체적으로 명시하였다. 공사립 유치원의 균형 있는 발전 도모, 재정의 합리적 부담 구조, 저소득층 유아의 비용지원, 유치원 비용 징수 관리개선, 유아교사자격 표준화 및 처우개선, 학전교육 행정관리 강화 등을 제시하였다. "정부가 주도하고 사회가 참여하고 공립·사립병행의 개원체제를 건립하여야 한다. 공립 유치원을 대대적으로 발전시키고 사립유치원을 적극적으로 지원하여야 한다… 가정 경제가 곤란한 유아가 입학하는 것에 보조를 수여하여야 한다(중장기 교육개혁 요강 제3장).

셋째, 농촌 유아교육을 강화하여 지역격차를 해소한다. 농촌지역이 낙후되면서 유치원을 다니는 유아가 감소하고 있다. 교원의 학력도 촌 지역이 도시에 비해 낮았다. 이에 중국정부는 농촌지역의 유아교육 회복을 위해 취원율 제고, 지역자원 활용을 통한 유치원 설립 및 학급 수 확충, 도시 유치원을 통한 농촌 유치원 계도 등을 제시했다. 농촌지역 중 일부 향진(鄕鎭)에서는 취학 1년 전 교육을 의무교육으로 실시하고 있다.

(2) 보육서비스의 유형

중국 유치원은 설립 주체별로 공립과 사립으로 나눌 수 있다. 2015년 기준으로 전체 유치원 중 사립이 65.4%이고 공립이 34.6%로 사립이 공립의 약 2배에 가까운 것을 볼 수 있다. 공립 유치원의 설립 주체별로 살펴보면 교육기관이 25.7%로 가장 많고 단체가 5.8%, 사업기관이 1.4% 순으로 교육기관의 비중이 가장 크다. 공립 유치원 내에 기타기관(0.9%), 지방기업(0.6%), 군대(0.2%)가 설립주체가 되는 경우도 있으나 전체 유치원에서 차지하는 비율은 미미한 편이다.

유치원에 입학[8]할 수 있는 법적 연령은 만 3세이다. 일부 지역에서는 유치원 내 '탁아반'이 개설되어 있어 만 3세 미만 원아가 다닐 수 있으나 입학 원아 수는 감소하고 있다. 그 이유는 만 3세 미만 영아의 경우 가정에서 양육하는 경우가

8) 중국 유치원 입학은 '건강검진에 합격된 자'만이 입학이 허용된다(유아원사업규정 10조).

일반적이기 때문이다. 개혁개방 이후 탁아소는 거의 사라졌다.

(3) 시사점

중국의 영아보육을 담당하는 탁아소는 거의 사라졌고 육아휴직기간도 98일로 우리나라에 비해 짧다. 그러나 여성의 지속적인 경제활동을 활발히 할 수 있는 것은 친양육적 기업과, 조직문화 때문이라 할 수 있다. 즉 사회 문화적으로 육아를 중시하는 보이지 않는 환경이 무엇보다도 중요하다는 것을 시사 받을 수 있다.

개혁개방 이후 중국은 유아교육 부분에서 공공성이 사라져갔다. 도시뿐 아니라 농촌지역에도 공립 유치원보다 사립 유치원이 차지하는 비중이 높지만, 중국 정부는 중장기 교육개혁에 따라 유아교육의 공공성을 강화하고 있다. 중국은 유아 대상 비용지원보다는 유치원 확충 등 인프라 중심으로 공공성을 강화하고 있다. 우리나라도 유아교육과 보육의 공공성 강화를 지속적으로 해오고 있으나 비용중심으로 공공성 강화를 해 왔다. 물론 공립 유치원과 국공립 어린이집을 계속 확충하고 있으나, 여전히 사립유치원과 민간어린이집에 다니는 유아가 60% 이상에 이른다. 따라서 국가가 비용 지원을 하더라도 체감도가 낮을 수밖에 없다. 이에 대한 해결책으로 우리나라도 국공립 인프라 구축에 보다 더 많은 관심을 가져야 할 것이다.

| 표 2-9 | 각국의 보육제도 체제

유형	내용	주관부서	실시 국가
이원 병행 체제 (유치원과 어린이집 별도 운영)	· 교육과 보육 분리 병행 · 수요자가 선택	· 교육부 · 보건복지부	한국, 일본, 미국, 영국, 호주, 캐나다, 뉴질랜드
일원 병행 체제 (유치원과 어린이집 통합 운영)	· 보호 기능과 교육을 일원화 · 종일제, 반일제, 시간제 운영	· 보건복지부	스웨덴(교육부), 덴마크, 핀란드, 노르웨이
연령 구분 체제	· 0~2세의 보호 · 3세~취학 전 교육	· 보건복지부 · 교육부	프랑스, 독일, 이탈리아, 러시아, 중국

질 높은 보육은 영유아에 대한 인간이해, 보육에 대한 보육관에 좌우된다고 할 수 있다. 이러한 아동관과 보육관은 각 시대를 대표하는 교육자나 철학자들의 사상에 영향을 받으며 발달해 왔다. 3장에서는 보육에 대한 과거 여러 교육사상가들의 사상을 살펴봄으로써 영유아 보육의 철학적 근원을 탐구하고자 한다. 시대의 흐름에 따라 고대 그리스부터 현대에 이르기까지 영유아 보육 사상들을 이해하고 보육교사로서 지녀야 할 보육의 의미와 보육철학을 정립하는 데 도움을 줄 수 있다.

CHAPTER 03

보육의 역사와 사상

1 보육의 역사와 사상

1) 고대의 보육사상

서양의 역사 서술에서 고대는 인간생활에 대한 기술이 있기 시작한 시기부터 서로마제국이 멸망하기까지의 시기를 일컫는다. 고대 이집트, 수메르, 히브리 등의 고대 문명들이 있었지만 교육사를 다룰 때는 고대 그리스와 로마를 주로 다룬다(오인탁, 1994: 15). 왜냐하면 그리스와 로마를 중심으로 한 고대 문화는 서양문화의 근원으로서 모든 인문주의의 정형이 되기 때문이다(정영근 외, 2009: 261).

(1) 그리스의 보육

그리스는 기원전 10세기경까지의 초기 그리스 시대, 각 종족이 폴리스(도시국가)를 이루어 독자적인 문화를 형성한 고대 그리스시대, 그리스 문화가 세계주의적 문화로 확장된 헬레니즘 시대로 구분한다.

그리스 문화의 특징은 첫째, 휴머니즘을 강조한 인간중심적 문화의 구현이다. 인간의 이성과 개성을 존중하고 이를 자유롭게 실현하는 데 관심을 두었다. 둘째, 진선미의 조화를 추구하였다. 그리스인들은 세상을 하나의 아름다운 조화의 실체로 파악하여 조화의 미를 추구하였다. 셋째, 자유 시민 공동체 문화를 형성하였다. 개인을 도시국가의 일원으로 인식하고 민주주의 사상에 근거하여 학문과 예술의 자유를 보장하였다.

그리스는 지리적 여건에 따라 형성된 각 폴리스가 그들만의 독특한 사회체제와 독특한 형태의 교육을 실시하였다. 폴리스의 교육적 성격은 시민을 양성하는 교육이었다. 도시국가들 중 스파르타와 아테네는 사회체제나 교육의 형태가 매우 대조적이다.

• 스파르타의 교육

스파르타의 교육은 리쿠르구스 법전을 기초로 하여 군국주의적 교육을 실시하였다. 기원전 550년부터 교육체제가 군사교육 형태로 자리매김하였다. 교육은 국가의 사업으로 개인에 대한 국가의 절대적 우위를 갖게 되었다.

스파르타 교육의 목적은 국가에 대한 충성심을 함양하고 국가에 복종하는 용감한 군인을 양성하는 것이다. 스파르타는 지리적으로 펠로폰네소스 반도 남쪽에 위치한 도시국가로 이민족의 침입이 잦았다. 그러나 스파르타의 시민은 전체 인구의 5~10% 정도였기 때문에, 반자유민과 노예들을 관리하기 위해서는 남녀 모두 국가의 목적에 부응하는 군사력에 의한 통제가 필요했다.

스파르타에서는 군사적 목적에 합당한 교육을 받았다. 교육내용은 남자에게 전투기술, 군사로서의 명예교육, 국가에 대한 복종, 신체수행능력 등 체육중심의 군사교육을 했다. 여자는 출산과 양육, 노예를 다스리는 법, 국가의 법을 준수하고 애국심을 기르는 법 등을 배웠으며 남자와 동일한 내용으로 국가의 감독하에 훈련을 받았다. 무용이나 음악, 문자 등은 군사적 목적으로만 가르쳤다.

스파르타에서는 출생 후 건강진단을 통해 합격한 아이만 7세까지 규칙적이고 엄격한 가정교육을 받게 되고, 8세가 되면 국가의 취학 의무에 따라 공동훈련소에 수용되어 20세까지 엄격한 군사훈련을 받는다. 20~30세까지는 전문적 군사훈련과 함께 군복무를 통한 실전교육을 받게 된다. 30세에 시민권을 획득하고 결혼과 자유생활을 누리게 된다.

| 그림 3-1 | 고대 그리스시대의 지도

• 아테네의 교육

아테네는 솔론법에 기초하여 민주정치를 확립하고 교육을 장려하였다. 아테네도 초기에는 군국주의의 정치형태를 가졌으나 지리적으로 좋은 항구를 통해 상업과 교역활동이 활발히 이루어지면서 경제적 기회 확대로 평등주의와 개인주의 정신이 확산되었다. 이는 민주정치로 전개되었으며 젊은이들의 정치적 입신출세의 열망에 발맞추어 고급교육에 대한 수요를 불러일으켰다. 이에 부응하여 직업적 교사인 소피스트가 등장하였다.

초기 아테네는 국가를 위한 유용한 시민을 양성하는 데 교육의 목적을 두었다. 그러나 기원전 479년 페르시아 전쟁에서 승리한 후 신체와 정신의 조화를 이룬 자유 시민을 양성으로 바뀌게 되었다.

아테네의 교육내용을 단계별로 살펴보면 출생에서 6세까지 가정에서 신체훈련, 기본생활습관, 신화 등을 통한 정신교육을 통해 신체와 정신의 조화로운 교육이 이루어졌다. 7세가 되면 국가가 제공한 체육관인 팔라이스트라(Palaistra)에 입학하여 15세까지 교육을 받았다. 오전에는 포괄적인 신체교육과 전쟁기술 등의 체육교육을 받고 오후에는 음악학교에서 읽기, 쓰기, 셈하기, 현악기 연주, 서사시 노래하기 등을 배움으로 신체와 영혼의 조화와 아름다움을 지닌 인간을 양성하였다. 초기 아테네에서 16세부터 18세까지 자유롭게 수업을 받을 수 있었는데 주로 소피스트에 의한 지적교육과 체육학교에서 원반던지기, 권투, 투창, 높이뛰기 등을 배웠다. 후기 아테네에서는 13~15세까지 기하, 천문, 문법, 수사학 등을 배우고, 16세 이상은 고등교육기관인 수사학교에서 법률, 정치, 경제, 역사, 천문, 변증법, 수사학을 배웠다.

18세부터 20세까지는 청년무사단인 에페베(Ephebe)에 가입하여 군사훈련을 받고 군복무를 하였으며 20세 이후 시민권을 취득하여 자유롭게 생활하며 정치에 참여하였다. 여성교육에는 관심이 없었다.

| 그림 3-2 | 아테네의 교육

(2) 교육사상가

- 소크라테스(B.C. 479~399)

소크라테스는 소피스트들의 주관적 인식론과 상대적 가치관을 비판하면서 영원불변의 보편적 진리와 가치를 중시하였다. 보편적 진리인 선을 인식하고 실천하는 도덕적 인간을 육성하는 데 교육목적을 두었다. 보편적 진리와 가치를 찾아가는 방법으로 문답법(대화법)을 활용하였다. 소크라테스는 누구나 진리를 자각할 수 있다고 보았고 감각에 의한 방법보다는 이성적 사유를 통해 참된 진리를 발견할 수 있다고 보았다.

- 플라톤(B.C. 427~347)

소크라테스의 제자로 덕(德)의 교수가능성을 밝히고자 하였다. 인간에게 지식을 가르칠 수 있으며 덕은 곧 지식이기 때문에 덕의 교육은 가능하다고 보았다. 플라톤은 교육을 통해 선한 정치 지도자를 양성하여 이상국가를 실현코자 했다. 이상국가는 곧 정의로운 국가이다. 정의로운 국가는 정의로운 개인을 양성함으로써 가능하다. 개인의 정의는 지혜, 용기, 절제의 조화로움을 의미하고, 국가적 정의는 통치계급, 전사계급, 생산자 계급의 조화와 질서를 의미하는데 교육목적은 개인의 정의와 국가적 정의의 실현에 있다.

계급별 교육내용을 살펴보면 생산자 계급에게는 욕망을 '절제'하는 데 도움을 주는 음악과 체육을 가르친다. 전사계급은 '용기'와 '기개'를 기르는 체육, 군사훈련, 대수학, 기하학, 천문학, 화성학 등의 내용을 학습한다. 통치계급은 지혜의 덕을 기르는 과학, 수학, 화성학, 형이상학 또는 변증법을 배운다. 그 후 실무활동에 참여하여 실무 경험을 쌓고 철인왕이 되면 교대로 정치를 관장하고 후진을 양성한다.

- 아리스토텔레스(B.C. 384~322)

마케도니아 출신으로 플라톤의 제자였고 알렉산더 왕자의 가정교사였던 아리스토텔레스는 논리학, 자연과학, 형이상학, 윤리학, 정치학 등 다양한 분야를 탐구하였다. 플라톤이 존재의 기반을 이데아에 두었다면 아리스토텔레스는 사물세계에 두었다. 즉 사물의 실재가 하나하나의 개별적 존재 속에 이데아가 구현되어 있다고 생각했다. 이를 '형상'이라고 하는데 모든 사물은 그 안에 각각의 고유한 형상을 가지고 있고 이를 발현함으로써 스스로를 실현한다고 보았다. 인간은 이성적 존재이기 때문에 이성이 인간을 규정하는 본질적 형상이다.

교육은 개인의 자아실현과 폴리스의 행복을 위해 필요하다. 인생의 목적은 행복에 있으며 교육 또한 행복을 누릴 수 있는 개인의 완성, 교양을 갖춘 자유인을 양성하는 데 목적이 있다.

아리스토텔레스는 인간의 성장과정에 따른 교육을 강조하였다. 영유아기에는 신체적 성장과 발달을 촉진하는 신체교육에 집중한다. 지적인 공부나 노동은 신체발달을 방해하기 때문에 바람직하지 않다. 초등교육 시기에는 신체적·도덕적 덕성을 함양한다. 중등교육 시기에는 체육, 미술, 음악 등을 통한 감성교육에, 고등교육 시기에는 수학, 논리학, 과학의 연구를 통해 이성과 시민적 자질 향상에 중점을 둔다. 교육방법에 있어 관념적 이해가 아닌 객관적이고 과학적인 방법을 활용하였다.

| 그림 3-3 | 플라톤과 아리스토텔레스

(3) 로마의 보육

로마는 그리스를 모방하고 수용하여 로마화 시킨 것이 특징이며 매우 실제적이고 실용적인 면을 추구하였다. 로마를 왕정시대(B.C. 735~509), 공화정시대(B.C. 509~27), 제정시대(B.C. 27~ A.D. 476)로 시대적 구분을 할 수 있고, 교육은 문화사적 관점에서 공화정시대와 제정시대로 나눌 수 있다.

① 공화정 시대의 교육

공화정 시대는 순수 로마적인 사회조직과 고유의 로마사상이 잘 드러나는 시기이다. 교육의 근본정신은 로마의 관습과 12동판법에 두었고 가정교육, 특히 아버지 중심의 교육이 중심이었다.

교육목적은 국가에 유용한 시민 양성에 있었다. 공적 생활을 잘 할 수 있는 유능한 시민과 노동자를 양성하고 용감하고 애국심이 투철한 군인양성에 목적을 두었다. 교육내용은 읽기, 쓰기, 셈하기, 12동판법, 체육 등을 가르쳤고, 실생활에 유용한 교육으로 소년들에게는 농사법, 병역, 공적 업무수행능력을, 소녀들에게는 방적, 직물법 등을 가르쳤다.

② 제정시대의 교육

제정시대의 특징은 그리스 문화를 수용하여 로마의 것으로 재구성하면서 지식중심의 주지주의 학교교육이 발달된 것이다. 로마는 그리스의 세계주의 문화에 완전히 동화되었고 그리스의 영향으로 초등학교, 문법학교, 수사학교가 설립되었으며 국가가 학교교육을 지원하였다.

- 퀸틸리아누스

로마 최초의 공교육 교사로 가정교육보다는 학교교육을 강조하였다. 퀸틸리아누스는 세계 최초의 교육 저서인『웅변 교수론』을 저술하였다. 아동의 선천적 능력을 계발함으로 인간적이고 윤리적 인격을 갖춘 '완전한 웅변가' 양성을 교육 목적으로 두었다. 『웅변 교수론』에 나타난 그의 교육관을 보면 가정에서의 조기 교육을 강조하였다. 7세 이전의 가정교육 시기에는 아동의 심리적·물리적 환경의 중요성을 강조하였다. 예를 들어 부모의 인격과 교양, 바른 언어를 사용하는 유모 등이다. 가정교육 이후에는 단계에 맞는 학교교육을 제시하였다. 학교 교사는 학생의 심리를 관찰하고 개인의 흥미와 개성을 존중하고 개인차를 고려한 아동중심의 교육을 해야 하며 체벌보다는 칭찬을 통한 교육을 강조하였다.

2) 중세의 보육사상

중세는 서로마제국이 멸망한 476년부터 동로마제국이 멸망한 1453년까지를 말한다. 중세의 교육은 5세기부터 11세기까지 기독교사상이 지배적이었던 종교교육 시기와 12~15세기 르네상스 직전까지의 세속교육 시기로 나눌 수 있다.

중세 전기교육 시기에는 로마시대에 국가와 지방도시가 설립하여 운영했던 공공학교가 사라지고 교회가 학교를 설립하고 운영하게 되었다. 기독교교육의 목적은 신에 대해 복종하고 봉사하며 내세를 준비하게 하는 데 있었으며 기독교 학교는 대성당학교, 수도원학교, 초급문답학교, 고급문답학교 등이 있다. 즉 이교도의 기독교화와 세례를 위한 초급문답학교, 문답학교의 교사와 교회 지도자를 양성하기 위한 고급문답학교가 있었다. 초급문답학교에서는 교리문답, 찬미가, 3R's 등을, 고급문답학교에서는 신학, 철학, 천문학, 수사학, 문학, 수학 등을 가르쳤다.

수도원학교는 엄격한 규율과 금욕주의적 생활을 하는 수도사 지망생만 입학할 수 있었으나 9세기 이후에는 일반인도 입학이 허용되었다. 대학이 발달하면서 수도원학교는 쇠퇴하였다. 중세 기독교 교육기관으로는 가장 높은 수준이며 고등교육기관인 대성당학교(본산학교)가 있다. 이곳은 성직자를 양성하는 것이 목적이며 기독교 교리, 예배의식, 7자유학과(논리, 문법, 수사학, 산술, 음악,

천문학, 기하학)를 가르쳤고, 이 학교의 교사들이 중심이 되어 기독교교리의 이론적 틀을 마련한 스콜라 철학이 성장하게 되었다.

중세 후기의 세속교육으로는 기사교육인 비형식적 교육이 발달하였고, 중세 후반기, 즉 십자군 원정 이후 도시의 발달과 더불어 신흥 시민계급이 형성되면서 도시학교가 발달하게 되었다. 이들은 자신들의 필요에 따라 현실적인 교육을 요구하였으며 13세기 이후 도시 고유의 시립학교들이 세워지게 되었다. 상류계급을 위한 교육기관으로는 라틴어학교(독일), 문법학교, 공중학교(영국)가 있고 하류계급을 위한 교육기관으로는 조합학교(영국), 독일어학교와 습자학교(독일), 교구학교가 있었다. 비형식적 교육으로는 도제교육이 직업교육 형식으로 이루어졌다. 십자군 원정 이후 이슬람 세계와의 접촉으로 사라센 문화와 스콜라 철학의 영향을 받아 대학이 등장하게 되었다. 대학은 국적이나 종교적 제약이 없이 순수한 학문 연구 단체로 교수와 학생의 조합 형태로 설립되었다.

3) 르네상스기의 보육사상

재생 또는 부활의 의미를 지닌 르네상스는 문예부흥뿐 아니라 서양 전체문화의 구조적 변화를 가져왔다. 중세의 신 중심 사회와 문화를 탈피하여 인간중심 사회와 문화로의 전환을 가져왔다. 르네상스 시대의 인문주의자들은 중세 말기에 경직된 스콜라 철학을 비판하고 인간중심적인 새로운 사상을 전개하였다. 새로운 사상의 기초를 인문주의자들은 고대 사상과 문화, 예술에서 찾으려고 하였다.

르네상스 시대의 인문주의 교육은 고대 문화의 부흥과 고전을 통해 완전하고 다면적인 인간성 계발에 관심을 가졌다. 즉 인간의 개성과 능력뿐 아니라 인간의 덕성과 존엄성을 강조하게 되었다. 고대 문화와 사상에 대한 관심은 자연스럽게 고대 언어를 배워야 할 필요성을 제기하였고, 이를 위해 언어교육이 중요한 교육내용이 되었다.

인문주의 교육의 사상적 특징은 첫째, 자연주의이다. 중세의 초자연주의적 교육사상에서 벗어나, 인간의 자유의지와 자연에 대한 인간의 우월성을 강조하는 자연주의 인간생활로 전환을 가져오게 되었다. 둘째, 신에게서 벗어나서 개인의 전인적 성장과 발달을 지향하는 개인주의적 성향이 나타났다. 셋째, 고전어의 부흥을 통한 라틴어의 심미적 수양을 강조하는 언어주의적 특징을 지녔다. 마지막으로 고등교육에 중점을 둔 귀족주의적 성격이다.

인문주의의 교육은 초기에 발달한 개인적 인문주의와 후기의 사회적 인문주의로 분류된다. 개인적 인문주의는 국가나 사회보다 개인의 발달과 개인의 행복을 우선시하였다. 개인의 교양을 중심으로 사고의 자유, 자기표현 등의 자유를 누릴 수 있는 인간양성에 교육목적이 있었다. 반면 사회적 인문주의는 개인의 발달보다 국가와 사회의 빌딜을 우선시하였다. 개인의 자유나 완성보다 사회개혁과 인간관계의 개선에 목적을 두고 사회적·종교적·도덕적 교육을 강조하였다.

이 시기의 유아교육은 이탈리아를 중심으로 대상인들이 그들의 사업을 이을 후계자 양성에 관심을 갖고 있어 시대에 적합한 새로운 인재를 유아기부터 육성시키고자 하였다. 당시 육아법에 따르면 유아기의 아동은 남녀 모두 어머니의 영향력 아래 지내다가 남아의 경우 일정한 연령이 되면 아버지나 가정교사에 맡겨졌다. 남아에 대한 훈련은 피로를 이겨내고, 야외생활에 흥미를 느끼며 자연과 친숙하게 하고 사지의 활발한 움직임을 강조했다고 한다. 이 시대의 육아에 대한 관심은 아동의 심신의 선상한 빌딜을 중시하면서 공동체로서의 가문의 명예와 재산의 유지 및 운영을 전제로 한 인산개발이있다(곽노의, 2018: 130).

4) 실학주의 시대의 보육사상

르네상스 이후 현세적 삶에 대한 긍정적 평가와 함께 정치, 경제, 문화, 학문 등의 자율성이 확보되었다. 종교개혁 이후 신구교간의 갈등은 30년 전쟁으로 절정에 이르게 되었고, 국민들은 자신들을 보호해 줄 강력한 국가를 원하게 되었다. 이에 부응하여 정치적으로 절대왕정국가가 확립되었고, 절대왕정국가의 유지와 국민의식 통합 그리고 부국강병을 위한 수단으로 중앙정부가 경제를 통제하는 중상주의 정책을 채택하였다. 절대왕정은 정치적 일환으로 자연과학 연구에 투자하였으며 17세기 들어서면서 과학적 탐구와 실제생활에 대한 관심이 새롭게 대두되었다.

실학주의 교육은 17세기 정치·경제·사회적 요인과 밀접한 관계가 있다. 실학주의 교육의 목적은 실용성과 실천성에 있다. 언어로 표현되는 추상적 관념의 습득보다 삶과의 관련 속에서 구체적 사물에 대한 직접 경험을 추구하였다. 교육내용에 있어서도 다양한 실생활의 경험을 강조하는 실물 중심의 교육, 실용적인 교과를 강조하였다. 교육방법적 측면에서도 이해와 경험이 강조되고 자연의 원리를 기초로 하는 '자연주의적 교육방법', 아동의 감각기관을 기초로 하여 실물에 대한 직접 경험과 오감을 폭넓게 활용하는 '감각주의 교육방법'이 이때 발견되었다.

- 코메니우스(1592~1670)

감각적 실학주의자로 근대 교육방법의 창시자인 코메니우스는 기독교적 세계관을 바탕으로 교육개혁을 시도하였다. 코메니우스는『대교수학』에서 단선형 학제를 제시하였으며『범교육론』에서는 전 생애를 통한 학습을 강조하면서 평생교육을 제시하였다. 주요 저서에서 강조한 교육목적은 현세나 내세 모두에서 가능한 완전한 삶을 위한 준비를 갖추는 것이다. 궁극적 목적은 하늘나라에서 신과 하나 되어 영원한 행복을 얻는 것이다.

코메니우스는 어린이를 무한한 가능성을 지닌 존재(교육 가능성)로 보고 어려서부터 교육받아야 한다고 하였다. 인간은 교육받지 않고는 인간이 될 수 없기 때문에 반드시 교육받아야 한다(교육 필요성). 인간은 마치 나무와 같아서 숙련된 정원사가 좋은 나무를 가꾸어 내듯 좋은 교사에 의해 교육받아야 한다. 교육내용은 세상에 존재하는 '모든 것'을 가르쳐야 하는데 경건성을 키우는 신앙교육, 도덕성을 키우는 도덕교육, 이성의 힘을 키우는 정신교육이 이에 속한다. 유아기에 배워야 할 내용으로는 감각훈련, 기초지식, 도덕적 습관, 신앙의 기초, 가정교육을 제시하였다.

올바른 교육방법으로는 합자연의 원리를 따르는 것이다. 인간은 신의 모습으로 만들어졌고 그 자신 속에 신에 의해 창조된 세계 전체를 포괄하고 있기 때문에 '소우주'이다. 따라서 모든 자연현상과 모든 인간의 활동은 우주의 근본적인 동일성을 나타내고 있다. 이런 의미에서 이상적인 교육 원리는 자연의 움직임과 일치해야 하는 합자연의 원리가 된다. 또한 직접적인 사물을 통한 교육을 강조하는 직관의 원리를 강조했다. 코메니우스는 직관교수의 원리에 따라 세계 최초로 그림이 삽입된 『세계도해(*Orbis Sensualium Pictus*)』라는 책을 써서 라틴어를 배우기 전에 학생들이 직관적으로 배울 수 있도록 세계에 있는 기본적인 사물과 인간의 기본적인 활동을 정리하였다.

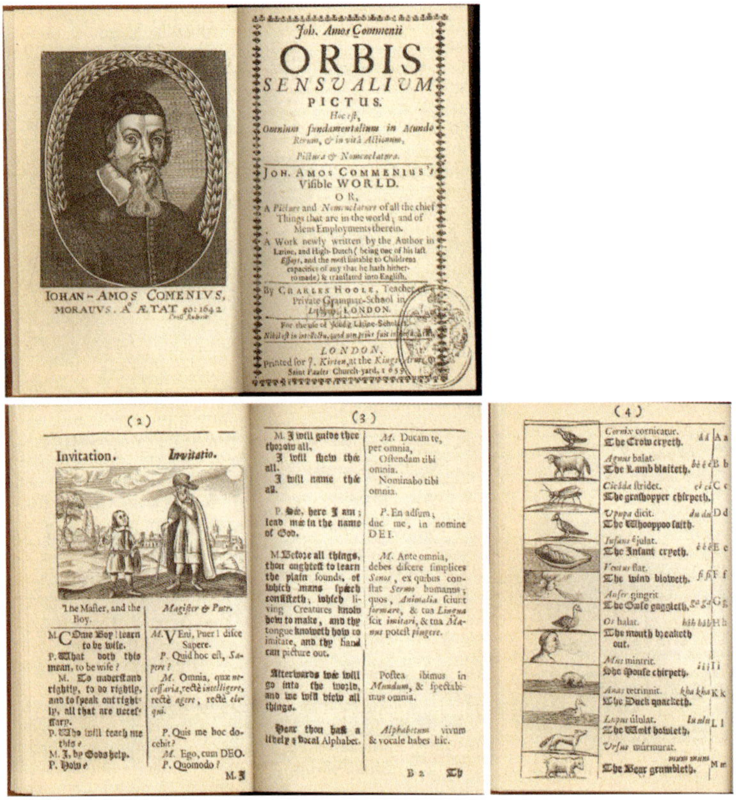

| 그림 3-4 | 코메니우스와 세계도해

출처: http://www.centromanes.org/

5) 계몽주의 시대의 보육사상

계몽주의는 삶 속에서 무지몽매, 편견, 미신 등을 제거하고 인간의 이성을 깨우쳐 합리적이고 올바른 판단을 하며 살아야 한다는 것을 강조한 시대적 흐름이다. 17세기가 법과 권력이 개인을 통제한 시기였다면, 18세기는 이성과 지성을 통해 개인을 통제로부터 해방시켜 개인의 자율성과 자유로운 이성에 가치를 두었던 시대이다.

계몽주의 시대는 자연과학의 발달과 함께 인간의 지적능력에 대한 확신과 신뢰가 더해지면서 이성을 계발하여 이성적 삶을 살 수 있게 해야 한다고 보았다. 모든 인간의 이성 계발과 정신적 성숙은 교육을 통해 가능하다는 생각이 지배하면서 교육은 계몽주의자들의 핵심 관심사가 되었다.

계몽주의 시대의 교육의 특징은 첫째, 합리주의 교육으로 모든 사람이 자신이 소유하고 있는 이성을 바탕으로 합리적인 판단을 내리고, 자율적이고 자유롭게 살아가도록 하는 것이다. 합리주의에서는 인간을 이성에 따라 문제를 해결하는 존재로 보았으며, 이성만이 참되고 가치 있는 것을 판단하는 기준으로 보았다. 인간 이성의 완전성에 대한 확신으로 교육을 통한 인간의 진보는 합리적인 사회의 진보로 이어질 것이라 확신했다.

둘째, 자연주의 교육으로 인위적이고 전통적인 교사 중심의 교육을 비판하고 자연의 원리에 따라 아동의 소질과 능력을 키워주는 것이다. 인간의 자연성을 근본원리로 인간의 있는 그대로의 자연 상태를 가치 있는 것으로 인정한다. 인간은 소우주로서 존엄한 존재이며, 교육은 아동의 자연적 본성에 주목하고 그것을 발달시킴으로써, 완전한 '인간'을 기르고자 하였다.

셋째, 시민교육 및 직업교육으로 사회에서 유용한 직업 능력을 갖춘 계몽된 시민을 양성하는 것이다. 사회의 중심인 시민을 교육을 통해 주체적이고 사회적 책임을 다하는 유능한 시민 육성과 자기 분야에서 자질을 갖춘 유용한 직업인 양성을 강조하였다.

- 루소(1712~1778)

루소는 18세기 자연주의 교육을 대표하는 인물로 인간의 있는 그대로의 자연 상태를 가치 있는 것으로 인정하면서 그 바탕 위에 '자연에 따르는' 교육의 목적, 내용, 방법을 제시하였다.

인간은 선한 본성을 가지고 태어나기 때문에 선함을 자유롭게 발현할 수 있도록 도와야 한다. 루소는 "아동을 불완전한 성인으로 취급하지 않고 아동 자신의 완전성을 가진 존재로 보아 완전한 아동"을 만들고자 했다. 미래를 위해 현재를 희생하는 것이 아니라 아동기 자체를 완성하고 선천적인 자연성을 보존하면서 도덕적인 자유를 실천할 수 있는 사람으로 길러내고자 하였다.

유아교육의 목적은 올바른 유아 양성에 두어 "아동의 본성 계발로 규정하고, 환경과 인위적인 제한이나 훈련에서 벗어나 이동이 자유롭게 성장하고 발달할 때 교육의 효과가 증진된다"고 보았다(김동일, 2004). 즉 아동의 자연성 계발과 인위적인 제한으로부터 아동을 보호하는 것이다.

교육내용은 아동의 천성에서 나오는 흥미, 즉 생활의 필요에 의해 자연스럽게 일어나는 활동이 주된 내용이다. 루소는『에밀(*Emile*)』에서 발달단계별 교육내용을 제시하였다.

출생에서 2세는 유아기로 신체 발육에 중점을 두어 유아의 자유로운 활동과 자연적 활동을 보장하는 것과 어머니의 직접 교육을 강조하였다. 2~12세는 아동기의 교육으로 감각훈련과 신체의 훈련을 통한 신체 발달에 중점을 두었다. 도덕교육에 있어 설교하지 말고 본보기와 경험을 통한 학습을 강조하였다. 이 시기까지는 이성(理性)이 잠자고 있기 때문에 독서교육은 지양하고 사물을 직접 경험하게 하는 학습이 필요하다고 보았다.

교육방법은 인간의 자연적 본성을 따르는 합자연의 원리에 의해 가르친다. 아동의 흥미와 관심에 따라 가르치는 아동중심교육과 자발성의 원리를 주창하였다. 또한 책이나 글로 가르치기보다 구체적인 실물을 통한 학습을 하도록 하였다. 12세까지의 교육은 소극적인 형태로 이루어졌다. 도덕적 진리를 직접 가르치기보다 아동의 마음을 악덕과 오류로부터 보호한다. 교사가 앞서서 끌고 가는 성인 중심의 교육이 아니라 아동의 자발적 성장을 뒤에서 밀어주는 아동중심의 교육을 한다. 이는 아동이 주도적으로 체험하고 느끼고 깨닫도록 돕는 교육이다.

| 그림 3-5 | 루소와 에밀

6) 신인문주의 시대의 보육사상

신인문주의는 18세기의 합리주의적이고 주지주의이며 개인주의적인 계몽사상의 반동으로 일어난 사상이다. 19세기 초부터 독일을 중심으로 나타나기 시작하여 문학, 철학, 예술 등 유럽문화 전반에 영향을 주었으며, 문예사조상 낭만주의와 관계가 깊다. 계몽주의가 합리주의, 개인주의, 반역사주의, 사회동포주의, 초국가주의를 강조한 데 반하여 신인문주의는 정의(情義)주의, 역사주의, 민족주의, 국가주의를 강조하였다. 교육적 관점에서 신인문주의는 지·정·의의 전반에 걸쳐 인간의 모든 소질을 완성도 높게 발달시키려고 했던 사조이다. 신인문주의를 바탕으로 하는 교육사상의 특징을 살펴보면 다음과 같다(곽노의, 2015).

첫째, 고전 문화의 단순한 모방이 아니라 고대 정신을 본받으려고 하였다. 즉 인간의 지·정·의의 조화로운 발달을 목적으로 하였다.

둘째, 개성을 존중하면서도 사회성과 역사성을 중시하였다. 따라서 교육의 목표도 개인이 지닌 전인적 특성들의 조화로운 계발뿐 아니라 사회적 조화와 발전을 중시하였다.

• 페스탈로치(1746~1827)

페스탈로치는 인류애를 기본 정신으로 빈민과 고아 등 당시 소외된 아동교육을 위해 헌신한 교육자였다. 그는 교육을 통해 '인간성'을 계발하는 데 관심을 두었다. 루소의 교육관을 계승하여 교육이란 인간 내면에 잠재된 능력을 끌어내고 키우는 데 있다고 보았다. "모든 어린이에게 하나님이 주신 성스러운 인간성의 힘이 깃들여 있다"고 하면서, 인간성 속에 선천적인 소질인 도덕적(심정력), 지적(지능력), 신체적(기술력)인 능력들을 조화롭게 발전시켜 나가도록 도와야 한다고 강조하였다. '인간성'은 자연 속에서 계발되는 것이 아니라 사회적인 맥락 속에서 계발된다고 봄으로써 사회의 교육적 기능을 주장하였다.

교육의 목적은 인간 개혁과 사회개혁이다. 교육은 인간성을 계발함과 동시에 개인과 사회를 개혁하는 중요한 수단이다. 페스탈로치에게 있어 빈민아동 교육은 그들의 인간성을 건전하게 발달시키는 것이며 사회를 올바로 개혁하는 길이었다.

유아교육은 가정에서의 교육을 강조하였다. 페스탈로치는 가정을 교육의 전형으로 보았고, 교육에 있어 가장 중요한 것은 사랑이라고 하였다. 학교교육은 가정교육의 연장일 뿐이다. 가정은 기초교육이 다져지는 곳으로 도덕교육과 기초교육인 3R(읽기, 쓰기, 셈하기) 그리고 실제(노작)교육을 제시하였다. 가정에서 부모의 사랑은 인간형성의 기초가 되며, 가정에서 종교와 도덕교육이 싹트게 된다. 이러한 모든 힘의 원천은 어머니의 배려 깊은 사랑이다.

페스탈로치는 자연에 따르는 인간발달원리를 교육방법으로 제시하였다. 이는 첫째, 직관의 원리로 현상이나 사물을 직접 접해 그것의 전체적 특성을 파악하는 것이다. 페스탈로치는 사물을 정확히 인식하는 수단으로 '수', '형태', '언어' 등의 교과를 가르치되 철저히 아동의 사물에 대한 직관에서 출발해야 한다고 하였다. 둘째, 자발성의 원리이다. 인간이 가진 내면의 자연적인 힘은 아동 자신이 자발적으로 발전시켜야 한다. 교사는 자연적이고 조화롭게 발달이 이루어지도록 모든 조건을 제공해 주어 아동의 선천적 소질이 계발되도록 돕는 사람이다.

셋째, 도덕성 중시의 원리이다. 인간은 태어나면서 세 가지의 선천적 기능, 즉 지적·도덕적·기능적 기능이 있는데, 그중에서 도덕적 기능을 중심으로 조화로운 발달을 이루게 하는 것이 교육의 이상이다.

| 그림 3-6 | 페스탈로치

• 프뢰벨(1782~1852)

프뢰벨은 인간이 만물 가운데 최고의 존재이며, 이성적으로 만물을 인식하는 존재로 인간에게 주어진 독특한 사명이 있다고 하였다. 즉 인간에게는 신성(神性)이 내재되어 있어서 내적 성장을 위해 신성을 신장시키고 완성해야 할 사명이 있다. 교육은 신적인 것을 의식하도록 인간을 자극·지도하는 것이며, 사고하고 이성적으로 행동하며 스스로 인식하도록 인간을 이끌어 주고, 신적인 통일을 자유롭게 표현하는 방법을 가르치는 것이다(곽노의, 2015).

교육의 목적은 신성한 삶을 표현하는 것이다. 자발적으로 자신의 능력을 충분히 계발하고 원만한 사회적 관계를 맺을 수 있는 인간을 만드는 것이다(Fröbel, 1973; 곽노의, 2015).

교육방법으로는 첫째, 인간에게 내재된 신성을 자연스럽게 발전시킬 수 있도록 돕는 '발달 순응적 교육'이 있다. 발달 순응적 교육이란 어린이의 본성을 꺾지 않고 자연스러운 성품을 지닌 인간으로 성장하도록 신성의 법칙을 따르는 것을 의미한다. 즉 교육을 통해 외적 성과를 빨리 가져오게 하는 것이 아니라 내적인 열매를 맺게 하는 것이다. 발달 순응적 교육은 수동적 태도만 취하는 것이 아니라 어린이에 대한 주의와 보호를 하면서 필요할 때 즉시 적극적이고 능동적인 자세를 취하는 것이다. 둘째, 놀이와 작업의 원리이다. 어린이가 은물을 통해 유희로 감각훈련을 한다. 어린이에게 있어 유희는 사회화의 한 방법이다.

교육내용으로는 인간이 갖추어야 할 가장 기본적인 것인 종교, 자연, 수학, 언어, 예술을 제시하였으며, 자기 내면적인 생명을 지향하는 욕구(안식), 외부세계 및 외계의 본질을 자기 속에 넣으려는 욕구(인식), 내면적인 것을 직접 나타내는 욕구(표현)를 통해 도야해야 한다고 보았다. 종교는 안식에, 자연은 심정과 인식에, 수학과 언어, 예술은 표현에 해당한다.

인간의 타고난 자연적 본성은 놀이, 게임, 동식물 기르기의 활동을 통해 개화되고 전체적으로 통일된 조화로운 인간을 형성할 수 있다. 놀이는 어린이가 자기의 내적 세계를 스스로 표현하는 것으로 자기의 내적 본질의 필요와 요구에 의해 내계를 외계에 표현하는 것이다. 이러한 놀이를 하는 노력은 아동기처럼 왕성하게 하는 시기는 없다. 장난감을 가지고 노는 시기 이전에 영아는 자신의 팔과 다리를 가지고 놀면서 음성을 실험하는 단순한 놀이를 한다. 프뢰벨은 이를 착안하여 아동의 최초의 교육장소인 가정에서 어머니의 교육적 기능을 강화시키는 데 기여한 부모교육 저서인『어머니의 노래와 사랑의 노래』를 발간하였다. 정원에서 동식물을 기르는 활동을 통해 어린이가 '볼 수 없는 힘'의 작용을 관찰하고 책임감을 갖게 하는 활동을 권장하였다. 즉 이러한 활동을 통해 동식물 세계의 성장법칙을 알고, 자기를 둘러싼 세계를 이해하며 자연을 관찰하는 습관을 습득할 수 있게 된다.

| 그림 3-7 | 프뢰벨의 은물

7) 현대의 보육사상

감각적 교육방법을 강조한 코메니우스부터 루소, 페스탈로치, 프뢰벨로 이어지는 아동 중심 교육에 대한 사상은 현대에 이르러 그 폭이 넓어지고 깊어졌다. 20세기 들어 전통적 학교교육에서 진행되고 있는 기계적인 학습, 교과서 중심 교육, 교사 중심의 권위적 교육에 대한 도전이 있었다. 기존의 교육과 교육방법이 학생들을 비인간화시켰다고 진단하고 이를 극복할 대안으로 '아동으로부터의 교육'이 이루어져야 한다는 교육개혁운동이 활발하게 전개되었다.

아동연구에 있어 프로이트, 피아제, 몬테소리, 듀이 등의 연구 활동으로 아동을 어른의 축소판이나 종속물로 보지 않고 아동 그 자체의 독립된 인격을 지닌 존재로 보게 되었다. 또한 아동은 각자의 독자성을 지닌 존재로 그 내면에 무한한 잠재가능성과 개인차가 있음을 강조하였다. 아동에 대한 이러한 관점은 특히 아동심리학적 관점을 받아들임으로 새롭게 전개되었다. 유아교육은 루소의 자연주의 입장에서 출발한 성숙이론, 피아제의 인지발달에 기초한 구성주의이론, 프로이트의 어릴 때의 경험을 강조한 정신분석이론, 유전학과 뇌에 대한 생리화학적 연구 등에 기초한 연구들이 활발하게 진행되었다.

- 듀이(1859~1952)

듀이는 20세기 미국을 대표하는 실용주의 철학자이며 진보주의 교육운동에 사상과 이론을 제공하였다. 그는 매우 체계적이고 포괄적인 교육이론을 제시하였고 그중 경험중심, 활동중심의 교육이론을 강조하였다. 1896년 듀이는 시카고 대학교 부속학교로 '듀이학교'라는 실험학교를 설립하였다. 이 학교에 4세부터 14세까지의 어린이를 10개 집단으로 교육하였으며, 4~6세 유아를 대상으로 기초 이전 단계 학급을 운영하면서 자신이 구상한 교육이론을 실천에 옮겼다.

듀이 교육철학의 주요 개념은 아동의 흥미, 경험, 문제해결능력, 개별성의 존중, 생활중심의 교육내용, 경험의 재구성, 안내자로서의 교사, 민주적 운영, 자유, 주체성, 자기표현, 사회 적응능력 등으로 아동중심 교육사상을 보여 주고 있다.

교육목적은 아동의 성장이다. 성장은 교육활동(경험) 안에서 발생하고 작용하기 때문에 계속적인 성장과정을 중시한다. 즉 교육은 경험의 계속적인 재구성으로 경험이 없는 교육은 없다. 교육내용을 선정할 때 살펴야 할 점은 첫째, 교육내용의 출발점은 아동 자신이지만 이는 교과나 지식과 연결될 때 가치가 있다. 둘째, 교육내용으로 경험이 중요하나 지적 요소가 개입될 때 교육적 효과가 있다. 셋째, 교육은 사고하는 것을 배우는 것이기 때문에 그러한 내용이 담겨야 한다. 넷째, 교육내용은 인간과 가정을 중심으로 한 아동의 사회적 활동에 초점을 맞춘다. 이는 아동의 경험이 지적으로 연결될 수 있도록 현재의 경험에서 출발하되 능동적 학습이 일어나 나선형이 되도록 조직해야 한다.

유아교육의 내용은 건강생활과 관련된 자극반응과 감각운동, 사회생활과 관련된 지리를 비롯한 역사, 표현활동과 관련된 예술, 언어활동인 읽기, 쓰기, 의사소통, 외국어, 마지막으로 통합과학과 관련된 과학적 사고와 수학적 사고 영역으로 구성된다(이상현, 2000; 김정원 외, 2011 재인용).

교육은 아동 자신에게서 출발해야 하며 그것이 사고와 연결되어야 한다. 교육방법도 아동에서 출발하되 사고능력을 길러 주기 위해 교사는 관찰자, 안내자,

연결자, 제안자, 중재자로서의 역할을 하며 아동과 지속적인 상호작용을 해야 한다.

- 몬테소리(1870~1952)

몬테소리는 이탈리아 최초의 여의사로 정신지체아동을 관찰하던 중 이타르와 세강의 교육적 치료방법에 영향을 받아 생리학적·심리적 현상의 분석에 기반을 둔 교육방법과 교구를 개발하였다.

1907년 로마 산 로렌조의 '어린이집(Casa dei Bambini)'에서 2~7세의 노동자 자녀를 교육하였다. 이곳에서 장애아에게 사용한 교구를 개량하여 일반 아동들에게 적용하였다. 과학적이고 수학적으로 개발된 교구는 일반 아동에게 유용했다.

아동은 스스로 자기를 발달시킬 수 있는 존재이다. 교육목적은 현재 정상 범위에서 벗어난 아동을 정상화에 이르게 하는 것이다. 정상화란 아동이 스스로 작업을 선택하고 집중함으로 만족감을 느끼는 상태를 말한다. 정상화에 이르기 위해 아동에게 자유와 자기활동이 보장되어야 한다.

교육내용에는 일상생활훈련(여러 가지 생활방식을 인격형성에 필요한 작업으로 수용하여 훈련한다), 감각교육(사물의 속성을 빠르고 정확하게 파악하여 아동의 정신적 생활을 풍요롭게 한다), 언어교육(모국어의 기초 능력을 기르며 문화 전승과 창조의 힘을 발달시켜 사고력과 이해력 증진을 통한 논리적·과학적 사고를 확립한다), 수학교육(지적발달을 자극하기 위해 논리적으로 생각하는 힘을 갖게 한다), 우주교육(방향감각, 시공간감각으로서의 우주교육, 만물이 통일체이며 우주의 질서와 운동을 인식하는 전체교육, 우주 생태계 보존을 위해 필요한 윤리적 사명이 이에 속한다)이 있다.

몬테소리만이 갖고 있는 교육원리는 다음과 같다.

- 정신적 태아기: 인간은 정신적 존재로 출생 후 정신적 태아기를 거친다. 인간은 인간 특유의 행동양식을 배울 수 있는 가능성만 가지고 있으며 정신적

태아기를 거치면서 주위 환경과 상호작용 속에 문화 공동체의 행동양식을 습득하게 된다. 이러한 학습의 주체는 아동 자신이며 자발적으로 자기활동을 통해 발달한다.

- 민감기: 한 가지 일에 몰입하는 아동기의 특정 시기를 말하며, 특별한 이유없이 특정 행동을 집중적으로 반복하는 지적 흡수력이 왕성한 시기를 말한다. 몬테소리는 민감기를 0~6세(하위 단계로 0~3세와 3~6세), 7~12세, 12~18세로 구분하였으며, 영유아기에는 작은 것에 대한 민감기, 질서에 대한 민감기, 언어에 대한 민감기, 감각에 대한 민감기를 제시하였다. 이 시기에 최적의 환경을 제공하지 않거나 상호작용이 부족하면 특정 능력에 대한 민감한 감수성이 사라진다.
- 준비된 환경: 영유아기의 민감성을 자극할 환경을 만들어 주어 자신이 선택한 교구로 자신의 속도에 맞추어 학습하도록 준비해 놓은 환경을 말한다. 준비된 환경은 아동의 자발성을 촉진하고 자기활동을 할 수 있는 자연과 문화 그리고 공동체 등의 물리적 환경과 자유와 질서, 사랑 등의 비물리적 환경을 포함한다. 준비된 환경에 영유아 발달단계에 맞는 시설 설비와 교구 그리고 반응적인 교사가 중요한 역할을 한다.

• 슈타이너(1861~1925)

슈타이너는 인간의 참된 본질을 의식하도록 이끌어 준다는 '인지학(Anthroposophie)'적 인간학을 기초로 교육사상을 펼쳤다. 1919년 발도르프 아스토리아 담배공장 사장이며 사회문제에 깊은 이해를 지닌 몰트의 제안으로 '자유 발도르프학교(Die Freie Waldorfschule)'를 개설하였다. 발도르프 유치원은 슈타이너의 제자인 엘리자베스 그린레스가 1926년 슈투트가르트에 처음 설립하였고 유럽, 미국, 일본, 인도, 아프리카 등 그 수가 급증하여 오늘에 이르고 있다.

인지학적 인간학은 인간을 육체와 영혼과 정신을 지닌 통합적 존재로 보고 태어날 때 네 가지의 본질 구성체가 존재한다고 보았다. 그러나 이 구성체는 막에

싸여 있어 막 속에서 보호되었다가 각각 다른 방식으로 탄생하여 발달해 간다. 네 가지 인간 본질 구성체는 물리체, 에테르체, 아스트랄체, 자아체이다. 이는 각각 7년의 리듬 속에서 태어나야 하며 각 시기마다의 특수한 학습과 소질의 성향들이 있다.

물리체(0~7세)의 탄생 이후 7년간은 인간의 몸 전체가 하나의 감각기관이기 때문에 개념이 아닌 오감의 반응, 즉 온몸으로 행하는 모방에 의한 교육이 필요하다. 이 시기에는 에테르체(생명체)를 보호하고 신체와 오감의 발육에 집중한다. 성인이 된 후 행동력, 의지력의 근원이 된다. 에테르체(7~14세)는 영구치가 나면서 시작된다. 생명체는 기억, 습관, 기질, 성향을 관장하며 학습을 시작해도 되는 시기이다. 예술에 대한 감각에 눈을 뜨게 되므로 감각이 깨어나도록 한다. 아직 아스트랄체가 막 속에 있다. 아스트랄체(감정체; 14~21세)는 사고력을 관장하는 것으로 개인의 관심과 취미를 발달시키고 독립적으로 인식하는 능력을 깨운다.

유아교육의 목적은 전인적인 인간교육의 추구에 있다. 인간은 모든 가능성들이 내면에 집중되어 있기 때문에 아동 안에 본질적인 사랑을 발달시키는 것이 교육의 기본 원리이다. 유아교육의 원리를 살펴보면 다음 세 가지로 정리할 수 있다.

첫째, 학습의 기본 형태는 본보기와 모방이다. 모방은 어른의 시범적인 행동을 따라 하는 것이 아니라 내적인 유대를 형성하는 것이다. 유아의 모방능력은 유아의 내면에 있는 자유의 표현이며, 유아가 자기 주변 인물들 속에서 비교될 수 있는 것을 알 때 계발되는 능력이다(지스민스히우젠, 1996).

둘째, 상상력 발달의 촉진이다. 아동은 주변의 삶을 모방하면서 특정 관계의 경험을 내적 표상 활동으로 살아 움직이게 한다. 구체적이고 활발한 표상활동을 하도록 자유로운 놀잇감을 제공한다. 발도르프 유치원에는 대부분 자연물을 제공하고 인위적이지 않은 원형 그대로의 것들로 환경을 꾸며 안정감을 주는 분위기를 제공한다. 눈, 코, 입이 없고 색깔만 있는 인형, 한 주제에 대한 이야기를 일주일 내내 반복하는 활동 등은 아동의 환상과 창의적 활동을 하는 데 도움을 준다.

셋째, 생활교육이다. 발도르프 유아교육에는 일상생활의 리듬이 교육과정에 스며 있다. 공간과 시간의 질서를 통해 생활교육이 가능하다. 잘 정리된 공간 활용, 시간의 질서와 생활 리듬의 반복은 아동의 주기별 발달 과업의 리듬을 강하게 해 준다(윤선영, 2005).

2 보육사상의 이해와 보육

현대 보육(유아교육)의 흐름은 발달심리학과 인지심리학 등의 발달로 인간 성장에 관한 새로운 가설을 기초로 인간을 기능적이고 수단적으로 다루어 인간의 능력을 개발하는 데 중점을 두고 있다. 즉, 유아교육이나 보육이 심리학적 가설 위에 이론을 구축하고 이를 적용하고 있다. 이러한 연구들은 교육의 본질을 명확히 파악하지 못하고 왜곡시킬 가능성이 있다. 보육사상을 살펴보는 것은 교육의 본질, 즉 교육사상가들이 꿈꾸었던 이상적인 교육을 이해하고 실현해 보려는 노력을 하고자 함이다.

영유아 보육사상을 살펴봄으로써 교육을 전체적이고 통합적으로 바라보고 진정한 교육적 가치를 발견하며 교육의 대상인 인간의 가치가 성인이 아닌 아동에 있음을 확인할 수 있게 한다. 또한 보육의 방향을 올바르게 설정할 수 있는 보육철학의 기초를 놓아 보육 전문가로서의 사명과 역할을 시대정신에 맞게 창조적으로 수행할 수 있게 도와줄 수 있다. 이에 구체적으로 시대적 흐름에 따라 교육사상가들이 영유아의 존재를 어떻게 보는지, 그 아동관에 따라 교사의 역할은 어떠했는지, 교육관과 아동관에 따른 교육방법의 차이가 어떠한지를 확인할 수 있다. 예를 들어 인간을 보는 관점인 '성선설', '성악설', '백지설'에 따라 아동 교육에 대한 교사의 역할은 다르다. 성선설은 백지설이나 성악설에 비해 교사의 소극적인 교육과 개입, 환경의 영향을 강조한 반면 백지설은 교사의 적극적 역할 및 경험의 내용을 풍부히 제공하는 등 교사나 환경의 역할이 다르다.

과거의 아동에 대한 인식은 '오랫동안 어른들에 의해 돌보아져야 하기 때문에 무력한 존재'이며 어른에게 절대적으로 의존하는 존재였다. 또한 아동을 성인의 축소판으로 보았기 때문에 아직은 불완전한 존재로 인식했다. 아동은 어른의 소유물로 보았고 당연히 아동은 어른의 권위에 복종하고, 어른과 사회에서 요구하는 것을 배우고 훈련받아야 하는 수동적 존재로 인식된 것이다.

오늘날 보육은 아동을 아동의 권리와 자기발달에 영향을 미치는 능동적 존재로 전제한다. 보육현장에서는 아동중심교육을 강조하며 아동중심교육이 적용되고 있다. 그러나 보육현장은 아동을 존중하는 아동중심교육이 제대로 실현되고 있지 못하다. 예를 들어 보육현장에서 하루일과 운영 중 순간적인 결정을 해야 하는 복잡한 교실상황에서 보육교사의 교육관이나 아동관이 철저히 정립되어 있지 않다면 교사의 권위로 아동의 권리를 침해할 수도 있다. 이럴 때 필요한 것이 영유아 보육에 대한 교사의 보육철학이다.

보육사상의 역사적 이해를 통해 과거의 교육사상을 이해하고 미래의 교육적 흐름을 예측하며, 현재 보육을 어떻게 실행해야 하는지 아는 데 도움이 될 것이다. 보육교사는 교육사상가들의 이론과 실천적 사례를 기초로 영유아에 대한 보육철학을 정립하고 교사의 역할과 교육적 실행에 대해 통찰함으로써 보육에 대한 신념을 가져야 한다. 보육철학과 신념을 가진 교사는 교육의 뿌리를 발견하고 탐구 분석함으로써 보육 전문가로서의 사명과 역할을 창조적으로 수행해 나갈 수 있게 된다.

인간은 인간으로서의 모양을 갖추는 데 오랜 시간이 필요하며 교육을 통해 사회에서 요구하는 인간의 행동양식을 익히게 된다. 19세기 이래 심리학의 발달은 교육학에 지대한 영향을 미쳤다. 특히 발달심리학은 특정한 시기에 나타나는 인간의 특성들을 밝혀냄으로써 보다 효과적인 교육이 이루어지는 데 공헌하였다.

발달심리학적 관점에서 볼 때 영유아기는 인간의 발달 과정에서 가장 급격하고 현저한 발달이 이루어지는 시기로, 양육자의 교육과 양육 태도 등이 영유아 발달에 영향을 주게 된다. 따라서 양육자나 교육자가 영유아기 발달 특성에 대한 지식에 근거한 교육을 한다면 바람직한 방향으로 발달을 촉진시킬 수 있다고 가정한다.

이러한 발달 이론은 오늘날 실제로 영유아 보육과정을 구성하는 이론적 근거를 마련해 주고 있다. 보육과정 운영뿐 아니라 이들과의 상호작용 및 교육의 효율성을 높이기 위해 보육 현장의 교사들은 영유아의 연령에 따른 신체적·인지적·언어적·사회적·정서적 발달 특성들을 분명히 인지하고 세심한 관심을 기울여야 할 것이다. 그러므로 본 장에서는 각 시기에 나타나는 발달적 특징을 살펴보고, 이러한 발달적 특징의 이론적 근거들을 알아봄으로써 영유아를 이해하는 데 도움을 주고자 한다.

CHAPTER 04

영유아 발달의 이해

1 발달의 개념과 원리

2 영유아 발달이론과 발달의 특징

1 발달의 개념과 원리

1) 영유아 발달의 개념

인간은 모체 내에 수정되면서부터 죽음에 이르기까지 변화의 과정을 거친다. 이러한 변화를 '발달'이라고 한다. 특히 오늘날 영유아기를 발달의 한 단계로 인정하고, 이들의 다차원적인 측면에서의 점진적 변화를 통해 성인이 된다는 이해를 같이하고 있다.

발달의 개념을 이해하기 위해 발달과 관련된 개념을 살펴보아야 한다. 발달과 관련된 개념으로는 '성장'과 '성숙', '학습'이 있다.

- '성장'(growth)은 신장이나 체중이 증가했거나 몸이나 발이 커지는 등 신체적, 생리적인 변화를 통해 양적으로 자라는 것을 말하는데 이는 경험이나 환경적 조건에 크게 영향을 받지 않는다.
- '성숙'(maturation)은 성장을 기초로 하여 나타나는 질적 변화를 말한다. 신경계의 구조나 기관 등의 기능이 질적으로 변하여 완전한 상태에 이르는 것으로 성장을 바탕으로 보편적 순서의 생물학적 변화를 경험하는 것을 의미한다.
- 학습(learning)은 직간접적인 경험의 산물로 훈련이나 연습을 통해 획득되는 발달적 변화를 말한다. 성장이나 성숙은 엄밀한 의미에서 학습에 의하지 않고도 도달할 수 있는 상태이다.
- 발달은 성장과 성숙을 포함하고 있으면서 학습을 통한 발달의 촉진이 가능하다. 즉, 학습을 통해 영유아의 운동 능력이나 기능을 향상시키고, 언어 발달과 사고 및 사회적 행동의 변화를 촉진시킬 수 있다. 이와 관련하여 영유아 개개인의 성숙도(준비도와 관련이 있음)에 따라 학습의 효율성을 높일 수 있다.

영유아의 발달은 생물학적 시간표에 따라 순서대로 발달한다. 이 과정에서 영유아에게 제공되는 물리적 환경, 안전하고 즐거운 놀이공간과 경험과 함께 영유아를 돌보는 성인들의 따뜻한 돌봄은 영유아의 건강한 발달에 매우 중요한 역할을 한다.

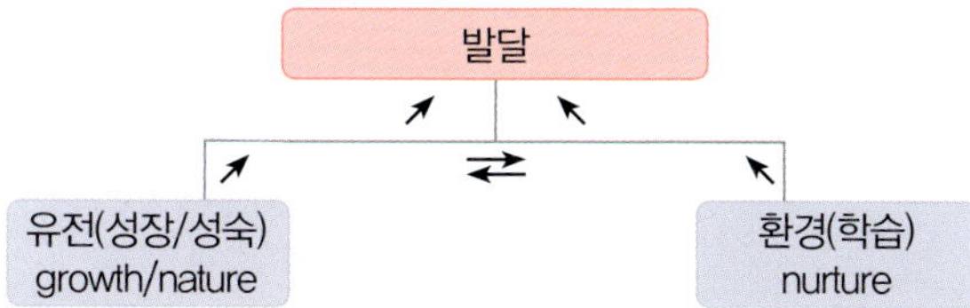

2) 영유아 발달의 기본 원리

① 발달은 연속적이며 점진적 과정이다.

발달은 초기 발달에 기초하여 진행되는 연속적 과정이다. 전 단계의 발달은 다음 단계의 발달에 기초가 되고, 다음 단계는 그 다음 단계에 영향을 주는 방식으로 연속적이고 점진적 과정을 거치게 된다. 예를 들어 유아가 자신의 다리로 걷기 위해서는 그 전 단계에 기어 다니고 설 수 있어야 하는 것을 볼 수 있다.

② 발달은 일정한 방향과 순서를 따르나, 발달 속도와 시기는 개인차가 있다.

발달은 연속적으로 나타나며 일정한 방향과 순서를 따른다. 예를 들어 영유아의 신체 및 운동 발달을 살펴보면 다음과 같다.

- 두미발달 원칙: 신체는 머리에서 시작하여 팔과 다리 방향으로 진행되고(상체에서 하체의 방향) 운동 발달은 머리, 목, 눈과 손의 협응의 순으로 발달한다.
- 근원발달의 원칙: 중심 부분이 먼저 발달하고, 그 다음은 팔과 다리가, 마지막으로 손이나 손가락과 같은 말초신경 순(중심에서 말초 방향)으로 발달하게 된다.

- 세분화 발달 원칙: 신체의 대근육이 먼저 발달하고 소근육이 점차 발달(잡기 행동: 손바닥 전체 사용→엄지손가락과 집게손가락 사용)한다.

이와 같이 발달은 보편적 순서에 따라 진행되지만 그 속도와 시기는 개인에 따라 다양하고 다르다. 어떤 사람은 키가 어린 시기에 빨리 자라 성장이 멈추는가 하면, 어떤 사람은 청년기까지 계속 자라기도 한다. 어떤 사람은 언어적 능력이 우세한가 하면, 어떤 사람은 예술적 능력이 우세하게 나타날 수 있다. 따라서 연령의 평균적 수치를 기준으로 개인의 발달 정도를 측정하는 것은 바람직하지 못하다.

③ 발달에는 결정적 시기(critical age or period)가 있다.

발달은 어느 시기에나 이루어지는 것이 아니라 발달상 중요한 변화가 일어날 수 있는 최적의 시기가 있다. 즉 어떤 기능이나 신체의 부분이 특정 시기에 급격히 발달하는 시기가 있는데, 이 시기를 결정적 시기라고 한다. 이 시기에 인간은 다른 시기보다 환경으로부터 긍정적·부정적 영향을 받는다. 이때 발달의 경험이나 자극 부족으로 정상적 발달을 이룩하지 못하면, 대체로 영구적인 결함이나 장애를 겪을 수도 있다.

④ 발달의 각 영역은 상호 밀접한 연관이 있다.

신체, 운동, 감각, 인지, 언어, 정서 및 사회성 발달 영역은 유기적으로 연결되어 있어 각 영역 간에 서로 영역을 주고받는다. 예를 들어 운동능력의 발달로 주변 환경을 탐색할 수 있게 되어 인지가 발달한다.

⑤ 발달은 누적적으로 이루어진다.

인간의 성장 발달에 있어 어떤 결손이 생기면 그 결손은 다음 시기의 발달에 좋지 못한 장애가 되며 결과적으로 이 결손은 계속 누적되어 보다 심각한 결손으로 나타날 수 있다.

2 영유아 발달이론과 발달의 특징

인간의 행동을 설명하는 발달 이론들은 다양하다. 발달 이론들은 인간의 기본적인 본질이 어디에 근거하느냐에 따라 그 이해를 달리하고 있다. 이러한 발달 이론들은 영유아 보육과정을 구성하는 이론적 근거를 마련해 주고 있다.

인간의 발달에 대한 논의는 일반적으로 신체적 발달영역, 인지 · 언어적 발달영역, 사회적 · 정서적 발달영역으로 나누며, 각각의 영역을 영영아기(1~12개월), 영아기(12~36개월), 유아기(3~5세)로 구분한다. 한 영역의 발달은 다른 영역 발달에 지대한 영향을 미치기 때문에 각 영역 발달에 세심한 관심을 기울여야 한다.

1) 신체와 운동 발달

(1) 신체와 운동발달

신체와 운동 발달은 신경계(즉, 두뇌와 신경 체계)와 신체의 성장과 성숙과 관련된 발달을 포함하고 있다. 한 영유아가 나비 모빌을 관찰하기 위해 시각, 청각, 촉각을 사용하고 그 모빌에 대한 정보를 얻으려고 한다면, 모빌에 이르기 위해 눈으로 쳐다보고 소리가 나는 쪽으로 목을 돌려야 한다. 또한 나비를 잡기 위해 팔을 뻗어 손을 내밀어야 한다. 이렇게 할 때 이 영유아는 대근육, 소근육 그리고 지각근육 활동이라는 세 가지 특수한 면을 사용한다. 대근육 활동은 목, 팔, 다리와 같이 큰 근육을 사용한다. 소근육 활동은 손과 손가락, 발과 발가락 그리고 얼굴 같은 작은 근육을 사용하는 것이다. 지각근육 활동은 근육이나 운동을 하는 데 감각적으로 조절하는 기능을 의미한다.

신체발달은 유전과 환경과의 상호작용에 의한 것이나, 인지 · 언어발달이나 사회성 · 정서발달에 비해 유전적 영향이 크다. 그럼에도 불구하고 신체발달에 영향을 주는 환경적 요인도 있다(현정환, 2016: 88).

첫째, 영양섭취와 관계 있다. 성장 발달이 급격히 이루어지는 영유아기에 영양 결핍은 신체 발달을 저하시킨다. 요사이 영양 결핍은 많지 않으나 편식이나 과식에 의한 비만의 문제가 신체성장과 건강에 영향을 미치고 있다.

둘째, 질병과 사고와의 관계가 있다. 발달이 이루어져야 하는 시기에 심각한 병에 걸리거나 만성 질환을 앓을 경우, 다양한 안전사고에 노출되어 사고를 당했을 경우 정상적 발달에 저해가 될 수 있다.

셋째, 수면과 휴식의 문제와 관계가 있다. 신체발달에 중요한 부분이 충분한 휴식과 수면이 전제되어야 한다. 피로가 축적되면 신진대사에 이상을 일으켜 신체발달을 방해한다.

(2) 신체와 운동 발달의 특징

영아(0세에서 만 2세)발달에서 가장 두드러진 특징은 신체크기의 변화이다. 머리둘레, 신장, 몸무게, 골격, 근육 등 출생 후 빠른 속도로 증가한다. 이러한 신체적 성장에는 생물학적 요인뿐만 아니라 환경적 경험, 영양과 같은 외적 요인도 영향을 미친다. 특히 이 시기에 적절한 영양을 섭취하는 것이 중요하다. 이 시기는 성인에게 의존하기만 하던 영아가 스스로 기고, 앉고, 서고, 걸을 수 있는 신체적 발달을 이룬다.

① 0세

신생아 이 시기에는 생존에 필요한 생존 반사 행동을 보인다. 생존 반사행동은 감각 자극을 받으면 즉각적으로 나타나며, 일정 시기에 나타났다가 사라지거나 보다 복잡한 행동으로 통합되기도 한다. 반사행동의 종류와 내용은 다음과 같다(현정환, 2016: 99).

| 표 4-1 | 주요 반사행동의 종류

반사종류	내용	출현시기
빨기반사 (sucking reflex)	입이나 입술에 뭔가 닿으면 빠는 행동을 보인다.	4~6개월까지
입술탐색반사 (rooting reflex)	입술 주위에 뭔가 닿으면 그 방향으로 입술을 움직인다.	9~12개월까지
파악반사 (grasping reflex)	손가락의 안쪽 면이나 손바닥을 자극하면 손가락을 꽉 쥔다.	4개월까지
모로반사 (moro reflex)	큰소리가 나거나 몸을 갑자기 상하로 움직이는 것과 같은 자세 등 급격한 변화에 대해 팔과 다리를 벌리고 손가락을 펼쳤다가 다시 몸 쪽으로 팔과 다리를 움츠린다.	3~4개월까지
자동보행반사 (stepping reflex)	상체를 잡고 몸을 세우고 발바닥을 지면에 닿게 하면 보행하듯이 다리를 교차로 움직인다.	3~4개월까지
바빈스키반사 (babinski reflex)	발바닥을 간지럽게 하면 발가락을 발등 위쪽으로 부챗살처럼 편다.	9~12개월까지

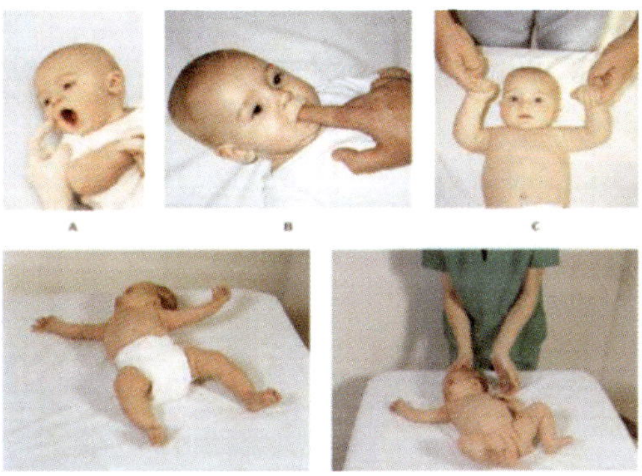

출처: Growth and Development Nahom, W. & Teshager, M. D.

출생 후 6개월 동안 신체발달이 급진적으로 발달한다. 생후 5개월이 되면 몸무게는 출생 시 2배가 된다. 6개월 된 영아의 평균 머리 둘레는 남아가 43.6㎝, 여아가 42.5㎝로 빠르게 증가하며, 생후 1년이 되면 몸무게가 출생 시보다 3배 늘어난다. 특히 뇌의 무게는 출생 시의 2.5배로 증가한다.

3개월 정도면 수면, 수유, 깨어 있는 시간이 보다 규칙적이 된다. 6개월이 되면 낮에 깨어 있는 시간이 점점 많아진다. 6개월경 치아가 나기 시작하면서 짜증을 내기도 한다. 7개월 이후 영아는 점차 잠자는 시간이 줄어들어, 오전과 오후에 두 차례 낮잠을 잔다. 10개월경 자기의 우유병을 직접 잡을 수 있다.

영아는 태어나면서부터 미각, 후각, 청각, 촉각 등이 발달해 있으며 감각발달 중 시각이 가장 느리게 발달한다. 0세아의 감각 발달 특징을 살펴보면 다음과 같다.

| 표 4-2 | 0세아 감각발달 특징

감각	감각발달의 특징
미각	· 신생아는 미각이 가장 먼저 발달한다. 특히 단것을 선호한다.
후각	· 후각은 출생 시 거의 완전하게 발달된다.
청각	· 출생 시부터 소리를 들을 수 있다. 생후 20일경 엄마의 목소리와 낯선 사람의 목소리를 구별할 수 있다. · 움직이는 물체에 초점을 맞추어 쳐다보거나 엄마 목소리 등 친숙한 소리에 관심을 기울임으로써 시각 및 청각적 변별 능력을 나타낸다.
시각	· 3개월경 전체 형태를 인식한다. · 4개월경 천천히 움직이는 물체를 좇아 쳐다볼 수 있고 딸랑이 소리가 나는 물체를 쳐다보며 팔을 뻗는다.
촉각	· 출생 시부터 발달한다. · 고통에 민감하게 발달한다.

운동기능발달 중 가장 중요한 지표는 6개월까지 고개 가누기이다. 고개를 잘 가누지 못할 때는 질식이나 영아돌연사증후군의 위험이 크므로 주의하여야 한다. 고개를 가눌 수 있게 되면서 몸을 뒤집고 잡아주면 앉을 수 있다. 점차 신체 이동 능력이 증가하여 그에 따른 낙상, 추락 등의 안전사고의 위험도 증가한다.

② 영아기

1세 초보적인 이동능력이 발달하는 시기로 신체발달에 큰 변화가 있는 시기이다. 물체를 잡았다 놓기와 같은 조작능력이 발달하여 생존에 필요한 초보적 동작이 발달한다. 이 시기에 미각, 후각, 촉각이 완전하게 발달한다. 음식에 대한 선호가 나타나서 편식 습관이 생길 수 있다. 배변 훈련에 흥미를 보이며 화장실 변기를 사용하기 시작한다.

초보적 이동능력의 발달은 안정감, 이동능력, 조작능력이 상호작용하여 발달하게 된다. 18개월이 지나면서 서고, 앉고, 넘어지지 않고 똑바로 서 있을 수 있다. 24개월경이 되면 걷거나 뛰면서 빨리 움직이고 두 발로 제자리 뛰기가 가능하다. 잘 달릴 수 있고 달리다가 멈출 수 있다.

조작능력이 발달하고 손과 눈의 협응이 발달함에 따라 자조능력도 발달하기 시작한다. 18개월이면 음식을 흘리기는 하지만 혼자 먹을 수 있고 자신의 옷의 지퍼를 내릴 수 있다. 21개월경에는 칫솔을 사용하여 양치질이 가능하다.

2세 이 시기에는 보다 자유롭게 움직인다. 똑바로 걷거나 물건 주위를 걸을 수 있으며 뛸 수 있다. 한 발로 균형 있게 설 수 있으며 두 발을 모아 뛰어 오르내릴 수 있다. 이 시기의 많은 영유아들 특히 여아는 배변 훈련이 이루어진다. 세련된 소근육 통제로 인해 컵을 잡을 수 있고, 공을 던지며 큰 단추를 풀고, 지퍼를 내리며, 무엇인가를 그리기 위해 큰 크레용과 연필을 잡을 수 있다.

소근육 발달로 다양한 조작놀이가 가능해진다. 큰 구슬을 꿰거나, 나무토막을 6~7개 쌓을 수 있고 나무토막을 기차 모양으로 늘어놓는다. 물건을 쥘 수 있고 조작하며 붙였다 떼었다 할 수 있으며 다른 사람을 따라 종이를 반으로 접을 수 있다. 그리기를 즐기며 이 시기에 그리기 능력이 발달한다.

③ 유아기(3~5세)

3세에서 5세까지의 유아는 영아기보다 신체의 양적 성장은 느려지나, 운동 기술은 보다 섬세해지고 향상된다. 영아기에 발달된 걷기와 뛰기 기술은 유아기 동안 능숙해지고 더 잘 통제할 수 있게 된다.

- 안정운동(자세조절 능력)의 발달

유아들은 영아기에 발달된 초보적인 운동능력을 완전히 습득하게 되며 안정적인 자세조절 능력이 발달하게 된다. 유아는 중력의 중심이 이동할 때 평형을 유지할 수 있는 능력이 발달하게 되는데, 선이나 평균대 따라 걷기, 구르기 등을 할 수 있다(동적 균형 잡기). 중력의 중심이 안정적으로 유지될 때 유아가 평형을 유지할 수 있게 되는데 예를 들어 한 발로 서 있기 등의 정적 균형 잡기가 가능하다. 3~5세가 되면 유아는 3~5초 동안 한 발로 서 있을 수 있고, 4~6세는 손, 발, 머리 등 신체의 세 가지 기본 부위를 이용하여 물구나무를 설 수 있다.

- 이동운동능력의 발달

자유롭게 움직임을 통해 자신의 신체가 가진 운동 잠재력을 탐색하게 된다. 초보적인 이동이나 탐색을 넘어 걷기, 달리기, 점핑, 호핑 등의 기본적인 이동기술이 발달하게 된다.

- 물체조작능력의 발달

주변의 사물을 정확하게 다루고 조절하는 능력을 급속히 발달시킨다. 조작운동은 손과 발을 이용하여 물체를 조절하는 대근육 및 소근육 운동 기술들을 포함하는데, 던지기, 받기, 치기, 차기 등이 이에 해당된다.

2) 인지와 언어 발달

(1) 인지와 언어발달 이론

① 뇌발달 이론

최근 들어 신경과학 분야에서 발표한 뇌 연구는 영유아기 교육의 중요성을 입증하고 있으며, 뇌에 대한 기존의 사고를 바꿔 놓았다. 우리는 그동안 인간의 뇌가 타고난 유전인자에 의해 발달하며, 출생부터 성인이 될 때까지 일정하게 변화한다고 생각하였다. 그러나 뇌 연구 결과는 이와는 다른 의미를 던져 주고 있다.

중추신경계의 일부인 뇌는 걷기, 말하기, 호흡과 같이 신체 기능을 조절하는 역할을 할 뿐 아니라 사고, 계획, 기억하는 기능과 정서를 조절하는 등 중요한 역할을 한다. 뇌의 기본 구성요소는 신경세포, 즉 뉴런으로 태아의 상태에서 이미 출생 후 약 2배 정도의 뉴런을 보유하고 있다가 출생 시 약 천억 개의 뉴런을 가지고 태어난다. 이는 성인의 4배가량의 수준이다. 그러나 뉴런은 생후 1년간 격감하여 성인 수준에 이르게 된다.

모든 뉴런은 축삭돌기(임펄스를 다른 뉴런으로 보내는 역할)와 수상돌기(임펄스를 받아들이는 역할)가 연결되면서 신경회로(시냅스)를 이루게 된다. 영영아들은 천억 개의 뉴런 중 대부분이 연결되어 있지 않다. 생후 1년간 뉴런의 수가 반으로 감소하지만, 신경회로는 3세까지 가장 빠르고 풍부하게 발달하게 된다. 따라서 인생 초기부터 시냅스를 만들고 강화하는 것이 중요하다. 2세경의 영아의 뇌는 성인의 뇌만큼 활동적이고 3세 무렵에 성인의 뇌보다 2배 반 이상 활동적이다. 신경회로 형성은 생후 10년까지 발달하다가 다시 감소한다. 이는 출생 후 다양한 네트워크를 미리 만들어 두었다가 필요한 만큼만 남겨두고 나머지는 가지치기를 하게 된다. 즉, 10살까지 반복된 경험에 의해 강화된 신경회로들은 영구히 남아 있게 되지만, 충분히 이용되지 않은 신경회로들은 사라지게 된다.

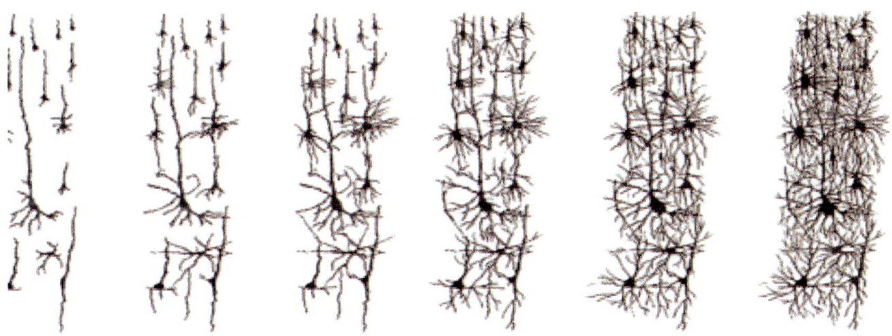

| 그림 4-1 | 신경회로 발달

최근의 뇌 연구에서 시사하고 있는 것을 다음과 같이 요약할 수 있다(Families and Work Institute; 곽노의 · 김유미 역, 2001).

첫째, 인간의 발달은 유전과 환경의 상호작용에 의한다. 뇌의 발날은 개인의 유전적 특성과 영양, 안전, 상황, 자극, 교수학습 같은 환경과의 상호작용에 의해 끊임없이 영향을 받는다.

둘째, 영유아기의 온정적이고 반응적인 보육이 전인적 발달과 학습 능력, 정서 조절 능력에 지속적으로 영향을 준다. 부모나 보육자가 영유아에게 나타내는 반응과 보육 방식은 신경회로 형성에 직접적인 영향을 주게 된다.

셋째, 인간의 뇌는 변화할 능력이 있다. 인간의 뇌는 생후 10년간 지속적으로 발달이 이루어지기 때문에 영아 초기부터 발달을 증진시키고 지원함으로써 두뇌의 능력을 변화시킬 수 있다.

넷째, 부정적 경험이나 적절한 자극의 부족은 뇌 발달에 부정적 영향을 준다. 발달하는 뇌는 환경에 민감하기 때문에 부적절한 자극이나 경험은 유아에게 더 크고 지속적인 영향을 미친다.

다섯째, 뇌 발달을 촉진하는 데 예방과 조기 개입이 필요하다. 인지적·사회적·정서적 손상이 있는 영유아를 위해 집중적이고 계획적으로 교육적인 조기 개입이 이루어진다면 보다 효과적인 뇌 발달이 이루어진다.

2 피아제의 인지발달 이론

• 주요 개념

스위스 생물학자였던 피아제(Jean Piaget, 1896~1980)는 인간이 유전적·지적 구조를 가지고 환경에 적응해 가기 위해 환경과 적극적으로 상호작용하면서 자신의 인지 구조를 변형시키고 정교화해 나감으로써 인지 발달을 이루어 간다고 보았다. 즉, 인지 발달은 유기체가 환경과의 상호작용에서 사고와 행위를 재구성하는 적응 과정으로 동화와 조절을 통해 적응해 나간다.

- 도식: 인간이 외부의 사물을 인지하기 위해 사용하는 일종의 이해의 틀을 도식(Schema)이라고 하였다. 도식은 유기체가 환경과의 관계를 통해 되풀이되는 행동과 경험으로 형성되는 것으로 사물을 인지하고 대응하는 데 사용한다. 이러한 도식은 동화와 조절의 과정을 통해 이루어지며 주변 환경에 적응해 간다. 연령이 증가하고 경험이 쌓이면서 인지구조가 발달하는데, 이것은 도식의 질적 변화를 의미한다. 환경과의 직접적인 상호작용을 통해 도

식이 변하는 과정을 적응이라고 하며, 동화와 조절의 상호보완적 과정을 통해 이루어진다.

- 동화: 유기체가 새로운 것을 인식할 때 이미 가지고 있는 인지 구조(도식)에 맞추어 해석하는 것이다. 예를 들어 '남자는 아버지다'라는 도식을 갖고 있는 아이가 아버지를 남자로 받아들이는 경우이다.
- 조절: 유기체가 새로운 대상을 기존의 인지 구조로 받아들이지 못할 경우, 기존의 도식을 변형시켜 나가는 과정이다. 예를 들어 조절할 줄 아는 아이는 '남자는 아버지일 뿐 아니라 형, 할아버지, 삼촌도 있다'는 것을 알게 된다.
- 평형화: 새로운 대상이나 사물에 대해 기존의 이해의 틀로 적용할 수 없을 때 인지의 불균형 상태에 이르게 되고, 유기체는 기존 이해의 틀(도식)을 바꾸므로 즉, 평형화의 과정을 거치면서 인지 발날을 해 니간다. 피아제의 인지 적응 과정을 도표로 살펴보면 [그림 4-2]와 같다.

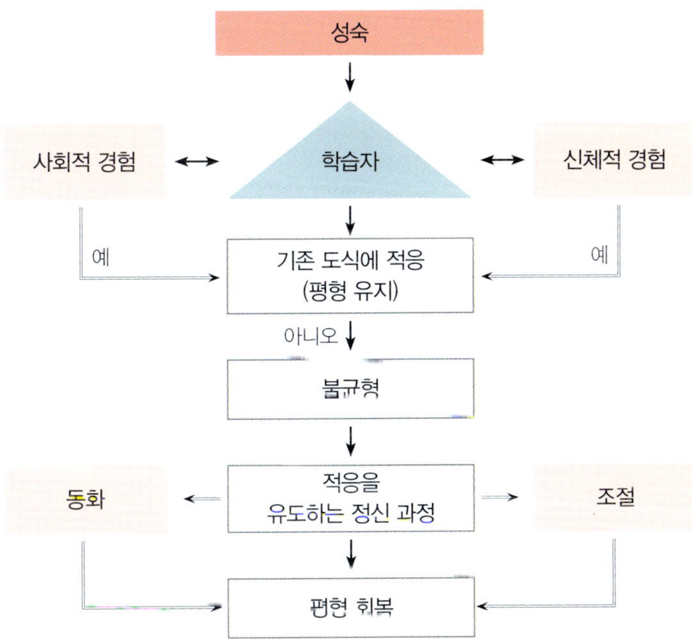

| 그림 4-2 | 지식의 구조화와 재구조화 – 피아제의 인지 적응 과정

출처: L. S. Esres.(2004). Essentials of child care and early education, p. 50.

● 피아제의 인지 발달 단계

인지 발달은 인지 구조의 질적 변화 과정이다. 아동의 인지발달은 일련의 단계를 거치며 발달의 속도는 개인에 따라 다르나, 이 단계가 발달하는 순서는 모든 아동에게 동일하다. 인지발달 단계는 감각운동기, 전조작기, 구체적 조작기, 형식적 조작기 순서로 발달한다.

| 표 4-3 | 인지발달단계와 특징

나이	인지발달단계	특성
출생~2세	감각운동기	환경을 탐색하기 위해 감각과 운동 기술을 사용
		시행착오와 실수를 통한 학습
		타인의 행동을 모방
		대상영속성 개념의 발달
		지연된 모방을 보임(기억으로 이전에 관찰한 행위를 재생)
		상징적 표현이 발달(한 사물을 다른 것에 대한 상징물로 사용)
2~7세	전조작기	상징적 활동이 증가
		자기중심성을 보임(이기적인 것과는 다른 것으로 다른 사람의 관점에서 사고하지 못함)
		변환적인 추론을 사용
		비가역성을 보임
		보존 능력의 부족
7~11세	구체적 조작기	자기중심성이 줄어듦
		가역성을 보임
		보존 개념이 출현하여 이해함
		귀납적 추론을 사용
		기본적인 문제 해결 방법을 사용
		구체적 증거나 직접적인 경험에 근거한 기초적 사고
11~15세/성인	형식적 조작기	보존 개념 이해
		연역적 추론을 사용
		가설적(추상적) 추론에 참여

감각운동기 (출생~2세: sensorimotor stage)

이 시기 영아의 행동은 자극에 대한 반응을 보이는데 자극은 감각, 반응은 운동과 관련된다. 이 시기의 환경에 대한 적응은 감각과 운동을 사용하여 지각한 활동에 의해 세상을 인식하면서 이루어진다. 이 시기 영아들의 인지적 특성을 살펴보면 다음과 같다(성영혜 외, 1999).

첫째, 외부 세계에 대한 영아의 반응은 거의 전부가 감각 또는 운동적이다.

둘째, 영아는 자극이 가해지는 것에 즉각적으로 반응한다.

셋째, 영아는 계획을 세우거나 의도적으로 행동하지 않는다.

넷째, 영아는 물체에 대한 어떤 내적인 표상 능력이 없다. 즉, 물체를 상징하고 정신적으로 다룰 수 있는 정신적인 그림이나 단어들을 갖고 있지 않다.

감각운동기는 반사기(0~1개월), 1차 순환반응(1~4개월), 2차 순환반응(약 4~10개월), 2차 순환반응의 조정(약 10~12개월), 3차 순환반응(약 12~18개월), 사고의 시작(약 18~24개월) 등으로 전개된다.

전조작기 (2~7세: pre-operational stage)

이 시기의 영유아들은 정신적 표상에 의한 사고는 가능하나, 개념적인 조직 능력이 충분히 발달하지 못하기 때문에 '전조작기'라고 부른다. 조작이란 실재적인 사상을 심상에 내면화하여 그것을 변형시켜 조직하고, 문제 해결을 위해 선택적으로 사용하는 것을 의미한다. 전조작기 사고의 특성은 직관적 사고, 자아중심성, 물활론적 사고, 도덕적 실재론, 꿈의 실재론 등이 있다.

- 직관적 사고(intuitive thinking): 사물을 판단할 때 사물의 여러 가지 특성을 동시에 고려하지 못하고 눈에 보이는 지각적 특성에 의해서만 판단하며 사물의 내적 연관성이나 규칙 또는 조작을 이해하지 못한다.

- 자기중심성(egocentrism): 이기적인 것과는 다른 것으로 다른 사람의 관점에서 생각하지 못하고 사물을 자기 입장에서 생각하여 모든 사람이 다 자신과 똑같은 방식으로 사물을 본다고 생각한다. 예를 들어 자기가 좋아하는 텔레비전 프로그램을 어른들이 왜 좋아하지 않는지 이해하지 못한다.
- 비가역성(irreversibility): 자신의 생각을 거슬러 올라가 사고의 처음으로 되돌리는 능력이 부족하다. 같은 양의 물을 긴 유리컵에 담았다가 넓은 유리컵에 담았을 경우, 다시 그 물을 긴 유리컵에 담으면 물의 양이 같아진다는 역추리의 원리인 가역적 사고를 하지 못한다.
- 물활론적 사고(animism): 유아들은 모든 생물과 무생물을 포함하여 사물이 살아있고 각자의 의지에 따라 움직인다고 생각한다. 그러나 6세에서 8세가 되면 움직이는 사물만 살아있다고 이해한다. 돌은 움직이지 않으므로 죽어 있지만, 해나 달은 움직이므로 살아있다고 이해한다. 8세 이후가 되면 생물과 무생물을 구분한다.
- 도덕적 실재론(moral reality): 규율이나 규칙은 지켜지지 않으면 처벌을 받기 때문에 절대적으로 지켜져야 하며, 이 규칙은 본래 정해진 것으로 변경될 수 없다고 본다. 행위의 의도와는 상관없이 행위의 결과에 주목한다. 저지른 잘못이 크면 클수록 의도와 관계없이 큰 벌을 받아야 한다고 생각한다.
- 꿈의 실재론(real dream): 꿈에서 일어났던 상황이 깨어난 후에도 현실에 그대로 있다고 생각한다. 즉, 유아의 세계는 꿈과 현실이 명확하게 구분되지 않는다. 그러다가 어느 정도 자라면 꿈은 밖에서 오는 것으로 생각하며 다른 사람도 자신의 꿈을 볼 수 있다고 생각한다. 6~7세경에 이르면 꿈의 성립을 완전히 이해한다.

③ 언어습득 이론

영유아가 언어를 어떻게 습득하느냐에 대한 이론은 크게 행동주의 이론과 생득주의 이론, 그리고 사회적 상호작용 이론으로 나누어 볼 수 있다.

• 행동주의 이론

행동주의 이론은 영유아가 이미 가지고 있는 행동이 환경에 의해 강화됨으로써 새로운 기술과 행동을 습득한다고 본다. 이 원리에 기초한 언어습득 이론에 따르면, 영유아의 최초 옹알이를 스스로 강화하여 음성화하고, 후에 영유아 주변 사람들을 통해 그 문화권 안에서 사용하는 소리만 재강화함으로써 이러한 소리만 강화되고 다른 소리는 사라져 버린다는 것이다. 행동주의자들은 조작적 조건화(필요한 행동을 보상하면서)를 통해 영아는 점차 소리를 모방하면서 언어를 학습하게 되고 그들이 들은 것을 말하게 된다(Christie, Enz, & Vukelich, 2003).

그러나 행동주의 이론은 1950년대 말부터 언어학자들에 의해 비판을 받았다. 이들은 영유아가 언어의 반복을 통해 특정한 말만 모방하는 것이 아니라 문장을 만드는 규칙을 학습한다고 하였다.

• 생득주의 이론

생득주의 이론은 영아가 언어 학습 능력을 생득적으로 가지고 있다고 주장한다. 즉, 영아는 언어 학습을 할 수 있도록 이미 프로그램화되어 있다는 것이다. 따라서 환경은 생득적 언어 습득 능력을 키우는 데 큰 역할을 하지 않는다. 환경은 문법적 능력을 포함한 언어 습득의 성장을 지원하는 데 최소한의 역할을 한다. 이 이론에 따르면 모든 영유아는 어떤 언어이든 학습할 수 있도록 미리 프로그램화되어 있다고 본다.

• 사회적 상호작용 이론

사회적 상호작용 이론은 구성주의적 관점을 부가하여 행동주의와 생득주의를 결합한 이론이다. 즉, 영유아는 언어를 학습할 유전적 소인을 가지고 태어났지만, 환경(특히, 영아와 부모의 상호작용)도 매우 중요하다. 이 이론에서는 영유아 자신이 가지고 있는 지식의 구조를 언어 학습의 본질적인 요소로 본다. 사회적 상호작용 이론을 주장하는 학자로는 피아제, 비고츠키, 웨르너 등이 있다. 여기서는 비고츠키의 이론을 자세히 살펴본다.

- 비고츠키의 사회적 상호작용 이론

러시아의 심리학자인 비고츠키(Lev Vygotsky, 1896~1934)는 영유아들이 자기중심적이기보다는 사회 중심적이라고 보았다. 비고츠키는 영유아가 성장하면서 가정과 문화에 익숙해져 가고, 이들의 지능은 사회적 경험과 성숙도와 조화를 이루며 발달한다고 보았다.

언어 발달에 있어서 출생에서 18개월까지 영아의 지능은 기본적으로 비언어적이다. 18개월에서 36개월까지의 영아는 주변에서 사용하는 단어를 모방하고, 부모가 사용하는 짧은 문장을 사용하기 시작한다. 성인은 이 짧은 문장을 세련되게 만들고 확장시켜 주어야 한다. 영아기에 점차 구두 언어 능력이 발달함으로써 자신의 생각을 표현하는 도구를 얻는다. 여기에 사물과 사람의 이름, 형용사 그리고 과정 등을 부가하는 능력인 언어적 명상을 할 수 있다. 사고와 언어는 아동과 성인이 함께 어울려 구성해 내는 것으로 영아기에 이르러 생각하면서 말할 수 있게 된다(Vygotsky, 1987).

유아의 언어와 사고능력을 이해하기 위해서는 사람들과의 관계 속에서 사회문화적 상황을 연구해야 한다. 이를 설명하기 위해 비고츠키는 '근접발달영역', '상호주관성', '비계설정'의 개념으로 설명한다. 영유아는 스스로 독립적으로 과제를 해결하기 위해 현재의 실제적 발달수준과 인지적으로 유능한 성인이나 그들이 속한 집단에서 보다 능력 있는 구성원의 도움을 받아 학습할 수 있으리라 생각하는 잠재적 발달 수준의 차이가 존재한다. 비고츠키는 최적의 도전을 받을 수 있는 수준을 근접발달영역(Zone of Proximal Development)이라고 하였다. 근접발달영역은 영유아가 독립적으로 기능할 때에는 현재의 능력으로는 벅차지만, 성인이나 보다 능력 있는 친구들이 도와주면 도달할 수 있는 수행범위를 말한다.

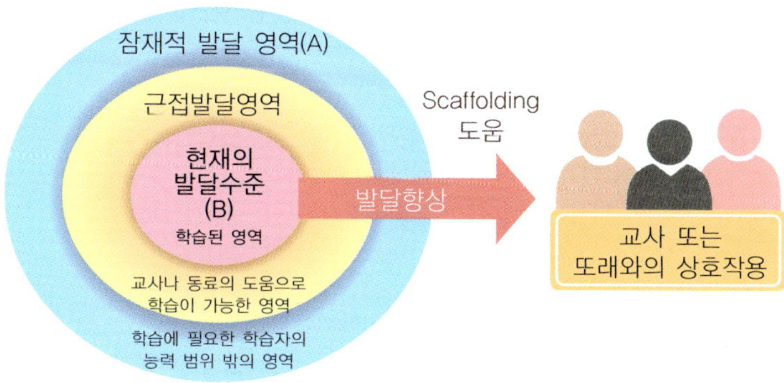

| 그림 4-3 | 근접발달영역

아동의 인지발달을 촉진하기 위해서는 상호주관성과 비계설정이라는 사회적 상호작용이 필요하다. 상호주관성이란 어떤 과제를 할 때 서로 달리 이해했던 두 사람이 공유된 이해에 도달하는 과정으로 의사소통을 통해 상대방의 관점을 공유하는 것이다. 성인은 아동이 이해할 수 있도록 도움으로써 근접발달영역을 만들어 간다. 비계설정이란 영유아의 근접발달영역 내에서 유아가 스스로의 힘으로 문제를 해결할 수 있도록 적절한 도움을 제공하는 것을 말한다. 유능한 성인이나 보다 능력 있는 또래는 유아의 현재 수준에 맞게 도움의 양을 조절해야 한다.

(2) 인지와 언어 발달의 특징

1 0세

• 언어발달

울음으로 시작된 신생아의 의사표현이 옹알이와 같은 적극적인 형태로 변화된다. 옹알이를 하면서 소리에 대한 변화를 배우고 점차 자신의 목적을 위해 언어를 사용할 수 있다는 것을 알게 된다. 4개월 정도면 옹알이를 시작하게 되는데, 이때 주된 양육자의 적절한 반응은 언어발달뿐 아니라 애착관계 형성에도 도움을 준다. 돌 무렵이 되면 한 단어에서 네 단어를 말할 수 있고 한 단어로 자신의 의사를 표현할 수 있다. 타인의 얼굴 표정, 음성, 몸짓 등 비언어적 표현을 통해 타인의 말을 이해할 수 있으며 그 말뜻을 짐작하는 능력이 생긴다.

- 인지발달

영아는 주변세계의 정보를 받아들여 해석하고 이해할 수 있게 된다. 이 시기에 오감각을 통해 환경을 적극적으로 탐색하며, 6~8개월경에는 의도적으로 어떤 행동을 시도하거나 반복행동을 즐긴다. 예를 들어 까꿍놀이를 즐기며 열고 닫고, 밀고 당기기 등 간단한 장치를 작동하는 것을 좋아한다. 12개월이 되면 간단한 문제를 해결할 수 있게 된다. 다른 사람의 말을 이해하여 지시대로 행동하게 된다.

2 영아기

언어 습득, 대상영속성(보존), 그리고 탐색과 경험을 위한 동작 능력의 폭발적인 증가는 영아기 아동의 인지와 언어 발달의 지표가 된다. 이 시기의 언어와 인지 발달은 아직 고르게 발달하지는 않지만 급속도로 빨리 진행된다.

1세

- 언어발달

12개월 된 영아는 단순한 말을 이해할 수 있다. 발성은 억양에서 성인과 거의 유사해지며, 첫 단어를 말한 후 어휘는 계속적으로 증가하고 한 단어를 사용하여 자신의 의사나 요구를 표현한다. 말로 표현은 못하지만 그 의미를 이해하는 단어가 많다. 18개월 정도면 어휘가 폭발적으로 증가하고 두 단어를 결합하여 정교하게 자신의 의사를 전달할 수 있다. 이 시기에 책과 책 읽기는 영아에게 흥미로운 경험을 제공한다. 영아들은 그림책을 보고 듣는 것과 동요를 좋아한다.

- 인지발달

문제해결을 위해 새로운 행동을 시도하고 시행착오를 하지만 호기심을 가지고 끊임없이 탐색을 시도한다. 영아는 자신의 신체를 자유롭게 조절하게 되고 인과 관계의 개념까지 이해하게 된다. 움직이거나 움직일 수 있는 물체에 관심을 보이며 움직이는 놀잇감을 좋아한다. 이 시기 말에 되면 대상영속성 개념이 완전히 발달하게 되어 숨긴 물체를 찾을 수 있다. 물체와 다른 물체를 결합시키는 것을 좋아해서 블록으로 간단한 구성물을 만들고, 놀잇감 쌓기 및 간단한 퍼즐을 한다.

2세

- 언어발달

언어적 소통능력이 발달한다. 만 2세가 되면 대략 200단어 정도를 사용하여 말할 수 있다. 다른 사람의 이야기를 들을 수 있고 대화에 흥미를 갖는다. 질문을 하면 대답하며, 자신의 감정, 요구, 생각 등을 표현하기 위해 말을 사용하게 된다.

단어 수가 더 확대되며(약 1,000개 정도), 사용하는 단어보다 더 많은 말을 알고 있다. "이게 뭐야?"라는 질문을 많이 하며 자기 이름, 물건 이름, 수 이름, 색 이름, 동물이나 꽃 이름, 친근한 사람의 호칭을 알고 부른다. 2~3개 단어나 3개 이상의 단어를 연결한 문장을 사용할 수 있고 전보식 언어가 발달한다. 읽기에 흥미를 보여 좋아하는 책에 대한 선호가 생긴다.

- 인지발달

2세 말경에 뇌의 크기가 성인의 80%에 도달한다. 만 2세를 전후하여 시냅스와 뇌세포가 연결되는 과정이 가장 빠르게 일어나면서 인지능력 발달에 질적 변화가 일어난다. 만 2세가 되면 감각운동기에서 전조작적 사고단계로 들어간다. 영아는 상징화하는 능력이 있어 눈앞에 없는 것을 상상할 수 있는 상징적 사고

능력이 발달하게 되며 사물들 간의 관계에 대한 기초 지식도 형성된다.

상징적 사고능력의 발달로 놀이방식에서도 변화가 생기는데 주제가 있는 가상놀이가 가능해진다. 없는 물건이나 상상한 내용을 나타내기 위해 신호와 상징을 사용할 수 있다. 모방능력도 발달하여 단순 모방에서 벗어나 자신이 이해하는 방식으로 재창조하여 독특한 놀이 활동이 가능하게 된다.

사물들 간의 관계에 대한 기초지식이 발달하여 사물을 분류하고, 양, 수, 공간과 시간에 대한 생각이 발전되어 가며 관련 어휘도 사용할 수 있다. 주변 탐색을 위해 관찰, 질문, 조작, 분류, 측정을 사용한다. 사물을 서열화할 수 있으나 사물의 연속적인 관계는 이해하지 못한다.

3 유아기(3~5세)

유아기에는 인지적 성장이 극대화되고, 관심이 또래로 확장되면서 다양한 사회적 기술을 획득하게 되며, 언어로 대부분 의사소통을 하게 된다. 유아기는 같은 연령이더라도 개인의 발달 차이가 크며 개인별 발달영역 간의 발달 수준의 차이도 크게 나타나는 시기이다.

- 언어발달

- 문법 및 구문발달

유아는 세 단어 이상을 조합할 수 있다. 구체적으로 단어의 조합의 길이가 증가하며 문법 형태소를 첨가하게 된다. 영아기는 주로 현재-여기에 관련된 긍정적 서술문 중심의 문장을 구성하였다면, 유아기에는 부정문과 의문문, 복문의 발달이 이루어진다.

- 의사소통발달

유아기의 의사소통은 또래와 성인과의 대화를 통해 발달한다. 이 시기에는 대화의 규칙을 이해하고 대화 대상의 말의 유형에 다양하게 반응하기, 대화를 위해 새로운 주제 제시하기, 제시된 주제를 연속으로 이어가기 등의 특징이 있다. 언어적 상호작용에서 중요한 것은 대화가 발생하는 맥락이다. 따라서 유아들 간에 맥락에 대한 지식이 공유될 수 있도록 돕는 것이 중요하다.

- 문해 발달

문해란 글자를 읽고 쓰는 능력을 말한다. 즉 듣기, 말하기, 읽기, 쓰기 중 읽기와 쓰기가 문해 발달에 해당한다. 유아기의 아동은 주위의 다양한 인쇄물에 제시된 글자를 통해 그 의미를 점차 구성해간다. 만 2~3세경이 되면 주변의 인쇄물로부터 그 의미를 구성하게 되고, 유아용 그림책을 통해 이야기의 의미를 구성하게 된다. 유아는 글자에 주의를 기울이고, 자신이나 가족의 이름에 해당하는 글자를 알게 된다. 초기 문해 발달에 영향을 미치는 요인으로 가정의 문해 환경을 들 수 있다.

- 인지발달

유아기는 전조작적 사고[1]가 이루어지는 시기이다. 이 시기에는 구체적인 사물을 조작하고 감각적으로 경험해 볼 수 있도록 다양한 구체적 경험을 제공해 주도록 한다. 유아들은 직접 경험해 봄으로써 사물의 특성이나 사물 간의 관계를 이해할 수 있다.

유아기에는 매력적인 특성에 집중되어 다른 특성을 동시에 고려하여 판단하지 못하는 자기중심적 사고를 한다. 다른 사람의 입장이나 관점에서 생각하는 것이 매우 어렵다. 유아기는 영아기에 비해 기억능력, 문제해결능력, 다른 사람의 마음을 이해하는 능력도 크게 발달한다. 최근 연구에 의하면 유아기의 인지능력은 피아제가 생각한 것보다 훨씬 앞서 있다는 사실을 여러 인지영역에서 입증하고 있다.

1) 전조작기란 논리적 조작이 불가능한 시기를 말한다.

3) 사회성과 정서 발달

(1) 에릭슨의 발달 이론

독일 출생, 미국 정신분석가인 에릭슨(Erik Erikson)은 인간이 사회 속에서 타인과의 관계를 어떻게 맺으며, 각 시기에 주어진 발달 위기를 어떻게 극복하느냐에 따라 발달이 이루어진다고 보았다. 인간은 8단계를 거쳐 진정한 자아를 이루어 가야 하는데 한 요소는 형성되어야 할 적극적 자아 개념이고 다른 요소는 적극적 자아 개념이 형성되지 못할 때 형성되는 소극적 자아 개념이다. 각 시기의 발달 과제를 잘 수행하면 다음 단계의 과업 수행에 도움을 주어 바람직한 자아가 형성된다. 출생에서 취학 전 영유아의 발달에 대해 살펴보면 다음과 같다.

- 신뢰감 대 불신감(Sense of Basic Trust vs. Distrust, 출생~18개월)

영유아는 어머니나 양육자로부터 적절하고 일관성 있게 생리적이고 심리적 요구를 충족하게 되면 신뢰감을 형성한다. 신뢰감은 인간관계를 맺는 데 중요한 것으로 원하는 것을 성취할 수 있다는 희망을 갖게 한다. 영아는 어머니와 맺는 기본적 신뢰감을 기초로 하여 다음 단계의 사회관계에서도 성공적으로 적응할 수 있다.

그러나 어머니가 영아의 필요와 요구에 잘 응해 주지 못하거나 일관성이 없으면 영아는 불신감을 갖게 되어 무분별한 신뢰를 하거나 방위 본능 또는 무기력감을 일으킨다.

- 자율성 대 수치심 또는 회의심(Sense of Autonomy vs. Shame or Doubt, 18개월~2세)

이 시기의 영아는 대·소변을 통제하며, 근육의 발달로 인해 혼자 걷고 환경을 탐색한다. 자율성의 발달로 '나', '내 것', '내가 할 거야' 등의 말을 하며 자기주장을 한다. 이렇게 자율성이 발달할 때 양육자는 영아가 원하는 것을 모두 허용하지 말고 사회적으로 적합한 행동을 하도록 지도해야 한다. 그러나 배변을 실수하거나 자신의 신체적 통제와 자주 기능이 충분히 발달하지 못하면 사회적 기대에 미치지 못해 수치감이나 회의감이 생긴다.

자율성은 부모로부터 독립한 자신과 자율적 개체로서의 인식에서 형성된다. 더 나아가 자율성을 통해 의지가 성장한다. 영아가 주어진 환경에서 자유로운 선택과 자기 통제감을 키우면 의지가 자라게 된다. 그러나 수치감은 타인으로부터 일에 대한 방해나 제지되는 상태에서 시작된다. 이로 인해 영아는 손상받은 자신에 대한 공격 반응으로 분노를 나타낸다. 이런 영아는 신체적인 힘을 때리기, 상처 내기, 고함치기, 창피 주기, 자학 등으로 사용할 수 있다.

- 주도성 대 죄의식(Sense of Initiative vs. Guilt Feeling, 3~5세)

이 시기의 유아는 스스로 어떤 목표나 계획을 세우고 실행할 수 있다. 또한 이 일에 성공하려고 한다. 그러나 이러한 계획과 실행에 부모가 지나친 자기통제를 요구하고 과잉 억제시키거나 사회적 금기라는 사실을 알게 되면 죄의식을 느끼게 된다. 그럼에도 불구하고 이러한 것들은 충동이나 어떤 현상을 억제하는 데 도움이 되기도 한다.

이 시기 유아에게 다양한 경험과 활동을 시도해 보도록 하고 사회의 규칙과 기대를 배울 수 있는 적절한 지침을 제공하는 것이 중요하다.

| 표 4-4 | 에릭슨의 심리사회성 발달 단계

연령	심리사회 단계	특징
출생~18개월	신뢰감 대 불신감	영아기와 걸음마기의 경험 유형에 따라 그들 환경에서 신뢰할 수 있는 것과 없는 것을 배우기 시작
18개월~2세	자율성 대 수치심 그리고 회의	자신이 선택한 것을 해 보려고 시도
		자기의 자립성을 보여 줌
3~5세	주도성 대 죄의식	자기의 생각과 행동을 시험하기 시작
6~11세	근면성 대 열등감	할 수 있는 것을 보여 줌
		자신이 할 수 있는 것과 다른 사람이 할 수 있는 것을 비교
청소년기 (12~18세)	자아정체감 대 역할 혼미	자신이 누구이며 무엇이 될 것인지에 대한 질문을 가지고 씨름
성인 초기	친밀감 대 고립감	다른 사람과 안정된 상호 관계를 찾음
성인 중기	생산성 대 침체	타인에게 기여한 점을 숙고
		자신의 목표를 재정의
		이러한 목표와 관련된 의사결정
노년기	자아통합 대 절망감	축적된 지식과 통찰력을 다음 세대와 나누려고 시도

4) 사회성과 정서 발달의 특징

영유아기는 비사회적 단계에서 사회적 단계로 이행하는 시기이다. 이들은 다른 사람(처음에는 어머니와 양육자, 후에는 다른 성인들과 어린이들)과 관계하는 법을 배운다. 연령이 높아가면서 자신의 정서를 통제하기 시작하며, 환경에 적절히 반응하는 것을 배운다. 그리고 자기의 필요와 욕구를 보다 정확하게 의사소통하는 것을 배운다.

(1) 0세

영아는 태어나서 미분화된 정서 상태에 있지만 3주가 지나며 점차 정서가 분화된다. 불쾌 정서가 빨리 분화된다. 기본적인 정서는 영아기에 완성되며 12개월 정도에 희노애락의 감정이 분화되며, 행복, 기쁨, 불안, 두려움 등의 감성을 분명히 표현할 수 있다.

이 시기 중요한 사회적 발달은 애착이다. 애착은 영아와 주 양육자 간에 형성되는 정서적 유대감으로 타인에 대한 기본적 신뢰감 형성에 기초가 된다. 양육자가 일관되게 영아의 생리적 욕구와 신체 보호 등을 충족시켜 주면, 영아는 스스로 가치 있는 사람으로 인식하게 되고 주변 환경을 신뢰하게 된다. 영아기에 형성된 애착은 이후 인지, 정서, 사회성 발달에 중요한 영향을 미치게 된다.

영아는 각기 다른 기질적 특징을 보인다. 기질은 한 인간의 행동 특성을 특징짓는 정서적 표현 및 반응양식으로 이후 성격발달에 기초가 된다. 영아는 각자의 기질적 특성에 따라 독자적인 양육이 필요하며 양육자는 기질에 적합한 방식으로 반응하고 양육하도록 노력해야 한다.

(2) 영아기

영아기에는 다른 사람에게 좀 더 친절하고 낯가림이 줄어든다.

1세

자신에 대한 긍정적인 감정과 부정적인 감정이 나타난다. 성취감을 통해 긍정적 자존감 발달이 이루어지는 동시에 '싫어'라는 부정적 태도를 자주 보인다. 분노, 부끄러움, 공포의 감정이 완성되나 그 표현 방법이 세분화되지 못해 대개 화를 내거나 짜증을 내고 우는 것으로 표현한다. 강한 행동으로 자신의 정서를 표현하면서 이 시기에 떼쓰기가 나타난다. 성인에게 애정을 표현하고 자신을 귀여워해 주길 원한다. 부드러운 놀잇감, 인형을 좋아하고 특정 장난감에 대한 선호나 집착을 나타내기도 한다.

이 시기 영아는 자신을 독립된 개체로 인식하며 자아개념이 생기기 시작한다. 자기 일을 스스로 하려는 강한 의지가 있고 나, 내 것 등의 언어를 많이 사용한다. 만 2세 영아는 본인의 의지를 표현하고자 주변의 모든 것을 반대하기도 한다.

영아들은 가장 애착하는 사람을 안전의 근거로 이용하여 그들의 환경을 탐색한다. 초기에는 대개 혼자 놀이를 하고 아직 또래보다 성인에 더 의존한다. 18개월경에는 술래잡기 같은 상호작용을 하는 게임을 즐기며 또래에 대한 관심도 증가하면서 다른 사람과의 관계를 확장한다. 다른 영아들과 상호작용이 많지 않고 놀잇감이나 물건을 다른 사람과 나누기가 어렵다.

2세

2세말쯤 되면 거의 모든 정서로 자신의 감정을 표현한다. 가끔 반항하고 좌절하거나 성질을 부린다. 이러한 부정적인 행동은 영아의 주장이나 독립성을 나타낸다. 자기 세계를 다른 사람이 침해했다고 느끼면 공격성을 나타낸다.

이 시기에는 얼굴표정으로 정서상태를 알 수 있는 일차정서를 기초로 하여 수치, 부러움, 죄책감, 자부심 같은 이차정서, 복합정서가 발달하게 된다. 해서는 안 되는 행동을 했을 때는 수치심이나 죄책감을 느끼고 어려운 일이나 기대되는 행동을 했을 때는 자부심을 느낀다.

사회성 발달에 있어 에릭슨의 자율성을 획득해야 하는 시기이다. 양육자나 교사는 영아의 건강과 안전이 보장되는 상황에서 자신이 해야 하고 할 수 있는 일을 스스로 할 수 있도록 격려하는 것이 중요하다. 일상생활과 관련한 과업을 수행해 보도록 적극적으로 격려한다.

다른 사람과의 접촉에 대한 욕구가 증가하며, 또래와의 병행놀이, 협동놀이가 나타난다. 누군가와 함께 있거나 놀고 싶어 하고 다른 사람의 관심을 얻으려고 한다. 어른들을 기쁘게 하기 위해 활동하고, 그것을 확인하려고 한다.

(3) 유아기

- 정서발달

유아는 표현된 정서를 인식하는 능력이 점차 세련되어진다. 유아들은 행복, 분노, 슬픔, 공포와 연관된 얼굴표정을 구별할 수 있다. 행복한 정서를 가장 잘 인식할 수 있으며 분노보다는 슬퍼하는 표정을 더 잘 인식할 수 있다.

유아기에는 인지 및 언어발달과 더불어 타인의 정서와 자신의 정서경험에 대한 이해가 증가한다. 타인이 느끼는 감정에 대한 추론이 정확해져서 약 3세경이 되면 얼굴 표정과 상황 단서를 사용하여 정서를 이해할 수 있게 된다.

유아기가 되면 자신의 감정을 더 잘 조절할 수 있다. 6세가 되면 실제적으로 느끼는 정서와 겉으로 드러난 표정을 구별하여 의도적으로 정서를 조절하기 시작한다.

- 사회성 발달

언어가 급격히 발달하면서 유아는 자신의 특성을 언어로 표현하게 된다. 그러나 3~5세 유아들은 신체적 특징이나 소유물, 기호 등의 외형적 특성에 대해 언급할 뿐 심리적 속성에 대한 진술을 하기 어렵다. 그러나 이 시기의 유아도 자신에게 타인이 볼 수 없는 사적인 사고 영역이 있다는 것을 알고 있기 때문에 심리적 자아에 대한 인식이 없다고 단정할 수는 없다. 유아의 자아 개념이 외현적인 신체적 자아로부터 심리적 자아로 발달해 가는 과정임을 알 수 있다.

유아의 자존감 발달은 자신의 행동에 대한 타인의 반응에 영향을 받는다. 자기 통제력은 정서 억제 능력과 유혹에 저항하는 능력을 통해 알 수 있다. 정서 억제 능력은 4세경부터, 유혹에 저항하는 능력은 3~4세경부터 발달하기 시작하여 5~6세경에는 나름의 전략을 사용하여 자신의 욕구를 억제할 수 있게 된다.

이 시기의 유아에게 또래집단이 차지하는 비중은 매우 크다. 5세만 되어도 또래집단의 규범을 잘 지키지 않는 친구들을 덜 좋아할 정도로 또래집단은 유아에게 중요한 의미가 있다. 유아기는 친구관계 발달이 이루어지는 첫 단계로 4~7세경의 유아는 주로 놀이를 통해 또래 간 상호작용을 하며, 협력적인 가상놀이를 함께하면서 친구와의 긍정적인 관계를 발달시키게 된다.

유아의 발달영역별 주요 발달적 특징은 다음과 같다.

| 표 4-5 | 유아의 발달영역별 주요 발달적 특징

발달영역		연령별 발달적 특징		
영역	주요발달	3세아	4세아	5세아
운동 발달	안정운동의 발달 이동운동의 발달 조작운동의 발달	· 기본적인 운동이 확립된다. · 신발을 신을 수 있다. · 단추를 풀 수 있다. · 음식을 흘리지 않고 혼자 먹을 수 있다.	· 약간 복잡한 운동이 가능해진다.	· 가위질이 능숙해진다.
인지 발달	전조작기 사고 자기중심적 사고	· 모든 것에 이유가 있거나 목적이 있다고 생각하여 끊임없이 질문을 되풀이한다.	· 원인과 결과를 때때로 혼동하면서 이치를 알고자 한다.	· 알고자 하는 것들에 적극적으로 질문, 궁리, 해결하려는 탐구력이 증가한다.
언어 발달	문법 및 구문발달 의사소통발달 문해발달	· 그림책 등의 줄거리를 이해한다. · 질문이 많아진다.	· 구어가 완성되고 문자에 흥미를 갖는다.	· 발음 체계가 완성되고 구어를 완전히 습득한다.
정서 발달	정서표현발달 정서이해발달 정서조절발달	· 자기통제를 하기 시작한다.	· 자기주장이 강해지고 성취에 기쁨을 느낀다.	· 성취나 경쟁적인 욕구가 충족된 일에 만족한다
사회성 발달	자아발달 친사회적 행동 공격성 또래관계 성역할	· 친구와 활발히 놀기 시작한다.	· 필요한 규칙을 스스로 따른다.	· 집단 활동에 대한 즐거움이 증가한다.

어린이집은 기관을 이용하는 가족의 요구나 특성에 맞게 다양한 형태로 운영된다. 부모는 가정의 경제적 상태나 영유아의 연령과 집과의 거리, 그리고 가족의 생활 형태와 문화 등에 따라 서로 다른 형태의 보육유형을 선택하게 된다. 어린이집에 대한 요구가 많아지면서 보육의 유형도 다양화되고 있다. 보육의 유형은 그 기준이 무엇인지에 따라 구분하게 되는데 본 장에서는 「영유아보육법」에 따른 유형과 시간에 따른 유형, 보육목적에 따른 유형 등으로 분류하여 제시한다.

05

CHAPTER

보육의 유형

1 영유아보육법에 따른 유형

2 시간에 따른 보육유형

3 보육의 목적에 따른 유형

'어린이집'이란 보호자의 위탁을 받아 영유아를 보육하는 기관을 말한다. 본 장에서는 어린이집을 설치 및 운영 주체에 따라 분류하고 있는 「영유아보육법」에 따른 유형, 시간에 따른 유형과 보육목적에 따른 유형을 살펴본다.

1 영유아보육법에 따른 유형

1) 국공립어린이집

(1) 정의, 규모

국가와 지방자치단체가 설치·운영(위탁운영 포함)하는 어린이집을 말한다. 규모는 상시 영유아 11인 이상을 보육할 수 있는 시설로서 어린이집의 명칭은 '○○어린이집'으로 한다.

(2) 설치기준 및 배치지역

국가 및 지방자치단체의 장이 인가절차 없이 직접 설치하되, 지방자치단체의 장은 바로 다음 해의 국공립 어린이집 공급에 관한 계획 및 목표가 포함된 수급계획 등을 포함하여 보육계획을 사전에 수립한다. 국공립어린이집이 우선적으로 설치되는 지역은 도시 저소득층 밀집 주거지역 및 농어촌지역 등 취약지역과 산업입지 및 개발에 따른 산업단지 지역이며, 의무 설치지역으로는 신규로 500세대 이상의 공동주택에 국공립어린이집이 설치·운영되어야 한다.

(3) 특징

영유아 보육이 가정이 아닌 영유아를 위해 준비된 유아교육기관에서 이루어지는 것으로, 가장 일반화된 대표적인 보육형태이다. 기관에서의 보육환경은 영유아를 보육하고 교육하기에 적절하여 다양한 교구와 자료를 통해 교육적 경험을 제공 받고 교사들 역시 일정한 수준의 자격요건을 갖추고 있으며 지속적인 원내 자율장학과 보수교육 등의 재교육으로 전문성이 함양될 수 있다. 즉, 보육의 질이 높으므로 학부모가 선호한다. 그러나 규모가 커질수록 영유아 개인의 특성을 고려한 일과 운영의 융통성이 적고, 많은 수의 영유아가 함께 생활하므로 교사와 영유아 간 상호작용이 낮으며, 영유아가 질병이나 전염병에 감염될 가능성도 있다.

2) 사회복지법인어린이집, 법인·단체 등 어린이집, 민간어린이집

(1) 정의

사회복지법인어린이집은 「사회복지사업법」에 의한 사회복지법인이 설치·운영하는 시설이다. 법인·단체 어린이집은 사회복지법인을 제외한 비영리 각종 법인이나 단체 등이 설치 운영하는 어린이집이다. 민간어린이집은 국공립·사회복지법인 · 법인단체 등·직장·가정·협동어린이집을 제외한 어린이집으로 개인이 설치 운영하는 시설이다.

(2) 규모 및 명칭

상시 영유아 21인 이상을 보육할 수 있는 시설을 갖추어야 하며 어린이집의 명칭은 '○○어린이집'으로 하여 명칭사용에 유치원, 학원 등 유사기관으로 오인될 수 있는 표기는 할 수 없다.

※ ○○유치원 부설·○○미술·○○영어 어린이집 등 사설학원으로 오인할 수 있는 표기는 할 수 없고, 동일 간판 또는 상하좌우에 붙어 있는 간판에 유치원 명칭 사용 불가함

(3) 설치 및 배치기준

「영유아보육법」상의 설치기준을 모두 갖추어야 하고, 산업단지에 있는 지식산업센터 건물에 어린이집 설치 시 안전사고 및 재난에 대비한 시설을 갖추어 5층까지 보육실을 설치할 수 있다. 관할 시장·군수 또는 구청장에게 사전에 인가신청할 수 있고, 지역 보육수요와 어린이집의 공급현황 등을 감안하여 지역별로 균형 있게 배치되도록 한다.

(4) 특징

운영 주체가 사회복지법인 어린이집은 저소득층의 자녀를 대상으로 하는 경우가 있고, 운영 주체가 법인·단체 어린이집은 종교단체이거나 비영리법인 어린이집으로 종교기관 내에 위치하며 재정과 자원봉사 등의 인력지원을 받는 사례도 있다. 비영리법인으로 학교법인이나 기업 복지법인 등이 있는데 대학어린이집이나 삼성어린이집 등이 이에 해당한다. 학교나 기업의 설립이념과 철학을 반영하여 어린이집을 운영하는 관계로 재정과 교육적 지원을 통해 양질의 보육을 선도하는 어린이집들이 있다.

3) 직장어린이집

(1) 정의

사업주가 사업장의 근로자를 위하여 설치·운영하는 어린이집(국가 또는 지방자치단체의 장이 소속 공무원 및 국가나 지방자치단체의 장과 근로계약을 체결한 자로서 공무원이 아닌 자를 위하여 설치·운영하는 어린이집을 포함한다)

(2) 규모 및 명칭

상시 영유아 5인 이상을 보육할 수 있는 어린이집으로서, 어린이집의 명칭은 '○○어린이집'으로 한다.

(3) 설치기준 및 절차

「영유아보육법」상의 설치기준을 모두 갖추어야 하며, 사업주가 직장어린이집을 설치할 경우에는 안전사고 및 재난에 대비한 시설을 갖추어 건물 내 5층까지 보육실을 설치할 수 있다. 산업단지관리공단·입주기업협의체·한국산업단지공단이 산업단지 내에 해당기관 및 산업단지 입주기업체·지원기관의 근로자를 위해 공동직장 어린이집을 설치·운영할 경우 산업단지에 있는 건물의 5층까지 설치가 가능하다. 또, 상시 영유아 20인 이하를 보육하는 직장어린이집은 가정어린이집을 설치할 수 있는 곳에도 설치할 수 있다.

(4) 직장어린이집 설치 의무 및 의무 미이행 시 제재

상시 여성근로자 300인 이상 또는 근로자 500인 이상을 고용하고 있는 사업장의 사업주는 직장어린이집을 설치하여야 한다. 의무사업장의 사업주가 직장어린이집을 단독으로 설치하기 어려운 경우에는 사업주 공동으로 직장어린이집을 설치·운영하거나, 지역의 어린이집과 위탁계약을 체결하여 근로자의 자녀의 보육을 지원하여야 한다. 직장어린이집 설치 의무는 국가 및 지자체에도 적용된다. 그러나 이러한 의무를 미이행하게 되면 받게 되는 제재가 있는데 보건복지부장관은 직장어린이집 설치, 위탁보육 등의 의무를 이행하지 아니하거나 실태조사에 불응한 사업장의 명단을 공표할 수 있고, 시·도지사는 관할 시·군·구청 중 설치의무 미이행 사업장에 이행명령, 이행강제금을 부과할 수 있다.

(5) 공공기관의 직장어린이집 설치

상시 여성근로자 300명 이상 또는 근로자 500명 이상을 고용하고 있는 정부(재)투자기관, 정부출연기관 등도 단독 또는 공동으로 직장어린이집을 설치·운영하도록 적극적으로 지도할 필요가 있다. 시·도지사는 관내 시·도, 시·군·구청 내 유휴공간(또는 별도 신축)을 활용하여 직원(국가·지자체와 계약을 체결한 공무원이 아닌 자 포함) 자녀를 위한 직장어린이집을 설치해야 한다. 직장어린이집은 근로자의 자녀 양육 지원 환경을 조성하는 데 그 목적이 있으므로 공공기관의 경우 우선적으로 직장어린이집을 설치·운영하고, 공공기관 직장어린이집 정원에 일정수준 이상의 여유가 있을 경우 지역 아동도 이용할 수 있도록 지역사회에 직장어린이집을 개방할 수 있다.

| 표 5-1 | 직장어린이집의 장·단점

구분	내용
장점	· 부모와 자녀가 가까이 있어 모두 심리적인 안정감을 느낀다. · 출·퇴근 시 직장으로부터 먼 곳에 영유아를 맡기는 번거로움이 없다. · 직장의 대외 이미지가 좋아지고 아울러 홍보 효과까지 있다. · 직장에 대한 만족도가 증가한다.
단점	· 부모의 출·퇴근 시간에 맞추어 자녀와 함께 이동하는 일이 어렵다. · 부모의 업무에 따라 자녀가 어린이집에서 늦게까지 있어야 하는 일이 어렵다. · 집과 어린이집의 거리가 멀게 될 가능성이 있다. · 사업주가 심리적 · 재정적 부담감을 느낀다. · 직장 내 어린이집을 설치한 경우, 보육환경이 영유아에게 적합하지 않을 수 있다.

4) 가정어린이집

(1) 정의, 규모 및 명칭

개인이 가정 또는 그에 준하는 곳에 설치·운영하는 시설로 상시 영유아 5인 이상 20인 이하를 보육할 수 있는 어린이집이다. 어린이집의 명칭은 'ㅇㅇ어린이집'으로 하고 명칭 사용에 유치원, 학원 등 유사기관으로 오인할 수 있는 명칭은 사용할 수 없다.

(2) 설치절차, 배치기준

「영유아보육법」상의 설치기준을 모두 갖추어야 하고 관할 시청·군수 또는 구청장에게 사전에 인가를 신청한다. 지역 보육수요와 어린이집의 공급현황 등을 감안하여 지역별로 균형 있게 배치되도록 한다.

(3) 특징

가정보육은 가정과 유사한 환경을 통해 정서적 안정을 도모하므로 영아보육이 주로 이루어질 뿐 아니라 방과 후 보육까지 담당하는 경우도 있다. 이렇게 연령이 서로 다른 적은 수의 영유아와 아동을 양육하면서 확대가족과 같은 분위기를 조성하게 된다.

가정보육의 장점으로는 어린이집이 영유아의 가정과 인접하여 위치해 있으므로 이용하기에 접근이 용이할 뿐 아니라 양육자와 영유아가정의 생활양식이나 가치가 유사하여 영유아가 문화적 차이를 크게 겪지 않아도 된다(양옥승 외, 1999). 하루일과와 보육시간의 융통성이 있고 혼합연령 집단으로 구성되어 확대가족과 유사한 경험을 갖게 된다. 규모가 소규모이므로 개별아동과 각 가정의 요구를 고려하고 반영할 수 있으므로 보육에 대한 만족도가 기관보육에 비해 높다.

학부모들이 처음에는 규모가 큰 어린이집을 소규모 시설에 비교해 선호도와 기대치가 높았지만 기관을 이용하면서 서비스 만족도가 낮아진 경우도 있었는데, 그 이유로는 많은 수의 영유아와 학부모 그리고 교사를 관리하며 큰 규모만큼의 학부모 요구를 충족시킬 수 없었기 때문이다(김문자, 2008).

가정보육은 보육환경이 협소하여 영유아 교육에 필요한 흥미영역을 구성하는 데 한계가 있고, 교육프로그램과 교수자료의 부족, 그리고 교사의 낮은 조건의 교육배경 등이 한계점으로 지적되고 있다.

5) 협동어린이집

(1) 정의, 규모와 명칭

보호자 또는 보호자와 보육교직원 11인 이상이 조합(영리를 목적으로 하지 아니하는 조합에 한정한다)을 결성하여 설치·운영하는 어린이집으로서 상시 영유아 11인 이상을 보육할 수 있다. 어린이집의 명칭은 '○○어린이집'으로 하며, 명칭사용에 유치원, 학원 등 유사기관으로 오인할 수 있는 명칭은 사용할 수 없다.

(2) 설치 및 운영방식

보육아동을 둔 보호자 또는 보호자와 보육교직원 11인 이상이 상호 출자하여 공동으로 어린이집을 설치·운영할 것을 약정함으로써 그 효력이 발생하고 출자는 조합원의 약정에 따라 금전, 기타 재산 또는 노무로 할 수 있다. 조합원은 아동보육의 필요성이 없어지거나 기타 조합계약으로 정하는 시기에 탈퇴할 수 있으며, 출자금은 탈퇴 당시 조합의 재산상태 및 지분에 의한다. 부득이한 사유 없이 조합의 불리한 시기에 탈퇴하지는 못한다. 조합의 업무집행자는 조합계약 또는 조합원의 3분의 2 이상의 찬성으로 선임되며, 어린이집 대표자는 조합원 중에서 선임하고, 시설 운영에 관한 통상 사무는 원장이 전임하며, 주요사항은 조합원 과반수 이상의 찬성으로 결정한다. 조합원이 최대한 보육과정 및 의사결정에 참여하여 소기의 설립목적을 달성하도록 노력해야 한다(보육사업안내, 2020).

| 표 5-2 | 협동어린이집의 장·단점

장점	· 자치적 운영으로 인해 운영 전반(인사, 교육 등)이 투명하다. · 재정 운영의 효율성이 있다. · 보육 현실에 대응하는 융통성이 있다. · 부모, 교사 간 일상적 교류가 원활하다. · 지역공동체적 인간관계와 생활이 함양된다. · 보육제도 안에서 실행하기 어려운 다양한 대안 보육프로그램이 가능하다.
단점	· 공간과 출자금 확보가 어렵다. · 교사 수급과 운영비용의 문제점이 있다. · 관리 및 운영의 지속성이 어렵다(운영위원회의 교체).

2 시간에 따른 보육유형

정부는 우리나라 인구의 생활패턴이 다양화되고 핵가족화와 맞벌이 가정과 시간선택제 근로자 증가와 해체가정 등으로 인하여 영유아 가족에게 어린이집 이용 편의를 제고하며 이용시간을 보장(2017, 보건복지부)하는 보육의 강화가 요구됨을 인식하게 되었다. 따라서 종일제 보육뿐 아니라 시간 연장보육, 24시간 보육, 휴일보육(한유진, 2009) 등 수요자 중심의 보육서비스로 그 수요를 충족시키고 있다. 영유아의 건전한 보육과 보호자의 사회·경제적 활동의 지원을 위하여 기본보육시간 내에 귀가할 수 없는 영유아에게 보육시간을 연장하며 어린이집을 다양하게 지원할 뿐 아니라, 영유아를 가정에서 양육할 때에도 보육이 필요한 경우에 어린이집에서 시간단위로 보육서비스를 이용할 수 있게 되었다.

1) 기본보육과 연장보육

이전의 어린이집 종일제보육은 12시간 보육으로 인해 지친 담임교사가 저녁시간까지 하루 종일 영유아를 돌봐야 하므로 보육의 질이 낮아질 우려가 높았다. 정부는 보육서비스의 질을 높이고자 2021년 3월부터는 어린이집 12시간

(07:30~19:30) 운영 원칙은 유지하면서 어린이집 보육시간을 2개의 시간인 '기본보육시간'(9시~16시)과 '연장보육시간'(16시~19시)으로 구분하였다.

기본보육이란 어린이집을 이용하는 모든 영유아를 대상으로 오전 9시부터 오후 4시까지 보육시간 동안 해당 반의 담임교사가 보육하는 것을 의미한다. 기본보육시간 동안 영유아는 표준보육과정 및 유아·놀이중심 누리과정을 바탕으로 놀이와 일상생활을 경험하며 성장한다. 보육교사는 기본보육이 끝난 후의 업무시간을 보육 준비 등 기타 업무를 하거나 휴게시간으로 활용할 수 있게 된다. 기본보육시간 이후 돌봄 공백이 우려되는 영유아에게 적용되는 '연장보육시간'에는 별도의 전담 교사배치를 통해 보육을 받을 수 있다. 이렇게 연장보육 전담교사의 배치로 부모는 부담 없이 필요한 만큼 어린이집을 이용할 수 있어서 정서적 안정감을 갖게 되고, 교사는 업무경감과 근무환경의 개선효과가 있게 되었다.

	기본보육시간	연장보육시간
보육시간 (별도 반)	기본보육 9:00~16:00	연장보육 16:00~19:30
대상	전체 아동	연장보육 신청 아동

| 그림 5-1 | 시범사업 적용모형

출처: 보건복지부(2020).

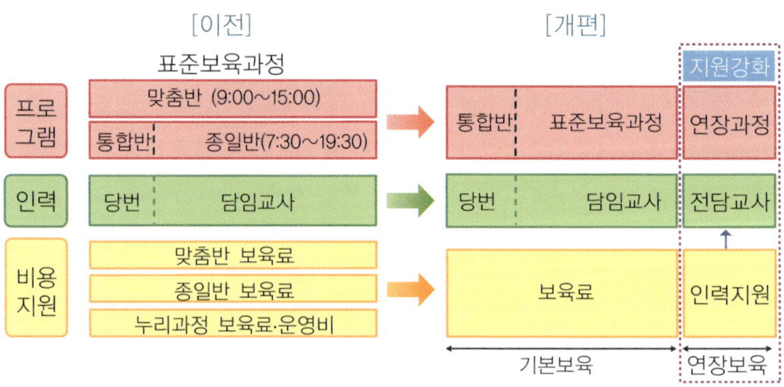

| 그림 5-2 | 보육지원체계 개편 전·후 비교

출처: 보건복지부(2020).

2) 시간제보육

어린이집, 유치원 등을 이용하지 않고 양육수당을 지원받는 자(6~36개월 미만)의 자녀인 영아가 긴급·일시적으로 어린이집 이용이 필요한 경우 필요한 시간만큼 비정기적으로 보육을 받는 경우로, 지정된 제공기관에서 시간단위로 보육서비스를 이용한 시간만큼 보육료를 지불하는 보육서비스를 말한다. 지원시간은 월 80시간이며 보육시간은 월요일~금요일(09:00~18:00)까지이며, 주말 및 공휴일은 제외된다(보육사업안내, 2020).

| 그림 5-3 | 연장보육교사 홍보물

출처: 보건복지부(2021).

3) 야간연장 어린이집

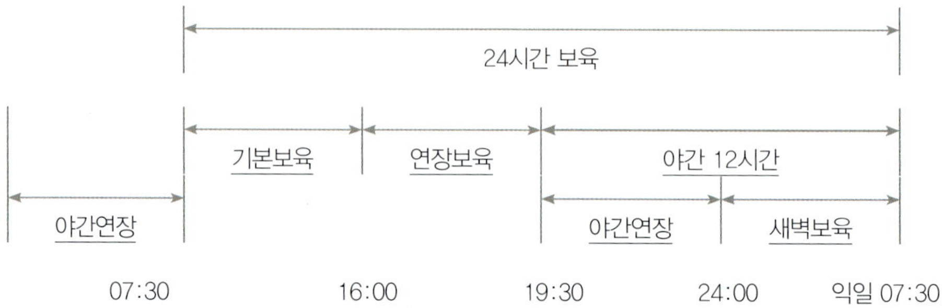

※ 그 밖의 연장보육: 24시간 보육(기본보육+연장보육+야간연장보육+새벽보육), 야간연장보육, 야간 12시간 보육(야간연장+새벽보육), 휴일보육

기준보육시간(07:30~19:30)을 경과하여 최대 24:00까지 시간을 연장하여 보육하는 어린이집으로 해당 어린이집의 연장보육 영유아를 24시까지 연장하여 보육하는 것이 원칙이고, 주간에 다른 어린이집 등을 이용한 경우에도 보육이 가능하다.

교사는 하루의 대부분을 어린이집에서 생활하는 영유아의 건전한 성장발달을 위해 탄력적인 일과운영과 정서적 안정, 그리고 늦은 귀가로 인한 긴장완화와 건강한 생활을 위하여 질병의 예방과 영양관리 등에 유의하여야 한다. 특히 장시간 어린이집에서 생활하면서 안전사고의 위험도 높다. 안전에 대한 세심한 배려와 신체·정신적으로 안락하고 조용한 분위기 속에서 사회적으로 바람직한 식습관 형성과 긍정적인 자아개념을 위한 활동을 제공하고, 의사소통의 기술 강화와 기본생활습관 형성에 도움을 주어야 한다. 야근이 많고 정시에 퇴근할 수 없는 부모가 안심하고 자녀를 맡기고 충분히 일할 수 있는 어린이집이어야 한다(조혜경 외, 2019).

야간연장 보육의 교사 대 아동 비율은 매일 1:5를 원칙으로 하되, 장애아, 0세아는 보육교직원의 업무량을 고려하여 일부 달리 적용할 수 있고, 유아로만 반구성이 될 경우 1:7까지 조정할 수 있다. 야간연장 보육교사의 근무시간은

19:30~21:30(토요일은 15:30~17:30) 동안은 반드시 포함하고 그 시간 전후로 연속하여 총 6시간 이상 8시간 이내 근무가 가능하다. 이전의 종일제 보육 이후(오후 7:30)부터 보육시간이 연장된 보육을 수행한 어린이집이 8,015개소이며 연장보육을 받는 아동 수는 344,423명이 된다(통계청, 2019).

| 표 5-3 | 시간연장 어린이집 현황

구분	어린이집 수	보육아동			
		정원	현원		
				계	시간연장현원
계	8,015	414,401	계	344,423	29,908
			남	178,325	14,795
			녀	166,098	15,113

출처:통계청(2019. 12. 31.).

4) 24시간 어린이집

날로 가속화되는 산업화로 인해 근로형태 및 근무시간이 다양하게 발생하고 있다. 이러한 직업의 증가와 변화로 24시간 보육의 요구가 늘고 있다. 부모의 야간 경제활동이나 사고나 질병 등의 사유로 불가피하게 부모의 야간경제활동, 한부모 또는 조손가정 등의 사유로 불가피하게 주간보육(07:30~19:30)과 야간 12시간 보육(19:30~다음날 07:30)을 모두 이용하는 보육형태이나, 따라서 보육환경이 보육 영유아가 수면하기에 적합한 시설(수면실 등)과 조·석식을 포함한 급·간식 제공 여건 및 자체 야간 보육프로그램을 구비해야 한다. 지역 내 야간 및 24시간 보육수요를 감안하여 정부지원시설 및 직장어린이집을 대상으로 24시간 어린이집으로 될 수 있다.

보육시간이 24시간(07:30~다음날 07:30)에 해당하므로 세부적인 보육시간별 보육의 유형을 정리하면, 야간 12시간 보육은 야간시간대(19:30~다음날

07:30)에 이루어지는 보육형태이고, 24시간 보육은 부모의 야간경제활동, 한부모 또는 조손가정 등의 사유로 불가피하게 주간보육(07:30~19:30)과 야간 12시간 보육(19:30~익일 07:30)을 모두 이용하는 보육유형이다. 24시간 어린이집을 지정한 경우, 야간 12시간 보육 및 24시간 보육서비스 아동 입소 관리 등을 통해 아동이 장기간 방치되는 사례가 없도록 지도해야 한다.

야간 12시간 및 24시간 보육대상 아동은 부모가 야간에 경제활동에 종사하는 가정, 한부모 또는 조손가정 등의 영유아로 야간 12시간 보육이 불가피하다고 판단되는 영유아에 대해 야간 12시간 및 24시간 보육 서비스를 제공할 수 있고(미취학 영유아), 시·군·구청장은 반기별로 야간 12시간 및 24시간 보육아동의 적정성 여부를 점검해야 한다. 부모 등 보호자 준수사항은 첫째, 24시간 보육아동의 부모(보호자)는 최소한 주 3회 이상 아동과 전화 또는 방문 등의 방식으로 아동과 접촉하고, 둘째, 최소한 주 1회 이상 아동을 가정에 데려가 보호하고 셋째, 상시적으로 어린이집과 연락체계를 유지하며, 넷째, 1월 이상 아동의 보호 의무를 해태하거나 연락이 안 될 경우 시·군·구청장이 「아동복지법」상 보호조치를 취할 수 있음을 유념해야 한다.

24시간 어린이집 원장의 의무사항은 첫째, 보호자의 의무사항(주 3회 이상 전화 또는 방문을 통한 아동 접촉, 주 1회 이상 귀가, 상시 비상연락체계 유지, 장기간 아동 방치 시 「아동복지법」상 보호조치 의뢰 등), 야간 12시간 및 24시간 보육여건 및 프로그램 등에 대해 상세히 안내하고, 보호자로부터 이용신청서를 제출받아 비치하고, 시·군·구 승인하에 24시간 보육이 가능하다. 둘째, 가급적이면 가정에서와 같은 환경(수면실 등)과 조·석식을 포함한 균형적인 급·간식 제공 및 별도의 보육 프로그램(기본생활습관 형성, 가족과의 유대 강화 프로그램 등)을 시행하고, 셋째, 어린이집 원장은 시설 내에서 아동학대 및 안전사고가 발생하지 않도록 예방교육 및 안전조치를 취해야 한다. 24시간 어린이집을 운영하는 어린이집은 153개소가 되고, 24시간 어린이집을 이용하는 영유아는 6,252명이 된다.

| 표 5-4 | 24시간 어린이집 현황

<table>
<tr><th rowspan="3">구분</th><th rowspan="3">어린이집 수</th><th colspan="5">보육아동</th></tr>
<tr><th rowspan="2">정원</th><th colspan="4">현원</th></tr>
<tr><th colspan="2">계</th><th>그외</th><th>24시간 현원</th></tr>
<tr><td rowspan="3">계</td><td rowspan="3">153</td><td rowspan="3">7,633</td><td>계</td><td>6,252</td><td>5,703</td><td>549</td></tr>
<tr><td>남</td><td>3,238</td><td>2,927</td><td>311</td></tr>
<tr><td>녀</td><td>3,014</td><td>2,776</td><td>238</td></tr>
</table>

출처: 통계청(2019. 12. 31.).

5) 휴일 어린이집

가족해체 증가와 저소득층 증가 그리고 주 5일제 근무로 파생되는 또 다른 주말직업군으로 다양한 근로형태의 직업을 가진 부모를 위해 필요한 보육이다. 보호자의 다양한 요구를 맞추기 위한 또 하나의 보육의 유형이 일요일과 공휴일에 보육하는 휴일보육이다(조혜경 외, 2019). 휴일에 보호자가 근무하거나 질병, 출산 등 여러 가지 이유로 가정에서 영유아를 보육할 수 없는 경우에 어린이집에서 영유아를 맡는 보육이다. 일요일 및 공휴일에 보육하는 어린이집으로 원래 시설 정원과는 별도로 휴일 보육정원을 책정할 수 있다. 휴일 보육의 교사 대 아동비율은 1:5를 원칙으로 하되, 장애아, 0세아는 보육교직원의 업무량을 고려하여 일부 달리 적용할 수 있으며, 유아로만 편성된 경우 1:7까지 조정할 수 있다. 휴일보육을 운영하는 어린이집은 312개소이며 영유아 18,014명이 보육되었다(2019, 통계청).

| 표 5-5 | 휴일보육 현황

구분	어린이집 수	보육아동			
		정원	현원		
			계		휴일 현원
계	312	21,779	계	18,014	143
			남	9,380	76
			녀	8,634	67

출처: 통계청(2019. 12. 31.).

6) 방과 후 어린이집

맞벌이 부부의 자녀 등을 대상으로 초등학교에서 정규적인 교육이 끝나고 방과 후에 보호가 필요한 초등학교 저학년 아동을 대상으로 학습지도, 특기교육, 인성교육 등을 하는 보육이다. 방과 후 보육은 방과 전후와 방학 중의 시간에 보육활동을 제공하며 성인의 보호 없이 지내는 아동을 유해한 환경에서 보호하기 위해 필요한 것으로, 학교교육의 연장이라기보다는 가정교육의 연장이 되어야 한다. 가정처럼 편안한 분위기에서 또래와 어울리며 다양한 활동을 하도록 한다. 초등학생을 대상으로 방과 후 보육서비스를 제공하는 시설로서 방과 후 보육서비스 제공은 4시간 이상(~19:30분까지)이다. 방과 후 어린이집은 영유아보육의 연계선상에서 초등학생 저학년을 우선 대상으로 하고 맞벌이부부 등 아동을 맡길 곳이 없는 가정을 우선적으로 하여 시설 정원 범위 내에서 20%까지 보육할 수 있다(보육사업, 2020).

| 그림 5-4 | 상계5동 보듬이 나눔이 어린이집

*시간제보육, 휴일보육, 야간연장보육, 24시간 보육을 서울시에서 시범적으로 운영하는 거점 어린이집

3 보육의 목적에 따른 유형

1) 영아전담어린이집

만 3세 미만의 영아만을 20인 이상 보육하는 어린이집으로서 독립된 건물을 가지고 있으며 영아를 위한 전문적인 시설을 갖추어 영아만을 위한 프로그램을 운영하는 어린이집이다(김혜령, 2006). 영아전담의 설립목적이 영아만을 위한 어린이집으로서의 정체성이 있으므로 목적에 맞는 보육환경과 프로그램을 갖추고 있어야 한다. 영아전담어린이집은 영아를 전담하여 보육해야 하나 예외적으로 시설 정원범위 내 40%까지 유아를 보육할 수 있다(보육사업안내, 2020). 영아전담어린이집은 전국에 405개소이며 영유아 14,758명이 이용하는 것으로 나타났다(통계청, 2019). 삼성경제연구소에서는 여성이 출산을 하기 위해 실질적으로 필요한 기관은 의료시설이 포함된 양질의 시간연장형 영아전담어린이집이라고 하였다. 1~2개월 출산 휴가 후에 2개월~2세까지의 영아를 맡길 수 있는 기관이 필요하다는 의미이다.

| 표 5-6 | 영아전담 어린이집 현황

<table>
<tr><th rowspan="4">구분</th><th rowspan="4">어린이집 수</th><th colspan="8">보육아동</th></tr>
<tr><th rowspan="3">정원</th><th colspan="7">현원</th></tr>
<tr><th colspan="2" rowspan="2">계</th><th colspan="4">영아현원</th><th rowspan="2">3세 이상 현원</th></tr>
<tr><th>소계</th><th>0세</th><th>1세</th><th>2세</th></tr>
<tr><td rowspan="3">계</td><td rowspan="3">405</td><td rowspan="3">17,660</td><td>계</td><td>14,758</td><td>13,912</td><td>2,487</td><td>5,643</td><td>5,782</td><td>846</td></tr>
<tr><td>남</td><td>7,640</td><td>7,188</td><td>1,264</td><td>2,894</td><td>3,030</td><td>452</td></tr>
<tr><td>녀</td><td>7,118</td><td>6,724</td><td>1,223</td><td>2,749</td><td>2,752</td><td>394</td></tr>
</table>

출처:통계청 (2019. 12. 31.).

2) 장애아통합어린이집

영유아 장애아를 3명 이상 보육하는 어린이집이다. 장애통합교실은 교사 대 아동비율 준수(1:3)를 전제로 장애를 가지고 있지 않은 일반 영유아와 함께 3명 이상의 장애 영유아를 한 반에서 함께 보육하는 형태이다. 장애영유아를 위한 보육교사 및 특수교사 자격소지자에게는 별도의 수당으로 월 30만 원을 지원하고 있다. 장애통합어린이집을 통해서 장애아들에게는 또래와의 사회적 접촉 기회를 제공함으로써 사회적응을 도와주고, 비장애아에게는 장애아를 배려하고 도와주는 태도와 방법을 배우며 장애 영유아를 자연스럽게 수용하게 된다(김연진 외, 2008). 장대은(1997)은 일반적으로 통합보육이 장애아와 비장애아 모두에게 긍정적인 효과가 있는 것으로 보고하였다. 장애통합을 운영하는 어린이집은 1100개소이며 장애아동이 4,568명, 비장애아동이 80,595명으로 합하면 85,163명이 장애통합 어린이집을 이용하고 있다(통계청, 2019).

| 표 5-7 | 장애통합어린이집 현황

구분	어린이집 수	보육아동				
		정원	현원			
			계		장애아동	비장애아
계	1,100	97,770	계	85,163	4,568	80,595
			남	44,623	3,304	41,319
			녀	40,540	1,264	39,276

출처: 통계청(2019. 12. 31.).

3) 장애아전문어린이집

영유아 장애아만을 보육하기 위한 시설 및 설비를 갖추고 12명 이상의 영유아를 보육하는 어린이집을 말한다. 장애아전문어린이집(교사 대 아동비율 1:3을 전제)으로 지정받고 보건복지부장관이 인건비 지원을 승인한 시설을 말한다. 장애아 보육 내실화를 위하여 장애아전문어린이집에서는 장애아전문·통합어린이집 또는 장애인복지관과 연계하여 특수교육진단평가, 개별화 교육프로그램(IEP) 등을 시행함으로써 장애아동이 제대로 된 보호서비스를 받을 수 있도록 해야 한다(보육사업안내, 2020). 주 대상은 중증의 장애아이며 교직원으로는 전문적인 특수교육을 받은 교사와 언어치료사와 물리치료사 등의 전문치료사들이 있어서 장애아에게 필요한 서비스를 전문적으로 제공한다(이순형 외, 2010).

| 표 5-8 | 장애아전무어린이집 현황

어린이집 수	보육아동				
	정원	현원			
		계		장애아동	비장애아
176	8,444	계	7,095	6,301	794
		남	4,774	4,363	411
		녀	2,321	1,938	383

출처: 통계청 (2019. 12. 31.).

우리나라 전국의 보육현황을 살펴보며 우리가 배우는 보육의 현실이 어떠한지 이해할 수 있게 하였다. 인터넷을 통해 검색하여 알아볼 수 있는 보육과 연계된 주요 기관을 알아보며 예비보육교사로서 육아종합지원센터의 주요업무와 한국보육진흥원의 보육교사 자격증 신청과 육아정책연구소의 보육관련 연구물 등을 접하면서 날로 발전해 나가는 보육을 확인하며 미래의 보육인으로서 보육을 전망할 수 있게 하였다.

06
CHAPTER

보육현황과 보육관련 주요기관 그리고 유용한 보육 웹사이트

1 우리나라 전국의 보육현황

2 보육관련 주요기관

3 유용한 보육 웹사이트

1 우리나라 전국의 보육현황

(1) 전국 어린이집 전체 수

과거 여성의 사회진출 증가와 보육료 지원 확대로 인해 지속적으로 증가해오던 어린이집이 영유아 수의 감소로 2013년을 정점으로 감소하기 시작하였다(보건복지부, 2017). 2019년 12월 31일 현재 어린이집은 총 37,371개소이고, 감소하는 추세에 있다. 어린이집 전체 수가 2017년에 40,238개소에서 2018년에 39,171개소, 2019년에 37,371개소로 감소한 것을 볼 수 있다.

2020년 코로나 팬데믹으로 인하여 재택근무 증가와 경제활동의 변화가 있게 되면서 어린이집을 다니던 영유아 가족이 가정양육으로 전환하는 경우가 많아져 어린이집의 수는 예년에 비해 더 감소할 것으로 보인다.

| 표 6-1 | 전국어린이집 현황

지역	2019	2018	2017
전국	37,371	39,171	40,238
서울	5,698	6,008	6,226
부산	1,848	1,891	1,920
대구	1,322	1,405	1,464
인천	2,049	2,141	2,186
광주	1,122	1,195	1,240
대전	1,288	1,406	1,505
울산	842	868	881
세종	359	343	289
경기	11,305	11,682	11,825
강원	1,036	1,086	1,149
충북	1,130	1,157	1,186
충남	1,812	1,916	1,955
전북	1,288	1,397	1,497
전남	1,147	1,205	1,241
경북	1,844	1,976	2,063
경남	2,777	2,982	3,084
제주	504	513	527

출처: 통계청(2019. 12. 31.).

(2) 전국 어린이집 유형별 현황

어린이집을 유형별로 분석하면 국공립어린이집이 4,324,개소로 11%를 차지하고 사회복지법인 어린이집이 1,343개소로 4%, 법인·단체 등이 707개소로 2%, 민간어린이집이 12,568개소로 34%, 가정어린이집이 17,117개소로 46%, 직장어린이집이 1,153개소로 3%로 분포되어 있다.

| 표 6-2 | 전국어린이집 유형별 현황

(단위: 개소)

구분	계	국공립 어린이집	사회복지법인 어린이집	법인·단체 등 어린이집	민간 어린이집	가정 어린이집	협동 어린이집	직장 어린이집
계	37,371	4,324	1,343	707	12,568	17,117	159	1,153

출처: 통계청(2019. 12. 31.).

지난 3년간(2017년~2019년) 어린이집 유형별 현황 추이를 살펴보면, 국공립어린이집과 직장어린이집은 전년대비 그 수가 증가하고 있다. 그 이유는 제3차 중장기 기본계획(2017~2022)에서 보육의 공공성 강화를 목표로 국공립 이용률 40%로 확대하기 위하여 지속적으로 국공립어린이집을 확충하고 있고, 직장어린이집은 활성화 정책에 따라 사업장 설치의무 부과 및 직접적인 설치 지원 그리고 설치 의무 이행강제를 위해 직장어린이집을 설치하지 않으면 강제금 부과를 도입하였기 때문으로 설명할 수 있다(보건복지부, 2017).

| 표 6-3 | 전국 어린이집 유형 현황

어린이집 유형	2019	2018	2017
합계	37,371	39,171	40,238
전년 대비	-4.6%	-2.7%	-2.1%
국공립	4,324	3,602	3,157
사회복지법인	1,343	1,377	1,392
법인 단체 등	707	748	771
민간	12,568	13,518	14,045
가정	17,117	18,651	19,656
협동	159	164	164
직장	1,153	1,111	1,053

출처: 보건복지부 2019년 보육통계.

(3) 전국 어린이집 정·현원 현황

| 표 6-4 | 전국 어린이집 정·현원 현황

지역	2017		2018		2019	
	정원	현원	정원	현원	정원	현원
전국	1,756,603	1,450,243	1,732,324	1,415,742	1,686,873	1,365,085

전국 어린이집의 영유아 정원 대비 영유아 현원은 80%(2019년)에 해당하고 있다.

(4) 서울시 연도별 영유아보육의 현황

| 표 6-5 | 서울시 연도별 영유아보육 현황

구분		2010	2011	2012	2013	2014	215	2016	2017	2018	2019
어린이집 보육 아동	계	199,651	208,985	234,597	238,581	240,049	235,089	233,785	232,424	224,714	215,551
		33.9%	36.1%	40.3%	41.6%	42.9%	43.0%	44.1%	46.1%	47.7%	49.1%
	영아 (만 0~2세)	104,669	111,495	134,174	136,696	139,314	135,338	131,081	132,771	129,117	122,398
	유아 (만 3~5세)	94,982	97,490	100,423	101,885	100,735	99,751	102,704	99,653	95,597	93,153
유치원 원아 (만 0~5세)		78,644	81,203	87,969	92,369	91,169	91,358	91,016	88,981	85,194	77,978
		13.4%	14.0%	15.1%	16.1%	16.3%	16.7%	17.2%	17.6%	18.1%	17.8%
가정보육아동 (만 0~6세)		309,908	280,256	259,128	243,176	228,444	220,376	205,683	183,199	161,247	145,440
		52.7%	49.9%	44.5%	42.4%	40.8%	40.3%	38.8%	36.3%	34.2%	33.1%

출처: 서울시보육포털서비스(2020).

서울시의 2010년부터 2019년까지 지난 10년간의 연도별 영유아보육 현황을 살펴보면, 가정에서 아동을 보육하는 수는 감소하고 있는 반면, 어린이집에서 보육하는 아동은 증가(2017년 46.1%, 2018년 47.7%, 2019년 49.1%)하고 있다. 특히 서울시의 어린이집 보육 아동의 증가에 유아보다 영아의 수가 더 많은 것으로 나타나 가정보육 아동 수 감소와 대비하여 영유아 가정에서 영아기부터 어린이집을 이용하고 있는 것으로 보인다.

2 보육관련 주요기관

(1) 육아종합지원센터

| 그림 6-1 | 중앙육아종합지원센터 창립20주년 기념영상

출처: 중앙육아종합지원센터.

- 육아종합지원센터 설치: 중앙육아종합지원센터는 보건복지장관이 설치·운영하며, 지방육아종합지원센터는 특별시장·광역시장·특별자치시장·도지사·특별자치도지사 및 시장·군수·구청장이 설치·운영한다.

| 그림 6-2 | 중앙육아종합지원센터 홈페이지

- 사업목적: 지역사회 내 어린이집 지원·관리 및 보호자의 가정양육지원을 위한 육아지원서비스를 제공한다. 육아종합지원센터의 주요사업은 〈그림 6-3〉과 같다.

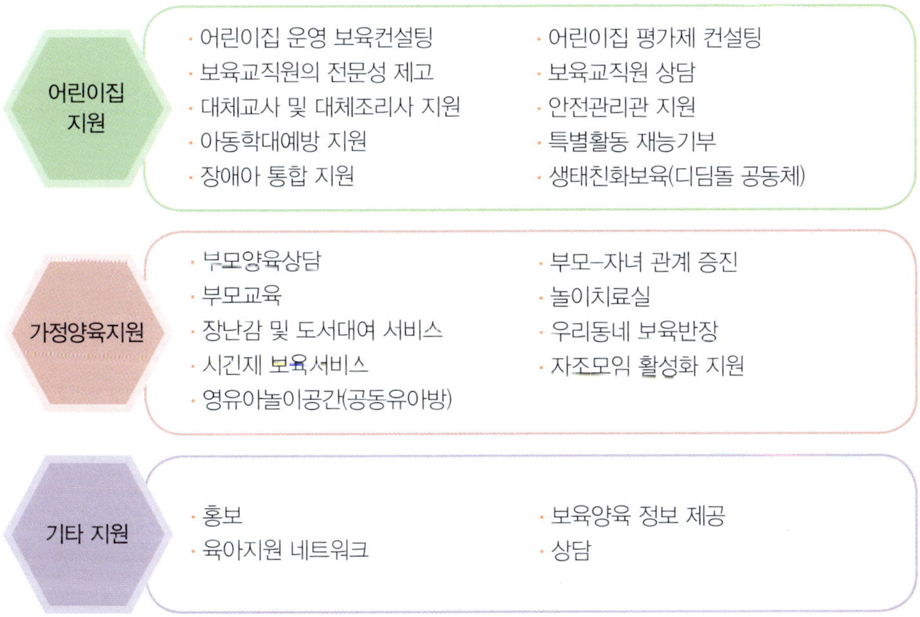

| 그림 6-3 | 육아종합지원센터의 주요사업

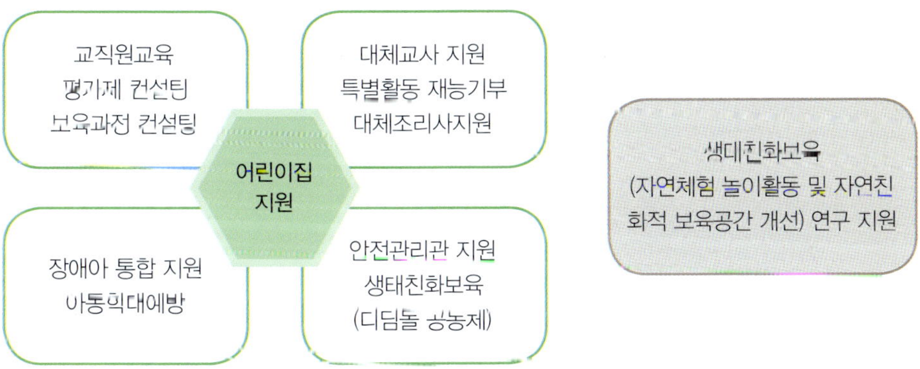

| 그림 6-4 | 육아종합지원센터의 어린이집 지원

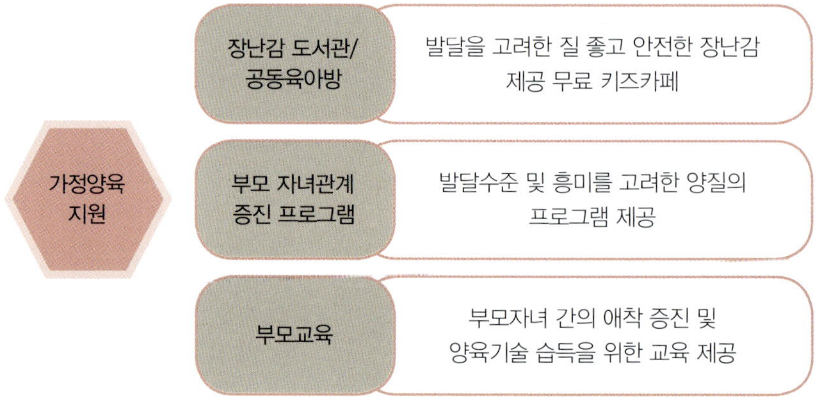

| 그림 6-5 | 육아종합지원센터의 가정양육지원

출처: 노원육아종합지원센터.

- 운영현황: 중앙육아종합지원센터 1개소와 시도센터가 18개소 그리고 시·군·구 센터가 100개소로 총 119개소(2020년 기준)이다.
- 육아종합지원 센터의 직원 구성과 기준은 다음과 같다 .

육아종합지원센터 직원기준

- 센터장
  - 보육전문요원의 자격을 취득한 이후 보육업무에 5년 이상 종사한 경력
- 보육전문요원
  - 보육교사 2급, 3년 이상 보육업무 경력(승급교육)
  - 보육관련 대학원 석사학위 취득, 보육교사 2급, 1년 이상 보육업무 경력(승급교육)
  - 사회복지사 1급, 3년 이상 보육경력
- 상담전문요원
  - 국가기술자격법에 따른 임상심리사 2급 이상, 3년 이상 상담관련 업무 경력
- 특수교사(치료사)
  - 특수학교 정교사 1급 및 2급, 3년 이상 보육관련 업무
  - 대학에서 특수교육 또는 재활관련학과 졸업자로 3년 이상 어린이집 종사자
- 컨설턴트: 보육교사 1급, 5년 이상 보육업무경력
- 운영요원: 업무에 적합하다고 판단되는 사람이나 보육교사 자격 취득자

(2) 한국보육진흥원

2010년에 어린이집 평가인증사업과 보육교직원 자격검정 및 자격증 교부로 업무를 개시하여 2019년에 법정기관으로 한국보육진흥원이 출범하여 보육관련 공공기관이 되었다. 2020년 11월에는 미래세대를 책임지는 보육을 총괄하여 안심보육을 선도하는 기관으로 성장하는 비전을 선언하였다.

- 설립목적
  ① 효과적인 보육관련 사업 수행을 통한 보육의 질 향상
  ② 체계적인 보육정책 지원을 통한 영유아의 건강하고 행복한 성장과 발달에 기여
- 주요사업: 어린이집 평가지원, 보육교직원 자격관리, 보육교직원 역량 강화, 국공립어린이집 확충지원, 시간제보육지원, 공공형 품질관리

| 그림 6-6 | 한국보육진흥원 홈페이지

- 어린이집 평가지원: 국가 차원에서 모든 어린이집을 주기적으로 평가하여 상시적인 보육서비스 질을 확보하고자 하는 제도로 어린이집 평가 과정 운영, 평가 후 관리와 어린이집 셀프모니터링[1]을 운영함
- 보육교직원 자격관리: 어린이집 원장, 보육교사, 장애영유아를 위한 보육교사에 대한 세부적인 자격증 교부 체계를 구축하여 자격관리의 효율성과 투명성을 제고하고 있음
- 보육교직원 역량강화: 보육교직원의 전문성 제고와 실무능력 강화를 위해 분야별 맞춤형 교육 및 지원사업을 현직 보육교직원을 대상으로 실시하고 있음. 보육교직원 마음성장 프로젝트 시행[2]

  보수교육기관 평가사업과 취약보육(장애아, 다문화, 시간연장형)을 지원하고 다양한 보육 수요와 관련한 교육내용을 온라인 교육으로 컨텐츠를 개발하고 보급한다.
- 국공립어린이집 확충지원: 국공립어린이집 확충의 원활한 추진을 지원하고, 확충된 국공립어린이집 보육교직원의 품질 관리를 위한 직무교육을 운영한다.
- 공공형 어린이집 품질관리: 우수한 어린이집을 선정하여, 운영비를 지원하고 양질의 보육을 영유아에게 제공하는 등 우수 보육인프라로서 기능할 수 있도록 하는 제도를 운영한다.

---

1) 교사가 자율적으로 자신의 보육 실천을 돌아보고 성찰하여 '영유아 중심', '놀이 중심'의 제4차 표준보육과정의 중점 및 교실에서의 보육과정 편성·운영과 교수·학습의 내용을 알고 자신의 반에 적용할 수 있는 실천적 지식을 높일 수 있도록 지원하는 과정이다.
2) 보육업무를 수행하면서 느끼는 스스로의 마음상태를 점검하고, 그 결과에 따라 맞춤형 교육을 실시함으로써 보육교직원의 직무스트레스 경감 및 인성 함양을 지원한다.

| 그림 6-7 | 어린이집 평가제 안내

출처: 보육진흥원.

| 그림 6-8 | 보육교직원 역량강화. 마음성장 프로젝트

| 그림 6-9 | 보육교직원 자격국가자격증 홈페이지

출처: 보육진흥원.

| 그림 6-10 | 한국보육진흥원 온라인 교육

(3) 육아정책연구소

2005년 11월에 육아정책개발센터로 시작하여 2009년 12월에 육아정책연구소로 개칭하여 현재에 이르게 되었다.

- 설립목적: 국가인적자원 육성을 위한 육아정책연구를 종합적·체계적으로 수행하고, 유아교육과 보육의 발전을 위한 합리적 정책방안을 제시함으로써 우리나라가 육아선진국으로 도약하는 데 기여함을 목적으로 함
- 주요업무: ① 육아관련 현안 및 정책 방안 연구, ② 육아지원프로그램 및 교재개발, ③ 육아지원인력의 자격제도의 관리 및 교육훈련, ④ 육아정책 관련 국내외 정보의 공유 및 관리, ⑤ 기타육아정책 관련 주요사항 연구

| 그림 6-11 | 육아정책연구소, 육아정책 정보공유

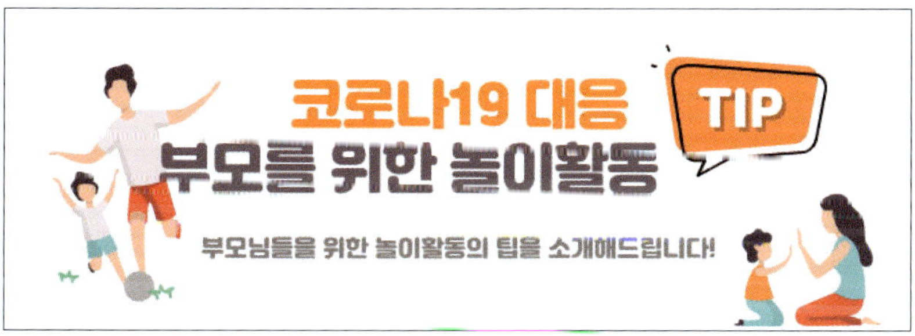

| 그림 6-12 | 육아정책연구소, 육아정책 정보 관리

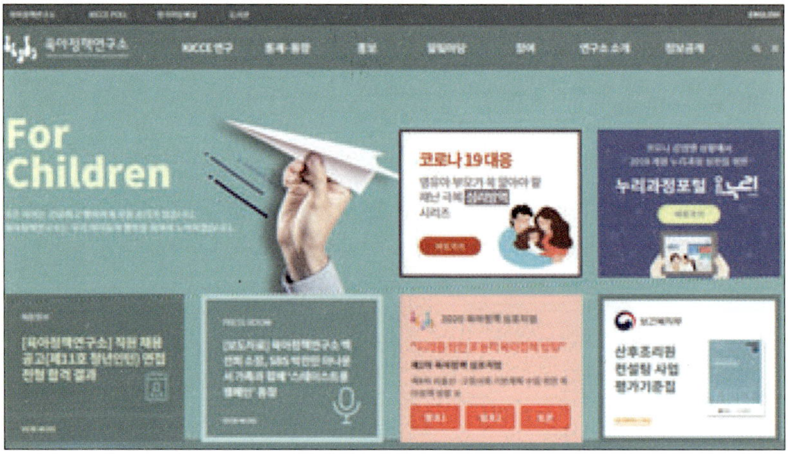

| 그림 6-13 | 육아정책연구소 홈페이지

| 그림 6-14 | 육아정책 현안 연구논문집

| 그림 6-15 | 육아정책 연구 (영문)

- 2019년도 연구사업목표: 다음의 목표를 통해 육아정책연구소의 주요업무를 이해하고 선진보육의 선도하는 우리나라의 보육을 전망할 수 있다.

① 저출산 대응변화에 따라 모든 아동이 행복하게 성장하는 권리 보장: 아동정책 분야 연구와 다양한 가족의 사회적 지원강화 관련 연구

② 육아정책과 정보와 지식의 플랫폼: 국내외 육아관련 정책을 수요자와 공급자 연결망을 구축하여 육아정책 정보화 포털화

③ 대외협력 및 네트워크 강화: 해외 유관기관 및 전문가와 국제공조 및 연구성과 공유 및 국내 산·학·연 협력관계 강화와 네트워크

④ 연구성과의 보급·확산 확대: 연구소의 학문적 위상 및 국내외적 공신력을 확보, 기관 위상 및 역할 강화를 위한 법적 근거 확보

⑤ 정책입안자·수혜자를 고려한 맞춤형 정책연구 개발 체계 구축:

- 중앙행정부처·지방자치단체 등과 협력을 강화하기
- 과제 개발 시 원장, 교사, 부모 요구 수렴을 강화하기

⑥ 수요자 욕구에 부합하는 정책과제 개발 및 정보를 제공: 자녀양육에 도움되는 자료개발 및 정보 제공과 정책 체감도 위한 토론장 마련

3 유용한 보육 웹 사이트

예비보육교사와 현직 보육교사 그리고 영유아를 양육하는 부모와 보호자들에게 도움이 되는 웹 사이트는 다음과 같다.

- 어린이집정보공개포털(http://info.childcare.go.kr)

| 그림 6-16 | 어린이집정보공개포털 홈페이지

- 목적: 어린이집 전반 주요정보를 객관적이고 투명하게 공개하는 제도
  부모들이 보다 쉽고 편리하게 어린이집 정보를 이용하기 위함
- 내용: 전국의 어린이집 대상

① 통합정보 공시

어린이집 설치 운영자, 어린이집 보육과정, 보육료와 그 밖에 필요경비, 영유아의 건강·영양 및 안전관리, 어린이집 운영사항

② 위반사실의 공표

- 법을 위반한 어린이집 명단을 공표
- 법을 위반한 원장과 보육교사를 공표

③ 어린이집 평가를 공시

- 어린이집 평가인증에 대한 단순 인증 여부결과의 공개에서 더 나아가 평가항목별 결과를 투명하게 공개하여 부모의 알 권리를 충족하고 어린이집 보육서비스의 질 개선의 노력을 통해 보육 서비스의 질 제고를 위함임

- 임신육아종합포털 아이사랑(http://www.childcare.go.kr)

| 그림 6-17 | 임신육아종합포털 이이사랑 홈페이지

- 주요업무: 임신, 출산, 육아와 어린이집 그리고 이와 관련된 상담실 운영 등이 주요업무 영역이다.

  * 임신: 계획임신, 임신상담, 난임, 임신지원서비스(정책), 근로자 지원제도
  * 출산: 출산상담, 출산지원서비스(정책), 근로자 지원제도, 출산 지원금

* 육아: 아빠육아, 육아상담, 육아지원서비스(정책), 근로자상담
* 어린이집: 어린이집 찾기, 입소대기[3], 아이행복카드[4]
  - 보육료결제, 시간제보육안내 및 신청, 어린이집 불편신고센터
  - 지역개방 직장어린이집, 우리아이 건강관리 등

• 복지로 (http://www.bokjiro.go.kr)

| 그림 6-18 | 복지로 홈페이지

• 특징: 한눈에 원하는 복지정보를 편리하게 찾아볼 수 있다.
  * 다양한 복지제도 정보와 맞춤형 복지서비스를 간편히 검색
  * 시간과 장소의 제약이 없이 복지서비스를 편리하게 온라인 신청
  * 본인과 생활이 힘겨운 분들과 이웃 모두가 도움 요청 가능함
  * 복지지원이 필요한 분에게 복지혜택을 전달하는 통로

---

3) 연중 수시로 입학하고 싶은 어린이집에 입소대기를 신청하고 순서를 확인하기
4) 만 0~5세까지의 취학 전 아동을 대상으로 정부에서 제공하는 보육료 · 유아학비 지원서비스로 이용가능한 카드임

- 내용: 분류별 검색과 지역별 검색으로 구성됨
  - * 분류별 검색: 생애주기(임신출산, 영유아, 아동·청소년, 청년, 중장년, 노인)
    가구상황(장애인, 한부모, 다문화(새터민), 저소득층)
    관심주제(교육, 고용, 주거, 건강, 서민금융, 문화)
  - * 지역별 검색

복지로 사이트는 보육교사가 어린이집에서 보육하고 있는 영유아와 보호자의 다양한 가족유형(한 부모나 다문화 혹은 장애인 가족 등)에 따라 어떤 지원정책이 있는지 알아보고 구체적 안내와 도움을 줄 수 있다.

영유아가 어린이집에서 질 높은 보육을 경험하기 위해서는 영유아 발달에 적합하고 영유아의 권리를 존중하는 체계적인 보육이 필요하다. 보육과정은 영유아의 잠재력을 발달시키기 위하여 영유아에게 적합한 환경과 경험을 제공하고자 하는 보육철학 및 보육목적, 보육계획, 보육실행 및 보육평가가 포함된 보육 설계도이다. 본 장에서는 보육과정의 개념, 보육과정의 유형, 국가수준의 보육과정인 표준보육과정과 누리과정, 어린이집에서의 보육과정 운영의 실제에 대해 구체적으로 살펴보도록 한다.

CHAPTER 07

보육과정

1 보육과정의 개념

보육과정의 개념은 영유아를 둘러싸고 있는 시대적 사회적 요구를 반영하여 체계화된 것으로 시대와 관점 그리고 학자에 따라 다양하게 정의되고 있다. 일반적인 보육과정의 개념을 살펴보면 커리큘럼(curriculum)이란 라틴어의 '쿠레레(currere)'에서 유래한 말로, 동사로는 '달린다'는 뜻이고, 명사로 쓰일 때는 '달리는 코스'를 의미한다. 이 말이 교육에 전용되어 영유아가 일정한 보육목표를 위해 달리는 과정이라는 뜻으로 사용하게 되었다.

NAEYC(1991, 1997)에서는 보육과정을 '영유아가 학습할 내용, 명시된 보육과정 목표를 성취해 나가는 과정(process), 영유아가 이 목표를 성취할 수 있도록 돕기 위해 교사가 하는 모든 것, 교수학습이 발생하는 상황 등에 대해 서술한 조직화된 틀(framework)'이라고 정의하고 있다. 스포덱(Spodek, 1991)은 보육과정을 보육목적에 따라 계획되고 조직된 학습경험의 목록이라고 하였다. 서영숙 등(2012)은 보육과정이란 영유아의 잠재성 발달을 촉진하기 위해 아동중심의 보육철학을 토대로 발달에 적합한 보육환경, 보육목적, 보육방법, 보육평가가 포함되는 영유아의 경험과 학습환경을 최적화하는 기준이라고 정의하였다.

이상의 다양한 보육과정의 개념을 슈바르츠와 로비슨(Schwartz & Robison, 1982)은 다섯 가지로 정리하고 있다.

① 우연히 일어난 것으로서의 보육과정: 교사가 미리 보육의 내용을 선별, 계획한 것이 아니라 영유아에게 선택의 기회를 주어 이들의 요구와 흥미를 중심으로 이루어지는 보육과정을 말한다.

② 영유아가 어린이집에서 갖게 되는 모든 경험: 교사가 의도적으로 제공하는 경험뿐 아니라 의도하지 않았지만, 영유아에게 영향을 줄 수 있는 잠재된 보육과정까지도 포함한다.

③ 교수계획으로서의 보육과정: 이 입장은 교수계획을 영유아를 위한 교수의 기초로 보는 것이다. 영유아를 위한 교육목표, 내용, 방법 등의 계획을 중심으로 하루하루의 교육내용 진술부터 주제나 내용 영역에 따라 일련의 활동을 진술하는 것이다. 교사가 미리 계획한 교수계획은 영유아의 요구와 흥미에 대해 융통성 있는 보육을 하는 데 저해될 가능성이 있다.

④ 교수요목(a syllabus)으로서의 보육과정: 가르칠 교육목표, 내용 등의 순서를 일련의 문서로 작성한 교수요목을 보육과정으로 보는 입장이다.

⑤ 프로그램으로서의 보육과정: 몬테소리 프로그램, 레지오 에밀리아 프로그램, 미국의 헤드스타트 프로그램, 영국의 슈어 스타트 프로그램 등 특별한 이름을 가진 유아교육 모델 유형을 말한다. 이러한 프로그램 모델들은 보육과정을 보육 프로그램으로 부르게 되는 경향을 가져왔다.

우리나라 「영유아보육법」에서는 "'보육'이란 영유아를 건강하고 안전하게 보호·양육하고 영유아의 발달 특성에 맞는 교육을 제공하는 어린이집 및 가정양육 지원에 관한 사회복지서비스"라고 정의하고 있다. 따라서 보육과정은 영유아를 심신의 건강과 안전을 추구하는 보호·양육의 측면과 영유아의 발달 특성에 맞게 교육을 제공하는 교육적 측면이 함께 다루어져야 한다. 보육과정의 기본 전제는 영유아의 전인적 발달과 효율적인 학습을 도모하는 것이다. 표준보육과정과 '국가 수준의 공통 교육과정'인 누리과정에서는 교육공동체 구성원 간의 철학과 비진을 공유하여 함께 만들어가는 보육과정 운영을 강조한다. 영유아와 놀이가 중심이 되는 보육과정을 운영하며, 미리 계획된 것이 아닌 유아의 흥미와 관심에 따라 언제든지 보육계획을 수정하고 변경할 수 있게 하였다.

위의 내용을 종합해 보면, 보육과정이란 영유아의 잠재적 발달을 촉진하기 위해 놀몸, 경험, 보육활동 전반을 제공하고자 하는 보육철학 및 목표, 보육내용, 활동방법 및 평가가 포함되는 체계적인 설계도라고 할 수 있다.

2 보육과정의 유형

1) 성숙주의적 보육과정

성숙주의적 보육과정은 인간의 성장과 발달이 생리학적 구조와 성숙의 결과로 나타나며 예정된 방향을 따라 진행한다고 보고 있다. 따라서 발달은 외부의 간섭 없이도 자연스러운 환경 속에서 전개된다. 이러한 주장은 루소(Rousseau)와 프뢰벨(Froebel)의 아동중심철학, 게젤(Gesell)의 성숙주의 등의 이론에 기초하고 있다.

성숙주의적 보육과정은 영유아의 인격, 개성, 자유, 자발성 등에 초점을 두며, 내적 가능성에 따른 전인적 발달을 지향하고 있으면서 사회·정서적 특성을 강조한다. 따라서 교사는 영유아의 학습에 적합한 보육활동과 따뜻하고 안정된 환경을 제공해 주는 것이 중요하다. 교사는 안정적인 분위기에서 영유아의 요구와 흥미에 의해 자발적인 활동을 선택하고 참여하도록 다양한 놀이중심의 경험을 제공한다.

2) 행동주의적 보육과정

행동주의적 보육과정은 영유아의 발달의 환경적 측면을 강조한다. 이 관점에서 영유아는 환경의 결과이며 발달은 환경으로부터 받은 행동의 유형대로 일어난다고 본다. 로크(Locke)의 환경론에 철학적 뿌리를 두고 있으며, 손다이크(Thorndike), 스키너(Skinner), 반두라(Bandura) 등의 행동주의 심리학적 이론에 기초를 두고 있다.

행동주의적 보육과정은 특정 지식이나 기술 습득에 목적을 두고, 영유아의 행동, 외재적 동기, 예측 가능성을 강조한다. 이 관점에서의 교사는 보육내용을 몇 개의 작은 단위로 나누고 단계적으로 조직하는, 즉 낮은 단계부터 높은 단계로 순서화하여 보육과정을 체계화한다. 교사의 역할은 영유아에게 점차 어려운 과제를 제시하여 이전의 경험치를 기본으로 특정 지식과 정보를 받아들이도록 지도하며 성취해야 할 결과치를 분명히 제시하고 정확한 학습목표를 설정하게 하는 것이다.

3) 구성주의적 보육과정

구성주의적 보육과정은 영유아의 성장과 발달이 생득석인 측면과 환경의 상호작용에 의해 영향을 받는다는 입장이다. 듀이(Dewey)의 진보주의 철학에 기초하고 있으며 피아제(Piaget)의 인지주의 심리학과 비고츠키의 사회적 상호작용이론에 바탕을 두고 있다.

구성주의적 보육과정에서는 인지적 능력과 태도의 발달을 강조한다. 영유아는 주변의 환경과 능동적인 상호작용을 통해 경험을 확대해 나가고 자기 스스로 지식을 구성해 나가는 적극적인 존재이다. 따라서 교사는 영유아가 구체적 경험을 통한 발견학습을 할 수 있도록 환경을 구성하고 때로는 직접적인 교수활동을 함으로써 지식의 유형에 따른 다양한 교수방법을 사용한다. 이 유형의 보육과정은 영유아의 독특성, 능동성, 자발성 등에 초점을 두고 있으며, 교사나 성인이 제공한 인적·물적 환경과 영유아와의 상호작용을 통해 전인적 발달을 지향한다(임재덕, 1995).

이상의 세 가지 이론에 근거한 보육과정의 접근법을 정리하면 다음과 같다(심싱경 외, 104).

| 표 7-1 | 보육과정의 유형에 따른 특성

구분		성숙주의	행동주의	구성주의
목적		내적 가능성에 따른 전인적 발달 도모	특정한 지식이나 기술의 습득	학습과정과 관련된 태도와 성향의 형성
환경구성		영유아의 운동성을 최대화할 수 있도록 넓은 환경으로 설계하고 흥미영역으로 구성	영유아의 주의를 집중시키기 위해 작은 공간으로 구성	흥미영역을 기본으로 하되, 영유아의 활동적 참여 기회를 높일 수 있도록 넓은 환경으로 구성하고 융통성 있게 운영
교사역할		소극적 – 따뜻하고 지지적인 환경 제공	주도적 – 직접적인 교수, 행동수정의 원리 사용	적극적 – 영유아의 자율성을 기를 수 있게 계획, 안내
집단구성		발달수준이나 학습준비도가 유사한 동질집단으로 구성	단일연령집단으로 구성	활동에 따라 소집단이나 개별로 구성
평가	영유아평가	영유아의 전체적인 면(신체, 인지, 정서)을 평가 – 주로 자연관찰법 이용	형식적 평가방법에 의해 평가	사고능력이 변화하는 것을 진보하는 것으로 봄
	프로그램 평가	신체적 · 인지적 · 정서적 발달의 표준행동 발달의 도달 여부	목표의 특정 학습의 성취 여부	좀 더 높은 단계로의 진보 여부

3 표준보육과정과 누리과정

어린이집 표준보육과정은 2007년 처음 제정[1)]된 후, 2012년 「3~5세 연령별 누리과정」을 포함한 표준교육과정이 고시[2)]되었고, 2013년 「영유아보육법」 제29조 제2항, 「영유아보육법 시행규칙」 제30조 및 별표 8의 4에 의한 「제3차 어린이집

1) 표준보육과정은 2007년부터 2세 미만 보육과정, 2세 보육과정, 3~5세 보육과정으로 보육현장에 적용되었다.

2) 표준보육과정은 어린이집, 유치원 공통 과정인 「5세 누리과정」과 연계하여 0~4세 영유아를 대상으로 재수정되었다.

표준보육과정 고시(보건복지부 고시 제2013-8호, 2013. 1. 21., 일부개정)」[3]를 거쳐 2020년 4월「제4차 어린이집표준보육과정」고시되어 2020년 9월부터 적용되었다. 다음은 표준보육과정과 누리과정의 연혁이다.

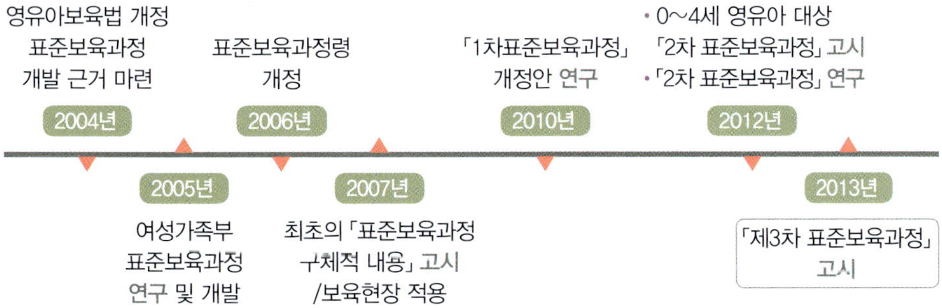

| 그림 7-1 | 표준보육과정 연혁

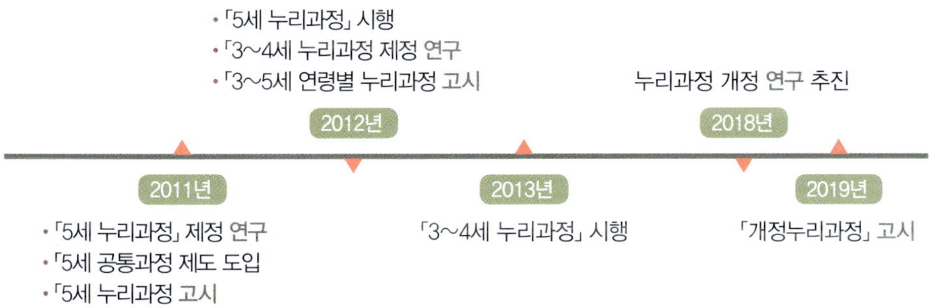

| 그림 7-2 | 누리과정 연혁

3) 어린이집 0~5세 영유아의 연속적 경험과 연령 간 발달적 위계를 위해「제2차 표준보육과정」중「3~5세 연령별 누리과정」의 목표와 내용을 고려하여 0~1세 보육과정, 2세 보육과정을 개정하고「제3차 어린이집 표준보육과정」을 고시하였다.

1) 표준보육과정과 누리과정의 성격과 구성방향

(1) 표준보육과정과 누리과정의 성격

어린이집 표준보육과정은 0~5세 영유아를 위한 국가 수준의 보육과정으로 0~1세 보육과정, 2세 보육과정, 3~5세 보육과정(누리과정)으로 구성한다. 표준보육과정과 누리과정의 특성은 다음과 같으며, 누리과정의 경우 누리과정 개정의 핵심인 유아 중심, 놀이 중심과 함께 공통성과 다양성, 전인적 발달과 행복, 자율성과 창의성 신장, 함께 실현해 가는 것을 추구하였다.

| 표 7-2 | 표준보육과정과 누리과정의 성격

표준보육과정	누리과정
0~5세 영유아를 위한 국가수준의 보육과정. 0~1세, 2세, 3~5세(누리과정)	만 3~5세 유아를 위한 국가 수준의 공통 교육과정
가. 국가 수준의 공통성과 지역, 기관 및 개인 수준의 다양성을 동시에 추구한다.	가. 국가 수준의 공통성과 지역, 기관 및 개인 수준의 다양성을 동시에 추구한다.
나. 영유아의 전인적 발달과 행복을 추구한다.	나. 영유아의 전인적 발달과 행복을 추구한다.
다. 영유아 중심과 놀이 중심을 추구한다.	다. 영유아 중심과 놀이 중심을 추구한다.
라. 영유아의 자율성과 창의성 신장을 추구한다.	라. 영유아의 자율성과 창의성 신장을 추구한다.
마. 영유아, 교사, 원장, 부모 및 지역사회가 함께 실현해 가는 것을 추구한다.	마. 영유아, 교사, 원장, 부모 및 지역사회가 함께 실현해 가는 것을 추구한다.

(2) 표준보육과정과 누리과정의 추구하는 인간상

「제4차 어린이집 표준보육과정」은 보육과정의 구성 체계를 확립하기 위하여 기존의 표준보육과정에 있던 '추구하는 인간상'을 간략화하였다. 21세기 미래지향적 인간을 양성하기 위해 핵심역량을 반영하여 만들어진 초등학교 교육과정의 추구하는 인간상과 연계되었다. 표준보육과정이 추구하는 인간상은 다음과 같다(누리과정과 동일).

| 표 7-3 | 추구하는 인간상

표준보육과정	누리과정
가. 건강한 사람	가. 건강한 사람
나. 자주적인 사람	나. 자주적인 사람
다. 창의적인 사람	다. 창의적인 사람
라. 감성이 풍부한 사람[1]	라. 감성이 풍부한 사람
마. 더불어사는 사람	마. 더불어사는 사람

(3) 표준보육과정과 누리과정의 목적과 목표

표준보육과정의 목적은 영유아가 놀이를 통해 심신의 건강과 조화로운 발달을 이루고, 바른 인성과 민주 시민의 기초를 형성하는 데에 있다.

표준보육과정의 목표는 추구하는 인간상과 연계하여 진술하고 있는데, 이는 표준보육과정의 목표를 통해 궁극적으로 추구하는 인간상을 실현하고자 하는 것이다. 0~1세와 2세를 세분하지 않고 0~2세 보육과정의 목표와 3~5세 보육과정(누리과정)의 목표로 구분하여 제시하였다.

| 표 7-4 | 표준보육과정과 누리과정의 목표

표준보육과정	누리과정
영유아가 놀이를 통해 심신의 건강과 조화로운 발달을 이루고, 바른 인성과 민주 시민의 기초를 형성	유아가 놀이를 통해 심신의 건강과 조화로운 발달을 이루고 바른 인성과 민주 시민의 기초를 형성
가. 자신의 소중함을 알고, 건강하고 안전한 환경에서 즐겁게 생활한다.	가. 자신의 소중함을 알고, 건강하고 안전한 생활 습관을 기른다.
나. 자신의 일을 스스로 하고자 한다.	나. 자신의 일을 스스로 해결하는 기초 능력을 기른다.
다. 호기심을 가지고 탐색하며 상상력을 기른다.	다. 호기심과 탐구심을 가지고 상상력과 창의력을 기른다.
라. 일상에서 아름다움에 관심을 가지고 감성을 기른다.	라. 일상에서 아름다움을 느끼고 문화적 감수성을 기른다.
마. 사람과 자연을 존중하고 소통하는 데 관심을 가진다.	마. 사람과 자연을 존중하고 배려하며 소통하는 태도를 기른다.

(4) 표준보육과정과 누리과정의 구성의 중점

표준보육과정과 누리과정 구성의 중점은 다음과 같다.

표준보육과정	누리과정
가. 영유아는 개별적인 특성을 지닌 고유한 존재임을 전제로 구성한다.[2)]	가. 3~5세 모든 유아에게 적용할 수 있도록 구성한다.
나. 0~5세 모든 영유아에게 적용할 수 있도록 구성한다.[3)]	나. 추구하는 인간상 구현을 위한 지식, 기능, 태도 및 가치를 반영하여 구성한다.
다. 추구하는 인간상 구현을 위한 지식, 기능, 태도 및 가치를 반영하여 구성한다.[4)]	다. 신체운동·건강, 사회관계, 예술경험, 자연탐구의 5개 영역을 중심으로 구성한다.
라. 표준보육과정은 다음의 영역을 중심으로 구성한다. 1) 0~1세 보육과정과 2세 보육과정은 기본생활, 신체운동, 의사소통, 사회관계, 예술경험, 자연탐구의 6개 영역을 중심으로 구성한다. 2) 3~5세 누리과정은 신체운동·건강, 의사소통, 사회관계, 예술경험, 자연탐구의 5개 영역을 중심으로 구성한다.	라. 3~5세 유아가 경험해야 할 내용으로 구성한다.
마. 0~5세 영유아가 경험해야 할 내용으로 구성한다.	마. 0~2세 보육과정 및 초등학교 교육과정과의 연계성을 고려하여 구성한다.
바. 초등학교 교육과정과의 연계성을 고려하여 구성한다.	

누리과정에서 '나'는 교사가 해야 하는 것이 아닌 누리과정에 이미 반영되어 있으므로, 누리과정을 실행하면 이러한 지식, 기능, 태도 및 가치가 반영된다는 것을 의미한다. '라'는 발달 특성을 고려하여 연령별로 구성하던 것에서 경험해야 할 내용으로 구성한다는 의미이며, '가'의 '모든 유아'는 유아가 처한 상황에 의해 배제되거나 처벌받지 않음을 의미한다.

4) 영유아의 기본적인 권리가 개별적으로 보장되어야 함을 강조하였다.
5) 영유아가 처한 상황에 의해 배제되거나 차별받지 않음을 의미한다.
6) 이는 교사가 표준보육과정을 운영할 때 이 부분을 반영해야 한다는 뜻이 아니라, 표준보육과정에 이미 이러한 지식, 기능, 태도 및 가치가 반영되어 있다는 것이다.

(5) 누리과정에서의 추구하는 인간상과 목표 및 5개 영역 관계 이해

추구하는 인간상				
건강한 사람	자주적인 사람	창의적인 사람	감성이 풍부한 사람	더불어 사는 사람

목표				
자신의 소중함을 알고 건강하고 안전한 생활습관을 기른다.	자신의 일을 스스로 해결하는 기초능력을 기른다.	호기심과 탐구심을 가지고 상상력과 창의력을 기른다.	일상에서 아름다움을 느끼고 문화적 감수성을 기른다.	사람과 자연을 존중하고 배려하며 소통하는 태도를 기른다.

5개 영역				
신체운동 · 건강	의사소통	사회관계	예술경험	자연탐구

추구하는 인간상은 누리과정이 공통적으로 추구해야 할 교육적 비전이며, 목적과 목표는 유아교육기관에서 각 학습자의 특성을 고려하여 지향하는 교육적 목적을 의미한다. 표준보육과정과 누리과정은 영유아의 고유한 특성을 반영하여 '놀이를 통해'가 강조되었다. 누리과정의 목표는 추구하는 인간상을 구체적 내용으로 제시한 것이다. 예를 들어 '자신의 소중함을 알고 건강하고 안전한 생활 습관을 기른다'는 건강한 사람의 구체적 내용이지 신체운동·건강 영역의 목표가 아니다. 즉 인간상과 누리과정 목표는 5개 영역의 목표와 일대일 대응관계가 아니다. 그러나 5개 영역은 유아가 경험해야 할 내용으로, 이러한 5개 영역의 경험을 통해 유아들은 궁극적으로 추구하는 인간상, 목적, 목표를 향해 성장해 간다. 또한 인간상은 5개 영역에 골고루 스며들어 있다.

2) 표준보육과정의 영역별 내용

표준보육과정의 영역별 내용 및 내용범주를 0~1세, 2세로 구분하여 살펴보면 다음과 같다.

영역	내용범주	0~1세 내용	2세 내용
기본 생활	건강하게 생활하기	· 도움을 받아 몸을 깨끗이 한다. · 음식을 즐겁게 먹는다. · 하루일과를 편안하게 경험한다. · 배변 의사를 표현한다.	· 자신의 몸을 깨끗이 해 본다. · 음식에 관심을 가지고 즐겁게 먹는다. · 하루일과를 즐겁게 경험한다. · 건강한 배변 습관을 갖는다.
	안전하게 생활하기	· 안전한 상황에서 놀이하고 생활한다. · 안전한 상황에서 교통수단을 이용해 본다. · 위험하다는 말에 주의한다.	· 일상에서 안전하게 놀이하고 생활한다. · 교통수단을 안전하게 이용해 본다. · 위험한 상황에 대처하는 방법을 경험한다.
신체 운동	감각과 신체 인식하기	· 감각적 자극에 반응한다. · 감각으로 주변을 탐색한다. · 신체를 탐색한다.	· 감각 능력을 활용한다. · 신체를 인식하고 움직인다.
	신체활동 즐기기	· 대소근육을 조절한다. · 기본 운동을 시도한다. · 실내외 신체활동을 즐긴다.	· 대소근육을 조절한다. · 기본 운동을 즐긴다. · 실내외 신체활동을 즐긴다.
의사 소통	듣기와 말하기	· 표정, 몸짓, 말과 주변의 소리에 관심을 갖고 듣는다. · 상대방의 이야기를 들으면서 말소리를 낸다. · 표정, 몸짓, 말소리로 의사를 표현한다.	· 표정, 몸짓, 말에 관심을 갖고 듣는다. · 상대방의 이야기를 듣고 말한다. · 표정, 몸짓, 단어로 의사를 표현한다. · 자신의 요구와 느낌을 말한다.
	읽기와 쓰기에 관심 가지기	· 주변의 그림과 상징에 관심을 가진다. · 끼적이기에 관심을 가진다.	· 주변의 그림과 상징, 글자에 관심을 가진다. · 끼적이며 표현하기를 즐긴다.
	책과 이야기 즐기기	· 책에 관심을 가진다. · 이야기에 관심을 가진다.	· 책에 관심을 가지고 상상한다. · 말놀이와 이야기에 재미를 느낀다.

영역	내용범주	0~1세 내용	2세 내용
사회 관계	나를 알고 존중하기	· 나를 인식한다. · 나의 욕구와 감정을 나타낸다. · 나와 친숙한 것을 안다.	· 나와 다른 사람을 구별한다. · 나의 감정을 표현한다. · 내가 좋아하는 것을 한다.
	더불어 생활하기	· 안정적인 애착을 형성한다. · 또래에게 관심을 가진다. · 다른 사람의 감정과 행동에 관심을 가진다. · 반에서 편안하게 지낸다.	· 가족에게 관심을 가진다. · 또래와 함께 놀이한다. · 다른 사람의 감정과 행동에 반응한다. · 반에서의 규칙과 약속을 알고 지킨다.
예술 경험	아름다움 찾아보기	· 자연과 생활에서 아름다움을 느낀다. · 아름다움에 관심을 가진다.	· 자연과 생활에서 아름다움을 느끼고 즐긴다. · 아름다움에 관심을 갖고 찾아본다.
	창의적으로 표현하기	· 자연과 생활에서 아름다움을 느낀다. · 아름다움에 관심을 가진다.	· 익숙한 노래와 리듬을 표현한다. · 움직임과 춤으로 자유롭게 표현한다. · 미술 재료와 도구로 표현해 본다. · 일상생활 경험을 상상놀이로 표현한다.
자연 탐구	탐구과정 즐기기	· 주변 세계와 자연에 대해 호기심을 가진다. · 사물과 자연 탐색하기를 즐긴다.	· 주변 세계와 자연에 대해 호기심을 가진다. · 사물과 자연을 반복하여 탐색하기를 즐긴다.
	생활 속에서 탐구하기	· 친숙한 물체를 감각으로 탐색한다. · 물체의 수량에 관심을 가진다. · 주변 공간과 모양을 탐색한다. · 규칙성을 경험한다.	· 친숙한 물체의 특성과 변화를 감각으로 탐색한다. · 물체의 수량에 관심을 가진다. · 주변 공간과 모양을 탐색한다. · 규칙성에 관심을 가진다. · 주변 사물을 같고 다름에 따라 구분한다. · 생활 도구에 관심을 가진다.
	자연과 더불어 살기	· 주변의 동식물에 관심을 가진다. · 날씨의 변화를 감각으로 느낀다.	· 주변의 동식물에 관심을 가진다. · 날씨와 계절의 변화를 감각으로 느낀다.

표준보육과정은 기본생활, 신체운동, 의사소통, 사회관계, 예술경험, 자연탐구의 6개 영역으로 구성되어 있다. 기본생활영역은 건강하고 안전한 일상생활을 경험하고 생활습관의 기초를 형성하는 것을 목표로 한다. 신체운동영역은 감각으로 탐색하고, 감각을 활용하고 신체운동을 즐기는 것을 목표로 한다. 의사소통영역은 의사소통능력과 상상력의 기초를 형성하고 기르는 것을 목표로 한다. 사회관계영역은 나를 인식하고 다른 사람과 관계를 맺으며 더불어 생활하는 경험을 하는 것을 목표로 한다. 예술경험영역은 아름다움을 느끼고 경험하며, 즐기는 것을 목표로 한다. 자연탐구영역은 주변 환경과 자연에 관심을 갖고 탐색하는 과정을 즐기는 것을 목표로 한다.

3) 3~5세(누리과정)의 영역별 목표 및 내용

누리과정은 5개 영역으로 구분된다. 기존 누리과정과의 차이는 유아가 경험해야 할 59개 내용으로 간략화하여 내용을 축소하였고, 연령 구분 없이 유아의 실제 경험을 강조하였다. 기술 방식은 무엇을 기르기보다 즐기는 것에 중점을 두었다.

영역	목표	내용	내용범주
신체운동·건강	실내외에서 신체활동을 즐기고, 건강하고 안전한 생활을 한다.	신체활동 즐기기	· 신체를 인식하고 움직인다. · 신체 움직임을 조절한다. · 기초적인 이동운동, 제자리 운동, 도구를 이용한 운동을 한다. · 실내외 신체활동에 자발적으로 참여한다.
		건강하게 생활하기	· 자신의 몸과 주변을 깨끗이 한다. · 몸에 좋은 음식에 관심을 가지고 바른 태도로 즐겁게 먹는다. · 하루 일과에서 적당한 휴식을 취한다. · 질병을 예방하는 방법을 알고 실천한다.
		안전하게 생활하기	· 일상에서 안전하게 놀이하고 생활한다. · TV, 컴퓨터, 스마트 폰 등을 바르게 사용한다. · 교통 안전 규칙을 지킨다. · 안전사고, 화재, 재난, 학대, 유괴 등에 대처하는 방법을 경험한다.
의사소통	일상생활에 필요한 의사소통 능력과 상상력을 기른다.	듣기와 말하기	· 말이나 이야기를 관심 있게 듣는다. · 자신의 경험, 느낌, 생각을 말한다. · 상황에 적절한 단어를 사용하여 말한다. · 상대방이 하는 이야기를 듣고 관련해서 말한다. · 바른 태도로 듣고 말한다. · 고운 말을 사용한다.
		읽기와 쓰기에 관심 가지기	· 말과 글의 관계에 관심을 가진다. · 주변의 상징, 글자 등의 읽기에 관심을 가진다. · 자신의 생각을 글자와 비슷한 형태로 표현한다.
		책과 이야기 즐기기	· 책에 관심을 가지고 상상하기를 즐긴다. · 동화, 동시에서 말의 재미를 느낀다. · 말놀이와 이야기 짓기를 즐긴다.
사회관계	자신을 존중하고 더불어 생활하는 태도를 기진다.	나를 알고 존중하기	· 나를 알고 소중히 여긴다. · 나의 감정을 알고 상황에 맞게 표현한다. · 내가 할 수 있는 것을 스스로 한다.
		더불어 생활하기	· 가족의 의미를 알고 화목하게 지낸다. · 친구와 서로 도우며 사이좋게 지낸다. · 친구와의 갈등을 긍정적인 방법으로 해결한다. · 서로 다른 감정, 생각, 행동을 존중한다. · 친구와 어른께 예의 바르게 행동한다. · 약속과 규칙의 필요성을 알고 지킨다.
		사회에 관심가지기	· 내가 살고 있는 곳에 대해 궁금한 것을 알아본다. · 우리나라에 대해 자부심을 가진다. · 다양한 문화에 관심을 가진다.

영역	목표	내용	내용범주
예술경험	아름다움과 예술에 관심을 가지고 창의적 표현을 즐긴다.	아름다움 찾아보기	· 자연과 생활에서 아름다움을 느끼고 즐긴다. · 예술적 요소에 관심을 갖고 찾아본다.
		창의적으로 표현하기	· 노래를 즐겨 부른다. · 신체, 사물, 악기로 간단한 소리와 리듬을 만들어 본다. · 신체나 도구를 활용하여 움직임과 춤으로 자유롭게 표현한다. · 다양한 미술 재료와 도구로 자신의 생각과 느낌을 표현한다. · 극놀이로 경험이나 이야기를 표현한다.
		예술 감상하기	· 다양한 예술을 감상하며 상상하기를 즐긴다. · 서로 다른 예술 표현을 존중한다. · 우리나라 전통 예술에 관심을 갖고 친숙해진다.
자연탐구	탐구하는 과정을 즐기고, 자연과 더불어 살아가는 태도를 가진다.	탐구과정 즐기기	· 주변 세계와 자연에 대해 지속적으로 호기심을 가진다. · 궁금한 것을 탐구하는 과정에 즐겁게 참여한다. · 탐구과정에서 서로 다른 생각에 관심을 가진다.
		생활 속에서 탐구하기	· 물체의 특성과 변화를 여러 가지 방법으로 탐색한다. · 물체를 세어 수량을 알아본다. · 물체의 위치와 방향, 모양을 알고 구별한다. · 일상에서 길이, 무게 등의 속성을 비교한다. · 주변에서 반복되는 규칙을 찾는다. · 일상에서 모은 자료를 기준에 따라 분류한다. · 도구와 기계에 대해 관심을 가진다.
		자연과 더불어 살기	· 주변의 동식물에 관심을 가진다. · 생명과 자연환경을 소중히 여긴다. · 날씨와 계절의 변화를 생활과 연관 짓는다.

4 어린이집에서의 보육과정의 실제

어린이집은 영유아와 놀이 중심의 보육철학을 기반으로 보육계획을 수립한다. 보육교사는 어린이집에서 보육과정을 운영하면서 영유아의 배움을 지원하기 위해 어떻게 실제를 구현할 것인지를 실천하는 것으로 보육교사의 전문적 역할이 요구된다. 보육과정 평가는 기관 및 학급 수준에 따라 방법이나 시기에 있어서도 자율성을 가진다. 교사는 관찰과 기록, 수집, 부모설문지 등의 다양한 방법을 이용하여 영유아와 보육과정에 대한 평가를 실시한다.

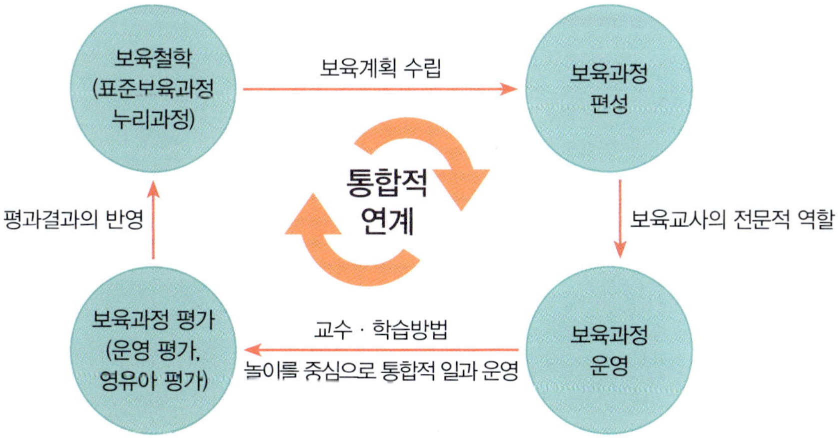

| 그림 7-3 | 보육과정의 편성과 운영

1) 보육과정 편성

영유아·놀이 중심 교육과정 편성은 어린이집에서 하루, 한 주, 한 달, 일 년의 시간을 어떻게 살아갈 것인지에 대한 보육내용과 시간을 조직하는 과정이다. 어린이집 보육과정 편성은 종일제를 기반으로 각 어린이집의 일과 운영 시간에 따라 조정하여 편성할 수 있다. 어린이집 운영시간은 영유아가 편안하고 즐겁게 보육 내용을 경험할 수 있도록 휴식과 낮잠, 바깥놀이 등을 포함하여 영유아가 중심이 되고 놀이가 살아나는 영유아·놀이 중심 보육과정 운영시간이다.

보육계획 수립과 운영은 가정과 지역사회의 특성, 보육철학, 영유아의 요구 등을 반영하여 자율적으로 수립할 수 있다. 보육계획의 양식이나 작성 시기, 활용 방법, 분량 등도 자율적으로 조성하여 작성할 수 있다. 보육과정은 영유아가 경험해야 할 내용을 바탕으로 배움의 통합성, 융통성, 자율성을 강조한다. 따라서 연간, 월간, 주간, 일일 계획안의 형식이나 분량을 자율적으로 할 수 있으며 통합하거나 선택적으로 활용할 수 있다.

<table>
<tr><td colspan="5">즐거운 새싹반의 한 주 이야기   기간 : 20○○. ○. ○.(월) ~ ○. ○.(금)</td></tr>
<tr><td rowspan="3">새싹반
이번 주
경험</td><td rowspan="2">놀이</td><td colspan="3">여러 가지 돌과 흙 탐색하기
광목 흙 인형놀이</td></tr>
<tr><td colspan="3">비 오는 날 산책하기 흙이랑 놀아요 모래놀이 텃밭 가꾸기</td></tr>
<tr><td>활동</td><td colspan="3">함께 놀아요, 흙이랑 (동화)
던지면 안돼요 (이야기나누기)</td></tr>
<tr><td>놀이 사진</td><td colspan="2"></td><td colspan="2">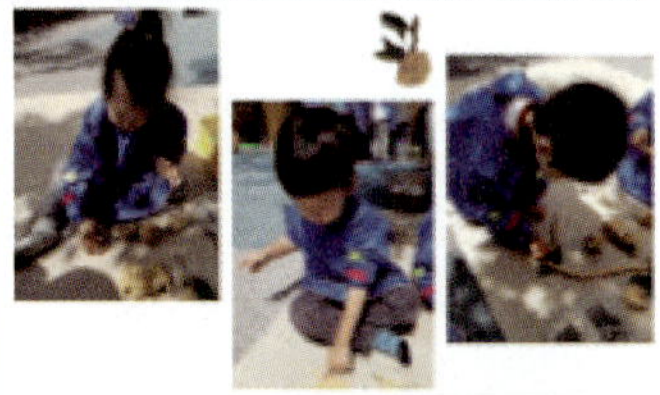
</td></tr>
<tr><td rowspan="2">이번 주
유아들의
관심</td><td colspan="2">• 흙이 서로 달라요.
• 흙에도 색깔이 있어요.</td><td colspan="2">• 돌은 여러 가지 종류가 있어요.
• 돌로 여러 가지 놀이를 할 수 있어요.</td></tr>
<tr><td colspan="4">• 이번 주가 끝나갈 즈음 우연히 채색한 투명 통을 창가에 올려놓은 유아들이 창가로 들어오는 빛을 통해 만들어진 무지개를 보며 '빛'에 대해 관심을 갖게 되었음. 유아들은 채색된 통과 그렇지 않은 통을 올려놓고 보는 사람의 눈높이에 따른 빛을 관찰하며 즐거워했음.</td></tr>
<tr><td rowspan="2">다음 주
예상 관심과
놀이</td><td>• 빛은 예쁜 색깔이 있어요.</td><td colspan="2">• 무지개 빛이 궁금해요.</td><td>• 빛은 왜 다 달라요?</td></tr>
<tr><td colspan="4">• 다음 주에는 새싹반 유아들과 반짝이는 '빛'에 대해 탐색하고 놀이할 것으로 예상됨. 한 주간 햇살처럼 반짝이는 유아들의 즐거운 시도가 가득하길 기대해 봄.</td></tr>
<tr><td>학부모님과
함께 할
내용</td><td colspan="3">• 집 주변에서 볼 수 있는 흙과 돌에 관심을 가질 수 있도록 학부모님이 함께 놀이해 주실 수 있도록 안내하기
• 흙과 돌과 관련된 재미있는 놀이나 경험을 한 유아가 있다면 클래스팅에 관련 사진과 이야기를 올려주시도록 안내하기, 다른 유아들과 함께 보며 자신의 경험을 즐겁게 나눌 것임에 대해 안내하기
• 흙과 돌, 빛과 관련된 도서 및 자원을 기관으로 보내주시도록 안내하기</td><td></td></tr>
</table>

| 그림 7-4 | 놀이 실행 및 지원을 기록한 주간 보육계획안의 예

하루의 일과를 구성할 때 보육교사는 다음과 같은 점을 고려하여 편성한다.

① 놀이시간을 충분히 운영한다. 하루 바깥 놀이를 포함하여 영유아의 놀이가 충분히 이루어지도록 편성하여 운영한다.

② 일상생활이 융통성 있고 영유아 주도적으로 이루어지도록 한다.

③ 놀이와 연결하여 활동을 운영한다.

④ 일과를 융통성 있게 운영한다.

⑤ 성, 신체적 특성, 장애, 종교, 가족 및 문화적 배경 등에 따른 차별이 없도록 편성하여 운영한다.

⑥ 영유아의 발달과 장애 정도에 따라 조정하여 운영한다.

2) 교수·학습 실천하기: 보육과정 운영

교수·학습 실천은 어린이집에서 보육과정을 운영하면서 영유아의 배움을 지원하기 위해 교사가 구체적으로 어떻게 실제를 구현할지에 대한 것이다. 교사는 영유아가 즐겁게 놀이하며 스스로 배울 수 있도록 지원해야 한다. 영유아의 관심과 흥미, 개별 특성을 존중하며 영유아의 다양한 놀이와 경험을 지원할 수 있도록 공간을 구성하고, 자료와 시간을 조직하고 상호작용에 변화를 주어야 한다.

(1) 다양하고 안전한 실내외 놀이공간 구성

교사는 보육실의 실내 놀이공간을 어떻게 구성할지, 실외 놀이공간의 활용에 대해 고민하게 된다. 보육실에 기존의 영역이 구성되어 있어도 영유아 수, 성별의 비율, 영유아의 전반적인 놀이 성향을 고려하여 적합성을 판단해 보아야 한다.

① 놀이공간을 융통성 있게 배치해 본다.

② 놀이하는 공간을 넓혀 본다.

③ 영유아에게 공간 배치의 주도권을 주어 본다.

④ 다른 놀이공간을 찾아본다.

놀이 공간에 대해 이야기나누기

차츰 반짝이끈 놀이에 대한 유아들의 관심이 줄어들기 시작했다. 여전히 반짝이끈 놀이를 하고 싶은 소수의 유아와 다른 놀이로 관심이 옮겨간 다수의 유아들 사이에서 놀이 공간에 대한 의견 차이가 나타났다. 이를 해결하기 위한 이야기나누기 활동을 진행하였다.

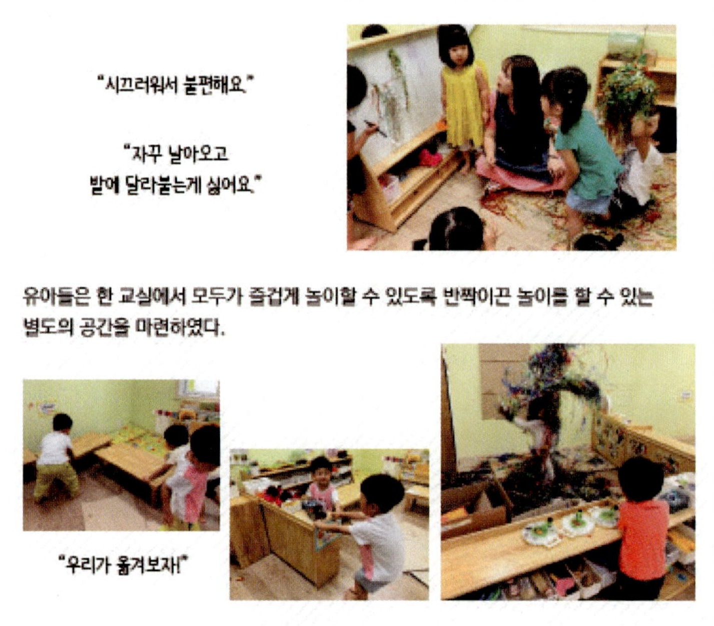

| 그림 7-5 | 놀이공간 구성

위의 사례는 유아의 흥미를 반영하여 교실 내 놀이영역을 변화한 것이다(박은혜 외, 2019: 118). 교사는 놀이를 지원하기 위해 유아들 간의 의견 차이를 이야기 나누기를 통해 조율하고, 유아 주도적으로 반짝이 끈 놀이를 할 공간의 위치와 크기를 정하였다. 유아가 스스로 움직일 수 있는 장은 스스로 옮기되 안전상 교사가 관찰하면서 도움이 필요한 경우 도움을 주었다.

(2) 풍부한 놀이자료 제공

영유아에게 자료는 세상을 만나고 자신의 감정과 생각을 표상하는 매개이다. 영유아는 다양한 놀이자료를 풍부하게 사용하고 자신만의 방식으로 재창조하는 과정을 통해 사물에 대한 탐색, 심미적 경험, 또래와의 상호작용, 성취감 등을 얻을 수 있다. 따라서 교사가 준비한 자료와 함께 영유아가 매일 마주치는 일상의 사물들, 자연물이나 자연현상 등 모든 것이 자료가 될 수 있다. 특히 영아의 발달특성에 맞게 크기, 감촉, 모양, 색 등을 고려하여 놀이자료를 제공하여 주는 것이 좋다. 놀이자료를 제공할 때 교사는 다음과 같은 것을 고려한다.

① 영유아가 결정한 자료활용 방법을 격려한다.
② 자연물이나 자연현상도 자료가 될 수 있다.
③ 다양한 일상의 사물을 놀이자료로 활용한다.
④ 자료가 없어도 놀이할 수 있다.
⑤ 기존의 자료도 새롭게 활용해 본다.

[그림 7-6]은 교사가 제공한 놀이자료가 진행 중인 놀이뿐 아니라 새로운 놀이도 지원한 사례이다(박은혜 외, 2019: 91).

스카프 활용하여 숨기

"더 잘 보여!"

교사의 질문을 듣고 생각하던 유아는 신체활동 및 표현을 위해 교사가 가지고 나간 스카프를 활용하여 숨었다. 그 모습을 본 유아들도 따라서 스카프를 가지고 숨바꼭질을 하였다.

| 그림 7-6 | 놀이자료 활용의 예

(3) 상호작용

어린이집에서 영유아는 또래, 교사 및 자신을 둘러싼 환경 등과 관계를 맺으며 성장한다. 또한 영유아는 놀이에서 또래 친구와 교사, 자연환경 등과 적극적으로 상호작용하면서 세상을 이해하고 배움을 이루어 간다. 특히 영아의 경우 또래 간의 상호작용과 함께 교사와의 애착과 신뢰감 형성이 중요하다. 교사는 영유아가 놀이에서 만나는 다양한 관계에 관심을 기울이고 함께 상호작용을 하며 배움을 지원해야 한다.

(4) 통합적 운영

교사는 표준보육과정 각 영역의 내용이 영유아가 놀이를 하며 통합적으로 경험하게 해야 한다. 실제로 영유아는 놀이를 하며 이미 각 영역을 통합적으로 경험한다. 교사는 이를 발견함으로써 영유아가 놀이하며 배우고 있음을 알 수 있다. 교사는 자율성을 바탕으로 영유아의 놀이상황과 맥락에 따라 각 영역을 다양한 방식으로 융통성 있게 영유아의 경험과 연계하여 지원할 필요가 있다.

3) 보육과정 평가

평가는 어린이집에서 영유아가 중심이 되고 놀이가 살아나는 표준보육과정의 운영을 되돌아보고 개선해 가는 과정이다. 어린이집은 평가의 목적, 대상, 결과의 활용을 바탕으로 평가를 자율적으로 실시할 수 있다. 평가는 다음 사항에 중점을 두고 실시한다.

① 표준보육과정 운영의 질을 진단하고 개선하기 위해 평가를 계획하고 실시한다.

② 영유아의 특성 및 변화 정도와 보육과정 운영을 평가한다.

③ 평가의 목적에 따라 적합한 방법을 사용하여 평가한다. 평가방법은 평가의 목적과 대상에 따라 달라질 수 있기 때문에, 어린이집은 평가 목적에 따라 가장 적합한 평가 방법을 자율적으로 정하여 활용한다.

④ 평가 결과는 영유아에 대한 이해와 표준보육과정 운영 개선을 위한 자료로 활용할 수 있다. 교사는 영유아의 놀이, 일상생활, 활동을 통해 수집된 자료를 평가의 목적에 맞게 종합하여 평가의 결과를 얻는다. 영유아 평가 결과는 영유아가 행복감을 느끼고 전인적으로 발달하도록 도움을 주는 데 활용한다.

보육환경은 영유아의 안전과 건강을 유지하고, 보육과정을 수행하며, 영유아의 성장과 발달을 지원하기 위한 목적을 가지고 있다(Wardle, 2003). 영유아의 연령에 따라 발달적 특징과 필요가 다르므로 영아를 위한 보육환경은 유아를 위한 보육환경과는 차이가 있다. 연령에 적합하고 개별적으로 적절한 자료를 선택한 보육환경은 영유아가 적극적으로 도전할 기회를 제공함으로써 풍부한 학습이 일어난다.

영유아를 위한 보육환경은 영유아를 위한 실내와 실외 공간과 어린이집 원아 모두가 공유할 수 있는 보육공간 그리고 원장과 교사와 부모 등 성인을 위한 원장실, 교사실, 사무실과 부모대기실이 있다(Sciarra & Dorsey, 2002). 또 놀이중심 보육과정을 실행하기 위해 자연스럽게 조성되는 창의적 공간이 있다.

CHAPTER 08

보육환경

1 물리적 환경에 따른 영유아의 행동

보육환경은 영유아뿐 아니라 보육공간에서 함께 생활하는 보육교사와 영유아의 행동에도 영향을 미친다(Retting, 1998). 보육공간의 배열, 크기, 밀도, 소음 수준, 심지어 교실의 색상 등에 따라 영유아와 보육교사의 행동범위에 직·간접적인 영향을 준다(Thomson & Ashton-Lilo, 1983).

사회적 밀도에 따른 유아의 행동을 살펴보면, 공간이 감소되면 신체적 접촉이 증가하고, 방관자적 행동과 비참여 행동 등 목적 없는 행동을 보이며, 교구와의 상호작용 시간이 짧다. 보육교사 역시 유아를 지배하고 제한하는 언행과 지시하는 행동을 보인다. 이와 반면에 공간이 증가하면, 공격적 행동은 감소하고 유아의 주도적인 활동이 증가한다. 또, 교구와의 상호작용과 놀이가 증가한다(이기숙·이영자, 1993).

환경이 영유아에게 부적절하면 놀잇감을 갖고 싸우는 일, 보육실 안을 뛰어다니는 일, 그리고 놀잇감을 꺼내달라고 교사에게 요청하는 일 등의 경고 신호들이 빈번하게 나타나므로 그 원인을 찾아 바람직한 행동이 나타나도록 영유아에게 적합한 환경을 구성하도록 해야 한다.

발달을 지원하는 환경은 영유아들이 어떻게 행동해야 하는지를 알려 주는 환경이다. 보육환경의 구성이 분명하게 언제, 어디서, 어떻게, 무엇을 할 수 있는지를 알려 주고, 놀이를 끝내면 정리정돈을 할 수 있는 환경일 때 책임감이 발달한다. 영유아들이 놀잇감을 쉽게 꺼내어 사용할 수 있는 위치에 배치하면 수시로 자율적으로 선택할 수 있고, 자신감 있게 사용하게 되면서 독립심이 발달한다. 교실 공간마다 무엇을 하는 곳인지 분명히 표시된 메시지가 있고, 놀잇감이 영유아의 발달에 적합할 때 보다 더 생산적인 활동에 참여하게 된다(Shepherd & Eaton, 1997). 충분하고 다양한 교재교구가 제공되고, 사회관계를 조성하는 자료가 있는 환경에서 긍정적인 상호작용이 나온다. 효율적으로 배열한 보육공간과 세심한 교재교구의 선택은 영유아로 하여금 분류하고, 관계를 발견하고, 측정하고, 비교하고, 조합하며, 사물의 종류와 명칭 등을 경험하게 함으로써 풍부한 인지적 발달을 이루게 한다. 도전을 주는 설비와 자료는 대소근육의 발달을 도모한다(Dodge, 1992). 영유아의 필요와 발달에 기초한 환경에는 개인공간을 혼자 사용할 수 있도록 함으로써 자존감을 조성한다. 친근하고 따뜻한 느낌을 주어 친구를 초대하는 분위기와 안락의자나 소파, 카펫, 인형 등의 부드러운 요소들은 영유아에게 집과 같은 편안함과 안전함을 전달한다(Jones & Prescott, 1978; Weinstein, 1987).

보육환경이 교사에게 주는 효과를 살펴보면, 영유아의 발달을 최대한 고려한 보육환경은 문제행동이 예방되고, 적합한 행동이 조성되어 교사가 보육하는 데 도움이 된다. 보육환경의 질이 높을수록 유아교사의 학급운영이 원활하였고, 역할수행이 잘 이루어졌다(이진화·유준호, 2001).

영유아의 발달을 최대한 고려할 때, 보육환경 내에서 문제행동이 예방되고, 적합한 행동이 조성되면 교사가 행복하다. 교사가 일하는 환경이 심미적이고, 편안하고, 교사의 필요를 고려하여 조성되었다면 교사들은 즐거운 마음으로 일을 할 것이다(Harms & Clifford, 1980). 적당한 기온, 빛, 색깔, 소리흡수, 환기, 공간배열과 같은 환경요인들은 교직원들의 업무수행 환경을 조성한다. 세심하게 배열된 환경은 교사의 영유아에 대한 목표를 지원하고, 일하는 곳을 즐겁게 하여 교사의 소진을 예방할 수 있다.

2 보육환경의 구성원리

1) 발달에 적합한 환경

영유아는 신체적인 존재이므로 높은 수준의 신체활동과 다양한 자극이 필요할 뿐 아니라 이를 통해 학습을 이룬다(Hale, 1994). 반응적인 환경이란 영유아가 학습하는 방법을 알아 이를 지원하는 환경이다. 영유아의 발달에 적합한 물리적 활동 기회를 제공한다. 많은 남아들이 과잉행동으로 진단을 받는 것은 적절한 발달에 자연적으로 필요한 신체적 활동 수준을 제공하지 않았기 때문이다. 보육하고 있는 영유아의 발달수준과 능력, 연령범위 등은 보육환경 구성과 시설 설비와 놀잇감 구입 시 영향을 미치는 요인이 된다.

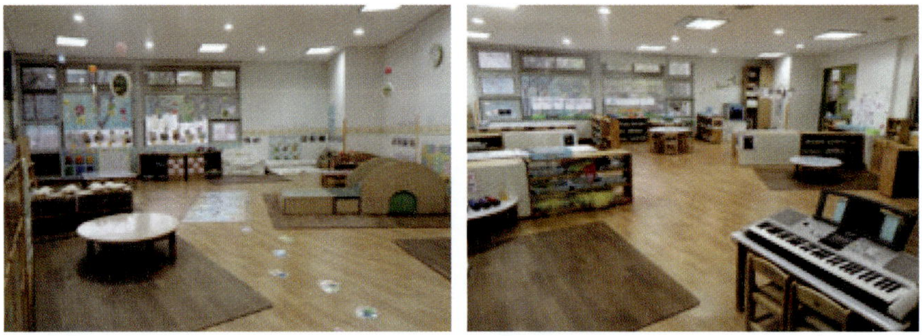

| 그림 8-1 | 영아 보육실

| 그림 8-2 | 유아 보육실

2) 영유아의 신체 크기에 맞는 환경

보육환경에서 영유아가 일상생활을 하면서 사용하는 화장실, 수도꼭지, 거울, 수건걸이대, 칫솔 통, 식탁 등이 영유아의 신체 크기에 맞추어 제공되면 스스로 독립적으로 행동할 가능성이 높아진다. 일상생활에서 자신감과 자립기술이 존중되면 영유아들은 심리적으로 집과 같은 편안함을 느끼고, 교사의 도움도 덜 필요로 하게 된다.

영유아를 위한 보육환경에서 화장실, 식사영역, 놀이터, 대근육영역을 포함한 기능적인 영역이 동선을 고려하고 영유아의 활동과 밀접하게 연결되어 있으면 효율적인 환경이다.

영유아를 위한 최상의 환경은 각 영유아의 신체·인지·정서적 특성을 적용하고, 반응하고, 동의하는 곳이지 영유아가 환경에 적응하도록 지속적으로 요구하는 곳이 아니다. 영유아는 물놀이, 진흙놀이, 목공놀이, 침대에 인형 놓기, 탑 구성하기, 지역사회 꾸미기 등과 관련된 놀잇감과 직접적인 활동을 필요로 한다. 새로운 경험을 극놀이, 그림 그리기, 사진 찍기, 기록하기, 언어를 사용하는 다양한 방법을 통하여 표상한다. 영유아는 오래 시간동안 조용히 하는 간접적인 활동을 필요로 하지 않는다. 따라서 보육실에 교구장, 책상 등이 영유아의 신체 크기에 맞춰 제공되면 영유아들이 놀잇감을 스스로 자유롭게 선택하여 활발하게 놀이가 이루어질 수 있다.

| 그림 8-3 | 유아용 세면대

| 그림 8-4 | 유아용 개별장

| 그림 8-5 | 영아용 책상과 교구장

| 그림 8-6 | 유아용 책상과 교구장

3) 안전하고 쾌적한 환경

영유아 보육환경에서 안전은 가장 중요한 관심사이다. 보육환경의 안전은 시설·설비나 놀잇감의 지속성과 보수, 그리고 질병과 세균의 문제와 연관된다. 시설 설비와 놀잇감을 쉽게 유지하고 청결하게 하는 측면이다. 설비나 자료가 아무리 융통성이 있고 안락하고 매력과 내구성이 있을지라도 안전하지 않으면 거부할 수 있다.

보육환경을 설비하고 배치할 때 안전을 우선 고려해야 한다. 교실의 흥미영역과 통로를 분명히 구분하여 배치하면 사고를 최소화할 수 있다. 이뿐 아니라 안전을 위한 설비들이 잘 갖추어져 있어야 한다. 비상구를 표시하고, 작동이 잘되는 소방기구인지 점검하고, 카펫 등은 방염 표시가 있는 제품을 사용해야 한다. 영유아들이 사용하는 모든 물품과 가구 등의 날카로운 부분은 모서리 보호대를 부착하고, 문에는 손끼임 방지장치를 설치하며, 계단에는 미끄럼 방지 장치와 손잡이를 설치하여 미끄러지는 사고가 발생하지 않도록 안전하게 관리해 주어야 한다. 전기사용 물품은 영유아의 손에 닿지 않도록 덮여 있어야 한다. 또한 영유아들이 드나들어서는 안 되는 공간은 잠금장치를 해 두도록 한다.

자연채광을 받는 것이 영유아에게 필요하다. 보육실은 큰 창문을 통해 햇빛을 받는 것이 좋다. 하루 종일 자연의 변화하는 빛을 받을 필요가 있다. 실내외에서 충분한 햇빛을 받도록 영역을 구성하고 시간을 배정할 수 있다. 영유아 보육 환경이 너무 덥거나 추우면 안 된다. 보육환경의 기온이 너무 따뜻하면 게으르거나 졸음의 원인이 되고, 너무 추우면 영유아들이 활동을 할 때 얼굴이 붉어진다. 자주 환기를 하여 세균과 박테리아가 번식하지 못하게 한다. 이상적인 보육환경이란 각 교실에 있는 영유아의 활동성에 일치하게 교실의 기온을 다양하게 조절하여 제공하는 것이다. 하루 일과에서 부분적으로 실외 놀이 시간을 배정하여 자연환경과 상호작용할 기회를 제공한다(Wardle, 2003).

| 그림 8-7 | 문 손끼임 방지대

| 그림 8-8 | 계단 미끄럼 방지대와 손잡이

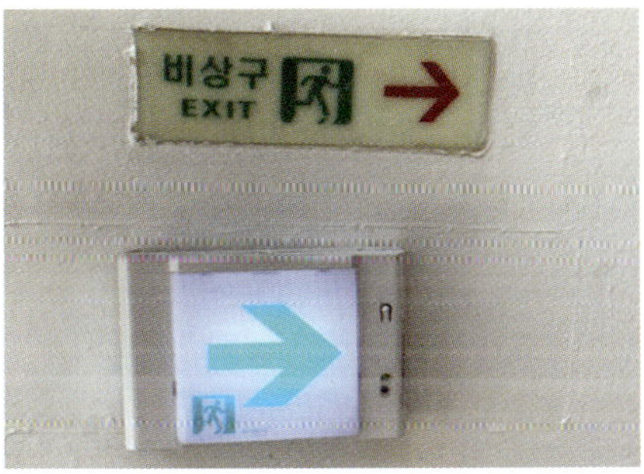

| 그림 8-9 | 비상유도등

| 그림 8-10 | 영아용 안전문

4) 매력적인 환경

영유아 어린이집은 잘 계획되고 미적으로 매력이 있어야 한다. 보육교사와 부모는 영유아들이 아름다움을 이해하기 바라는데, 이러한 이해는 아름다운 보육환경에서 생활할 때 가능하다. 자료나 놀잇감도 아름다움을 느낄 수 있는 부분이 있으면 좋겠다. 영유아에게 심미적인 보육환경을 제공함으로써 아름다움의 본질을 발견하도록 하는 것이 원장이나 보육교사의 능력이다. 역할영역에 놓여 있는 야생화 화분과 아름다운 식탁보는 보육실의 역할영역에 초대받고 싶고, 놀이하고 싶게 만드는 것처럼 매력적인 환경은 영유아들이 놀이에 적극적인 참여가 이루어지도록 한다.

| 그림 8-11 | 계절에 따른 환경구성

3 영유아를 위한 실내외 보육환경

영유아에게 적합한 환경을 만들기 위해 우선 고려해야 할 점은 영유아가 어떻게 발달하는가이다. 각 연령의 독특한 발달특징과 다양한 개별적인 발달이 영유아의 발달 단계와 일치해야 한다. 영유아가 어떻게 환경과 상호작용하고, 교실 배치가 영유아에게 어떤 영향을 주며, 보육 공간 내에서 무엇이 일어나고 있으며, 쉽게 접근할 수 있는 환경이 무엇인지를 알아야 한다.

1) 실내 보육환경 구성지침

실내 보육실의 환경 구성은 흥미영역별로 구성된다. 흥미영역이란 분리대라든가 칸막이, 교구장, 책꽂이 등으로 영역을 구분하여 경계를 암시하도록 설비함으로써 무엇을 하는 곳인지 분명히 구별짓는 보육실의 각 영역들을 총칭한다(Seefeldt, 1980; 이기숙 외, 2008).

① 보육실의 흥미영역 배치는 빛의 양이 고려되어야 한다.

미술활동의 경우, 밝은 빛이 있으면 환해서 활동이 더욱 강화되므로 창 근처에 위치하는 것이 바람직하며, 과학영역의 경우에도 동식물을 기르며 관찰하기 위해서는 빛이 필요하다. 언어영역은 책 읽기, 쓰기 등의 구체적인 언어활동을 하는 곳이므로 빛이 잘 비치는 장소에 위치하는 것이 좋다.

② 소음을 줄일 수 있도록 고려되어야 한다.

건물 건축자재에서 소음 흡수 자재를 사용하면 영유아의 시끄러운 소리를 흡수하므로 영유아들이 활동에 참여하여 집중하거나 교사와 또래와 의사소통하는 과정에 도움이 된다. 코르크판, 카펫이나 매트 등은 소음제거에 도움이 된다.

그리고 흥미영역을 나눌 때에는 놀이의 활동성과 소음을 기준으로 하여 정적 놀이영역과 동적 놀이영역을 구분해서 배치해야 서로 방해받지 않고 놀이나 활동을 진행할 수 있다(이숙재, 1997).

③ 실내 환경을 계획할 때 고정성과 반고정성을 고려하여 배치한다.

교실의 크기와 모양, 창문과 문의 위치, 선반이나 창고 같은 고정적인 공간의 배치를 기준으로 해서 이동가능하거나 반고정적인 교구와 자료, 그리고 색깔과 질감(Prescott, 1997) 등의 특징을 조화롭게 고려해서 배치한다.

④ 영유아들이 물을 사용 할 수 있도록 환경적인 고려가 되어야 한다.

미술영역에서 물감놀이를 위해서는 물이 필요하며, 과학영역에서는 동식물에게 물을 주고 물을 이용한 활동을 진행할 수 있다. 따라서 물이 필요한 영역은 물이 있는 근처에 위치하도록 하여 영유아들이 필요시 즉시 사용할 수 있도록 하는 것이 필요하다. 그러므로 물이 교실 안이나 교실과 가까운 곳에 있는 것이 좋다.

⑤ 흥미영역의 교재교구는 영유아들이 스스로 선택하여 놀이할 수 있는 곳에 배치한다.

영유아들이 가지고 놀이하는 교재교구는 아이들이 쉽게 꺼내서 사용할 수 있도록 영유아의 눈높이에 배치되어야 한다. 따라서 교사의 도움 없이도 원하는 놀잇감을 자유롭게 사용하도록 영유아의 신체 크기에 맞는 교구장이 마련되어야 한다.

2) 영아를 위한 보육환경의 특징

- 정서적 안정감을 주는 환경

장시간 부모와 떨어져 기관에서 지내야 하는 영아에게 가정과 같은 편안함과 정서적 안정감은 매우 중요하다. 부드러운 헝겊 의자, 봉제 인형, 쿠션, 부분 카펫 등은 집과 같은 아늑한 분위기를 조성하며 영아의 가족사진이나 영아의 그림 등을 영아가 잘 볼 수 있는 눈높이에 붙여 주면 영아가 좋아하며, 안정감을 느낄 수 있다.

- 영아의 발달을 지원하는 환경

영아의 발달특성상 영아의 생리적 욕구에 기초한 기저귀 갈이와 배변, 낮잠, 수유, 식사하기 등의 생활영역은 기본적으로 구성이 되어야 하며 이러한 영역은 놀이영역과 서로 분리하여 배치한다. 보육환경은 하루 중 가장 많이 시간을 보내는 장소로서 생활과 놀이와 활동의 장소이다. 영아는 앉기, 잡아당기기, 기어가기, 구르기 등을 끊임없이 실험하는 가운데 새로운 능력과 기술을 시도하고 연습한다(Greenman, 1988). 이런 과정을 통하여 영아가 자신의 능력을 향상시키고 성취감을 갖도록 영아의 신체크기와 능력에 적합한 환경을 제공해 준다.

- 움직임과 탐색이 가능한 환경

영아가 걷게 되면서 움직임의 범위가 넓어지면 점차 운동능력이 향상되면서 끊임없이 돌아다닌다. 영아가 많이 움직일 수 있는 기회를 제공하는 환경이 영아의 움직임과 이동성의 욕구 충족을 최대한 지원하는 환경이 된다. 다양한 대소근육 활동을 하면서 신체조절능력이 증진되도록 자극한다.

영아가 언어발달을 이루고 자유로운 이동이 가능하게 되면 한 가지 활동에 집중하기보다는 이것저것을 탐색하는 행동이 나타난다. 사물을 붙여 놓고, 떼어 놓고, 쌓고 노크하고, 운반하고, 선택하고, 검사하고, 넣고, 쏟는다. 영아는 탐색하고, 모험적 시도를 하고, 실험하며 성장한다. 영아는 모든 감각을 사용하여 사물을 순서대로 놓기와 재배열하기, 발견하기, 조사하기, 시행착오를 하면서 세상을 탐색하고, 성인 행동을 모방한다(Greenman, 1988). 이러한 인지적 과정은 풍부한 활동과 놀잇감이 준비되어 자유롭게 선택할 수 있는 환경에서 더욱 활성화된다.

- 양질의 상호작용이 보장되는 보육환경

물리적으로 좋은 환경이란 보육교사-영아 간에 양질의 상호작용을 수용하는 가운데 영아의 기본적인 욕구를 돌보면서 영아와 밀접한 관계로 머물 수 있는 환경이다. 보육교사는 기저귀를 재우기 위해 영아 곁에 있어야 하고, 음식을 먹이기 위해 보육실 안을 다녀야 하고, 우유병을 덥혀야 한다. 그러므로 영아를 보육하는 데 필요한 모든 항목과 소품의 위치는 분명하고, 합리적이고, 편리해야 한다. 기저귀 갈기와 같은 활동의 일과 순서는 분명하게 게시되어 모든 것이 명백해야 한다. 보육교사는 기저귀를 바꾸고, 배변훈련이라는 위생적인 과정을 유지해야 한다. 아이가 편안하게 잠들게 하고, 먹이는 활동을 하는 동안 아기와의 양질의 상호작용에 집중한다. 보육교사-영아 간의 상호작용은 편안하게 하고 교사를 모방하고 상호 게임을 하는 등 적합한 자극의 기회를 제공하는 것으로 진행된다.

• 자율성을 도모하는 보육환경

영아가 먹기, 기저귀 갈기, 잠자기 등의 생활영역이 아닌 놀이 활동시간에는 자율적으로 행동하도록 분위기를 조성한다. 성인의 개입을 최소화하는 환경이다. 거울이나 반응을 보일 수 있는 놀잇감 등으로 자극적인 변화를 제공하고, 성인의 조절과 개입 없이도 안전한 상태에서 모험적인 활동을 하도록 격려하며 탐색을 보장한다. 움직임과 조작을 통한 탐색이 장려되어 영아가 환경 내에서 주도권을 가지고 활동을 이끌어 나갈 수 있도록 한다.

(1) 실내 영아보육환경

1 기저귀 갈기/화장실영역

기저귀 갈기는 영아에게 반복되는 중요한 일과이므로 안전한 환경에서 영아가 안정감, 즐거움, 편안함을 느끼면서 기저귀를 갈 수 있도록 배려한다(장영희, 2000). 영아가 낮잠 전후에 변화를 보일 때 기저귀 갈이대를 놀이영역이나 침대영역에 놓으면 편안하게 서두르지 않고 기저귀를 갈 수 있다. 기저귀를 간 후에 발로 페달을 밟으면 열리는 휴지통을 구비하여 위생적으로 처리하고, 영아의 몸이나 보육교사의 손을 씻을 수 있는 세면시설 등이 필수적으로 있어야 하며, 젖은 티슈 등으로 닦는 것은 충분하지 않다. 기저귀를 가는 데 필요한 모든 자료들은 보육교사가 기저귀대에 서 있을 때 쉽게 닿을 수 있는 곳에 위치해야 한다. 보육교사는 매번 영아를 손으로 부드럽게 만지며 기저귀를 갈고, 벽면에는 영아가 볼 수 있는 거울이나 친근한 그림자료 등을 붙여 놓는다.

영아가 쉽게 출입할 수 있는 화장실은 영아보육환경에서 중요한 부분이다. 화장실 공간이 충분해야 성인이 영아가 필요한 것을 쉽게 도울 수 있는 공간이 확보된다. 영아 신체크기의 변기는 소변이 떨어지는 것에 대한 두려움을 감소시켜서 보다 자율적인 배변훈련으로 이끈다. 화장실은 청소하기가 매우 쉬워야 한다. 바닥은 타일 표면이고, 벽은 적어도 3피트인 것이 실제적으로 가장 청결한 환경이다.

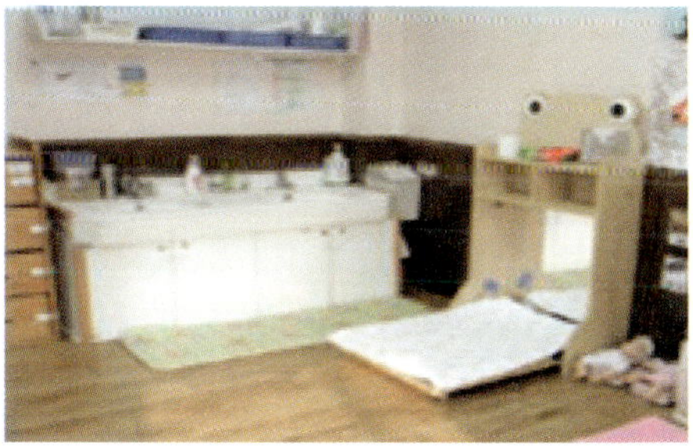

| 그림 8-12 | 기저귀 갈이 영역

| 그림 8-13 | 화장실

② 수유 및 식사·간식영역

영아들이 일상생활을 하는 곳과 식사하는 곳, 그리고 음식 보관과 음식 준비하는 곳이 분리되어 있을 때 보다 위생적이고 청결할 수 있다. 식사와 간식영역의 책상은 영아의 신체 크기에 적합한 낮은 책상이 좋으며, 식사할 때 또래나 보육교사와의 사회적 상호작용이 가능하도록 식탁을 배치한다. 식사 후 양치가 쉽게 이루어질 수 있도록 화장실과의 동선을 고려하고, 보육실 내에 냉장고와 전자레인지, 식기소독기 등을 비치하면 수유와 식사준비를 위해 보육교사가 보육실을 비우는 일이 없을 수 있다.

| 그림 8-14 | 수유와 식사준비를 위한 영역. 전자레인지, 컵 소독기, 냉장고가 있다.

③ 낮잠, 휴식영역

낮잠영역은 잠자는 데 방해받지 않는 공간이어야 한다. 잠자는 것은 생물학적 기능상 중요한 역할을 하므로 창문의 커튼이나 블라인드 등으로 자연채광을 조절해 주고 조용한 음악을 틀거나 그림책을 읽어 주며 편안하게 잠들 수 있도록 환경과 분위기를 마련해 주어야 한다. 낮잠 등의 일과 적응을 위해 집에서 가져온 놀잇감이나 인형·베개 등의 소품을 사용할 수 있게 배려한다(김영희 외, 2003). 영아는 친숙한 공간을 좋아하며, 자극에 노출되지 않고, 환기가 잘 되는 곳이어야 한다. 침대나 매트는 개별적으로 준비하고 공유하지 않도록 한다. 영아의 경우, 잠자는 동안 많은 사고가 발생할 수 있기 때문에 영아들이 잠자는 동안 교사는 잠자는 모습을 잘 관찰하여야 한다.

휴식영역은 영아들이 혼자 있고 싶거나 쉬고 싶을 때 언제든지 이용할 수 있도록 준비되어 있어야 한다. 보육실 한쪽 공간에 별도로 구성되거나 조용한 영역과 인접해 마련될 수 있으며 매트, 쿠션 등을 비치한다.

| 그림 8-15 | 낮잠영역

| 그림 8-16 | 휴식영역

④ 대근육영역

영아기는 지각과 운동발달에 있어 급속한 변화를 겪는 시기이며, 자립행동을 할 가능성이 크고, 기본적인 생활습관 훈련을 시작할 수 있으므로 대근육 활동을 많이 포함시켜야 한다(장영희, 1990). 실외뿐 아니라 실내에도 대근육 운동을 위한 활동영역이 필요하다. 낮은 오르기 기구, 미끄럼, 계단, 흔들 보트, 평균대, 터널, 밀고 당기는 놀잇감 등이 여기에 포함된다. 대근육 놀이기구들은 배치를 바꾸어 변화를 줄 수 있다(이기숙·이영자, 1993). 보행기, 기어오를 수 있는 경사로, 안전벨트가 있는 영아용 그네, 천으로 만든 큰 베개, 밀고 당기거나 누를 수 있는 장난감 등을 비치한다.

| 그림 8-17 | 말타기

| 그림 8-18 | 터널통과하기

| 그림 8-19 | 공넣기

| 그림 8-20 | 미끄럼타기

| 그림 8-21 | 대근육영역의 매트블록

5 감각탐색영역

걷기와 언어행동이 발달하면서 환경에 대한 탐색활동이 보다 능동적이고 적극적으로 나타난다. 여기저기를 돌아다니며 다양한 사물을 오감을 통해 경험하므로 안정적인 환경 속에서 탐색할 수 있는 풍부한 활동과 자료를 제공한다. 모빌, 다양한 소리가 나는 음악상자, 부드러운 봉제완구, 잡고 흔들고 밀고 누르고 두드리는 탐색이 가능한 놀잇감을 비치한다.

영아는 놀잇감을 입에 넣을 수 있으므로 유해한 성분이 없는 안전한 것을 준비하며 크기가 2.5cm 이상 되어서 영아들이 삼킬 수 없는 크기의 놀잇감을 제공한다.

| 그림 8-22 | 감각탐색영역

6 역할영역

| 그림 8-23 | 역할영역

영아는 오감을 통해서 경험한 것을 기억하였다가 필요할 때 몸짓이나 언어로 재현하는 '표상능력'이 크게 발달하는 시기이다. 이 과정에서 영아는 몸짓이나 동작이 연합되기 시작한다. 기억을 통해 사물과 공간에 대한 인식능력이 확대되면서 표상능력을 길러 줄 수 있는 자료나 활동이 포함되어야 한다. 영아는 일상생활에서 경험한 단순한 내용의 역할놀이를 많이 하므로 친숙하게 경험하고 있는 사건을 중심으로 자료나 활동을 준비할 수 있다. 가정놀이를 위한 실물과 모형물 자료로는 식탁과 의자, 싱크대, 냉장고, 거울, 인형, 부엌도구, 플라스틱 모형 과일이나 채소 등이 있다. 이외에도 깨지지 않는 거울, 사진 붙이기, 휴식을 위한 작은 소파, 봉제완구, 쿠션을 준비할 수 있다.

7 미술영역

영아도 다양한 미술활동에 참여할 수 있으나 구체적인 사물보다는 긁적거리기를 하는 수준이다. 그러나 미술자료인 종이, 물감, 크레파스, 풀 등의 관계를 탐색하고 손의 움직임으로 종이에 그림이 그려지는 관계를 이해한다. 따라서 형태의 표현보다는 미술활동 자료의 속성을 탐색하는 기회를 제공하는 것이 바람직하다고 하겠다(양옥승 외, 1993). 이젤과 책상에서 그림 그리기를 좋아하고, 풀칠하기나 종이 자르기, 손가락그림 그리기 등은 영아가 즐기는 활동이다.

| 그림 8-24 | 미술영역

8 쌓기영역

영아는 블록을 가지고 복잡한 구조물로 쌓기는 어려우나 여러 가지 종류의 블록을 탐색하고 단순한 탑 쌓기나 한 줄로 늘어놓기, 다리 만들기 등은 가능하다. 가볍고 커다란 기본형태의 블록을 충분한 수량으로 마련해 주고, 소품으로 자동차나 동물의 모형을 같이 준비한다(이숙재, 1997). 블록놀이는 창작적인 표현과 발달의 수단이 된다. 유아는 스스로 미적인 만족감을 가질 수 있는 구조를 구성하기를 즐긴다. 이 구성물들은 상상적 창조적 극적놀이의 소품이 된다(이기숙·이영자, 1993).

| 그림 8-25 | 쌓기영역

9 언어영역

영아는 옹알이에서부터 시작하여 한 단어로 말하기 시작하고, 단어를 이어 문장으로 말하기까지 언어발달이 폭발적으로 일어나는 시기이다. 따라서 영아들이 말하기, 듣기, 읽기, 쓰기의 언어활동 경험이 이루어지도록 다양한 언어적 지원이 이루어지도록 환경이 마련되어야 한다.

휴식과 안정을 취하면서 그림책을 보거나, 교사나 친구와 대화할 수 있도록 흔들의자, 쿠션 등을 준비한다. 영아를 위한 그림책의 특징으로는 반복되거나 친숙한 내용의 짧고 단순한 이야기, 선명한 색깔과 단순한 형태의 그림책, 입체적인 책 등이 있다(이숙재, 1997).

| 그림 8-26 | 언어영역

10 음률영역

영아는 음악과 관련된 심미적 활동을 통해 언어 및 인지 발달, 신체발달, 긍정적인 사회관계를 경험한다. 또한 음악활동을 통해 기분 좋은 감정도 표현할 수 있다. 영아들은 노래의 간단하고 반복되는 패턴과 운율에 반응할 수 있으며, 음높이, 박자, 템포, 리듬 등 소리의 특성을 이해한다. 따라서 영아들과 반복적으로 노래 부르기 활동, 리듬악기 흔들기, 음악에 따라 걷고 뛰기와 같은 동작활동을 할 수 있다.

따라서 음률영역에는 음악을 틀 수 있는 기기, 마라카스, 탬버린, 영아용 북과 같은 리듬악기, 스카프와 리본막대와 같은 동작활동을 할 수 있는 교재교구를 마련한다.

| 그림 8-27 | 음률영역

(2) 실외 영아보육환경

영아를 위한 실외 놀이환경이 유아와 구분되는 것은 어린 영아들이 신체조절 능력이 부족하여 다칠 수 있는 우발적인 접촉을 피하기 위함이다. 영아의 놀이는 주로 탐색과 운동놀이이므로(Berk, 1994; Vygotsky, 1966) 보육교사나 유아가 함께 도울 수 있는 공통의 놀이시간을 계획하는 것이 바람직하다. 영아를 자연스럽게 놀이 활동에 포함시키기 위해 상대적으로 작지만 청결하고, 안전하며 감각자극을 위한 놀잇감을 선택하도록 한다(Frost et al., 2005).

실외놀이터는 안전하고 여러 가지 놀이를 조성하기 위해 다양한 표면적 특징이 있어야 한다. 첫째, 평평한 잔디나 풀 등 자연물로 된 바닥표면이 있다. 작은 규모이지만 생태계를 경험하게 한다. 둘째, 단단한 바닥표면으로 자전거나 손수레 등은 인조잔디, 콘크리트나 아스필트 표면 위에서 잘 움직일 수 있다. 셋째, 충격흡수바닥재로 놀이기구 밑에는 추락을 대비하여 모래나 나무껍질, 고무매트 등이 깔려 있어서 부상을 예방할 수 있다(신동주, 1999; Johnson et al., 1999).

실외놀이터가 다양한 높낮이로 되어 있어서 오르고 내릴 수 있는 경사진 곳, 평평한 곳 등을 마련할 수 있다면 더욱 즐거울 수 있다. 이외에 터널, 미끄럼틀, 오르기 기구 등의 대근육 활동을 위한 기구를 비치한다. 실외놀이영역에서 물·모래놀이영역을 인접하여 배치하면 실외놀이가 더욱 확장될 수 있다(이영자 외, 2002).

1 전이영역과 조용한 영역

실내보육환경에서 실외환경으로 나와 탐색을 시작할 때 자신이 원하는 활동을 생각하여 준비하는 영역이다. 수동적이고 조용한 활동을 제공하여 자신의 속도에 맞추어 실외활동에 접근하도록 한다. 실외놀이 중에 휴식을 취하거나 개인적인 공간이 필요할 수 있으므로 잔디와 그늘, 놀이집이나 긴 의자, 터널 등을 준비하여 쉴 수 있도록 한다(김영희 외, 2003).

| 그림 8-28 | 전이영역

② 신체놀이영역

영아가 기어 다니거나, 누워서 몸을 굴리거나, 앉아서 휴식을 취할 수 있는 공간을 준비한다. 잔디 위에 영아가 기어 올라가거나 내려올 수 있는 이동식 놀이터에서 활발한 신체활동을 도모하도록 한다. 영아용 복합 놀이기구는 낮은 미끄럼틀, 기어 오를 수 있는 것, 터널, 놀이집 등으로 구성되는데, 이는 놀이기구를 사용하는 영아의 신체 크기에 적합해야 한다. 바퀴달린 놀잇감을 사용할 수 있는 개방된 공간과 바퀴가 잘 굴러갈 수 있는 단단하고 평평한 바닥이 필요하다. 트럭, 세발자전거, 낮은 탈것들, 왜건뿐 아니라 유모차, 소형 쇼핑카트, 밀고 끄는 놀이기구 등은 실외창고에 보관하였다가 바깥 놀이시간에 내어 준다.

| 그림 8-29 | 조합놀이대

| 그림 8-30 | 공놀이

③ 물·모래놀이영역

물·모래놀이는 함께 이루어지는 경우가 많기 때문에 물·모래놀이영역을 인접하여 배치하고 소품을 제공하면 활발한 놀이가 진행될 수 있다. 물놀이는 특별한 놀잇감이나 놀이기술을 필요로 하지 않기 때문에 언제, 어디서나 참여할 수 있는 놀이이다. 물놀이를 통해 물의 특성을 알게 되고, 물에 뜨고 가라앉는 물체에 대한 활동을 통해 사물에 대한 호기심과 탐구심이 향상된다(이숙재, 1997).

물놀이대를 설치할 때, 물 담는 통을 교사가 쉽게 들어 물을 담고, 버리고, 물통을 깨끗이 씻기에 편리한 크기와 무게의 것을 선택한다. 모래놀이는 영아가 물을 뿌려서 터널이나 다른 것을 구성할 때 모양을 잘 만들어 주는 모래가 좋다. 모래놀이와 물놀이영역이 인접하여 배치되면 효과적이다. 모래놀이영역에는 들통, 손 삽, 접시, 플라스틱 그릇, 체를 여러 개 담아두었다가 바깥 놀이시간에 꺼내어 준다.

| 그림 8-31 | 물 · 모래놀이 영역

4 동 · 식물영역

씨를 뿌리거나 모종을 하여 싹이 트고 꽃이 피어 열매로 맺히는 과정을 보는 것은 영아에게도 즐거움이 된다. 빨리 자라는 꽃씨나 야채씨를 뿌려 영아가 식물을 돌보게 할 수 있다. 꽃과 식물이 자라는 곳에는 나비와 벌, 그리고 새나 곤충이 날아오기 때문에 자연히 동물을 소개하는 계기가 된다. 토끼나 병아리 등을 기르면서 풀을 넣어 주면서 동물을 사랑하는 마음을 가질 수 있다. 동물에게 먹이를 주고, 식물을 재배하는 등의 동물과 식물의 성장 변화를 관찰하면서 동식물을 보호하고 사랑하는 마음을 가질 수 있다(이영자 외, 1999).

| 그림 8-32 | 동식물 영역

3) 유아를 위한 보육환경의 특징

• 유아의 주도적 활동을 가능하게 하는 환경

연령에 적합한 충분한 자료를 비치하여 유아 스스로가 자유롭게 탐색하며 자신이 원하는 활동을 선택하고 실행하고 평가하는 기회를 제공한다. 각 놀이영역이 분리되어 있어서 무엇을 어떻게 놀이하고 정리해야 하는지를 알려 주는 환경은 유아의 자율성을 존중하는 환경이라고 할 수 있다. 영아기에 이미 자율적으로 활동을 시도한 경험을 토대로 형성된 주도성이 유아기에는 능동적 참여와 의사결정력을 갖게 된다.

• 놀이를 통해 최적의 발달을 도모하는 보육환경

유아기는 '놀이기'이다(Berger & Thompson, 2000). 인간 발달의 시기 중 유아기는 가상놀이로 가득 찬 시기이며, 대부분의 깨어 있는 시간을 놀이로 보내는 것을 통해 다양한 기술과 아이디어와 지식을 습득하게 된다. 유아는 돌아다니고 새로운 과제를 과감하게 시도하며 신체를 발달시킨다. 말과 아이디어를 사용하며 놀이하는 가운데 정신을 발달시킨다(Frost, Wortham, & Reifel, 2005). 놀이는 유아의 발달 정도를 그대로 보여 주어 여러 발달영역의 수준을 알게 함으로써 교사의 개입을 통해 더 높은 수준의 놀이로 이끌 수 있다. 유아는 놀이를 하면서 발달하고 결과적으로 놀이가 유아의 기능의 변화를 추구하여 놀이가 발달을 주도하고 발달과 학습을 강화하면서 유아가 최적으로 성장·발달하게 된다.

(1) 실내 유아보육환경

실내 보육실은 보통 활동에서 자료와 설비를 조합하는 흥미영역으로 조직된다. 흥미영역은 미술, 조작, 역할놀이, 감각경험, 쌓기, 음악, 과학, 수학, 컴퓨터, 언어영역 등 유아의 독특한 관심과 필요에 따라 구체적이고 다양한 영역들이 포함되어 있다(Essa & Rogers, 1992). 사용할 수 있는 보육공간과 자료, 유아의 연령, 설치인가 기준들은 보육실 내의 흥미영역의 수와 유형을 결정하는 데 기여한다. 흥미영역은 유아가 이용 가능하고, 발달에 적합한 활동 범위에서 선택된다.

흥미영역을 배치할 때 활동영역의 크기를 정하는 것은 중요하다. 보다 분명하게 분리된 영역으로 구성된 환경은 유아들이 신속하게 놀이로 들어가게 하고, 놀이 시간이 길어지고, 보다 복잡한 놀이를 하게 된다(Tegano, Moral, DeLong, Brickly & Ramassini, 1996)고 한다. 유아는 교실의 모든 영역을 사용할 뿐 아니라 특히, 다락과 같은 이상한 형태나 피난처 같은 구석 등을 활용하면서 놀이에 몰두한다.

① 낮잠 및 휴식영역

하루 종일 어린이집에서 집단으로 활동하면 피곤하여, 개인적으로 혼자 독립적인 공간에서 쉬고 싶은 욕구가 있다. 그러므로 보육환경 내에 쉴 수 있거나 낮잠을 잘 수 있는 공간을 마련한다. 부드러운 요소의 소품을 사용하여 편안하고 인락한 분위기를 만들고, 채광을 조절할 수 있는 블라인드나 커튼을 사용한다. 신선한 공기를 위한 환기장치나 공기정화기, 혹은 창문을 통해 자연환기를 하여 실내 공기가 탁하지 않도록 한다. 낮잠실이나 휴식영역 한쪽에는 흐트러진 머리나 옷을 다듬을 수 있는 빗과 거울을 준비해 둔다(정미라 외, 2004).

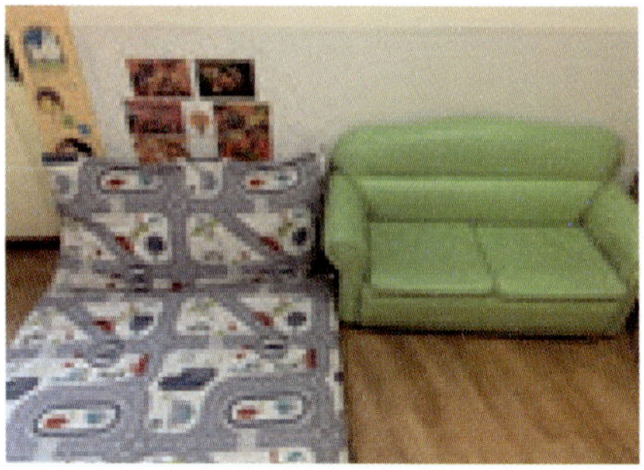

| 그림 8-33 | 휴식영역

2 역할영역

만 3세 유아는 역할영역에서 역할놀이로 시작하여 만 4, 5세로 연령이 증가하면서 사회극놀이로 발달한다. 역할영역은 여러 가지 역할을 가작화하는 활동적인 놀이를 많이 하므로 움직임이 많고 활동이 다양하다. 그래서 동적 영역인 쌓기영역과 인접하여 배치하면 남녀 유아가 혼성으로 놀이를 하게 되고, 역할영역과 쌓기영역에서 필요한 소품을 만들어 놀이할 수 있으므로 놀이가 확장되어 진행된다.

만 3세 유아는 가족과 같은 친숙한 사람의 역할을 적용하는 가상놀이를 하다가 만 4, 5세가 되면, 점차 일상생활과 거리가 먼 놀이 장면의 주제를 제안하거나 허구의 주인공 역할에 더욱 관심을 갖게 된다(Johnson et al., 1999).

역할영역은 유아들이 흥미를 보이는 영역이므로 많은 유아가 놀이할 수 있도록 충분히 넓은 공간을 마련한다. 주제에 따른 의상과 소품을 상자별로 준비하여 제공하면 다양한 사회극놀이가 진행될 수 있다. 지역사회 관련 놀이로 병원, 미장원, 은행, 마트(가게), 주유소놀이가 있고, 식당이나 피자, 아이스크림, 도넛, 중국집 등 음식점놀이, 그리고 교통기관놀이, 방송국놀이 등이 있다.

| 그림 8-34 | 패스트푸드 가게 놀이

| 그림 8-35 | 미용실 놀이

| 그림 8-36 | 캠핑놀이

③ 언어영역

햇빛이 잘 들어 밝고 활동에 집중할 수 있는 안정된 분위기에서 방해받지 않고 또래나 교사와 서로 언어활동을 할 수 있는 공간이다. 부드러운 의자, 낮은 탁자, 카펫, 쿠션 등으로 들어오고 싶은 마음이 들도록 아늑한 분위기로 꾸민다. 시끄러운 영역이나 출입구 혹은 통로를 피하여 위치한다. 언어영역은 듣기, 말하기뿐 아니라 읽기와 쓰기에 필요한 기술 획득의 기회를 제공받을 수 있는 곳이어야 한다. 듣기영역에는 녹음기와 녹음테이프, 이어폰 등이 필요하며, 말하기영역에는 융판과 융판자료, 자석판과 자석자료, 인형류, 수수께끼 카드와 상자 등이 필요하다. 읽기영역에는 편안하게 앉을 수 있는 의자와 방석을 준비하고 같은 모양 짝짓기, 모양변별카드 등을 준비한다. 특히 유아들은 영아들보다 쓰기활동에 관심을 많이 보이며 다양한 형태의 쓰기활동이 많이 이루어진다. 따라서 쓰기영역은 연필, 사인펜, 색연필 등과 같은 여러 가지 종류의 필기구와 종이나 쓰기 판을 마련한다(덕성여자대학교 부속유치원 편, 2000). 이러한 언어의 하위영역에 대한 자료도 필요하지만 유아가 의미 있게 읽고 쓸 수 있는 기회를 얼마나 다양하고 풍부하게 마련해 주는가도 중요한 측면이다(양옥승 외, 2000).

| 그림 8-37 | 언어영역

④ 수·과학영역

주변의 여러 가지 사물과 자연현상에 대해 관심을 가지고 탐구하는 데 필요한 기초능력과 태도를 기르는 영역이다. 과학활동으로는 동식물의 변화와 성장을 관찰하는 생물 과학 이외에 물리학, 화학, 지구과학과 같은 다양한 과학의 기초를 경험해 볼 수 있는 놀이 활동자료들이 마련되어야 한다. 또한 분류하기, 순서짓기, 수 개념, 부분과 전체, 측정, 시간개념, 공간과 도형, 통계, 표상과 같은 수학적 경험을 할 수 있는 자료들도 준비되어야 한다.

수·과학영역은 개별 활동이나 소그룹으로 활동이 이루어지기 때문에 조용한 공간에 구성한다. 관찰을 위해 햇빛이 잘 들고, 물의 공급과 전기배선을 쉽게 받을 수 있는 곳에 위치한다.

| 그림 8-38 | 과학영역

5 쌓기영역

입체구성을 할 수 있는 벽돌블록, 공간블록, 우레탄블록, 유니트블록과 같은 큰 블록과 놀이를 할 수 있는 기찻길, 찻길 연결 블록으로 구성할 수 있다. 동물이나 사람, 그리고 교통기관 등의 소품을 제공하면 블록놀이가 더 확장될 수 있다. 쌓기놀이 바닥에는 영역의 범위를 표시하기 위해, 블록을 쌓고 부수는 소음을 흡수하는 기능을 위해 카펫을 깔아 놓는다. 역할놀이영역과 인접하여 배치하면 혼성으로 놀이하게 되면서 놀이가 확장된다.

| 그림 8-39 | 쌓기영역

6 미술영역

평면 및 입체물을 구성할 수 있도록 공간을 마련한다. 책상을 연결하여 한 공간을 만들기도 하나 미술활동 자료에 따라서 영역 안에 만들기 공간, 물감놀이 공간, 찰흙놀이 공간을 책상으로 분리해 놓으면 활동을 하는 유아들 간에 방해받지 않고 활동에 집중할 수 있는 환경이 된다. 미술영역은 자료의 사용이 용이하며 색깔을 선명하게 구별할 수 있도록 밝은 곳에 위치를 정한다. 가까이에서 물을 공급받을 수 있는 곳에 배치하고, 바닥표면은 물이나 물감을 흘렸을 때 쉽게 닦을 수 있는 바닥재로 설비하고, 물감이나 물이 흘렀을 때는 마른수건이나 스펀지 등을 구비해 놓아 수시로 닦을 수 있게 한다. 밀가루 반죽이나 핑거페인팅 등의 활동을 할 때에는 책상 표면을 보호하고 영유아의 활동이 원활하도록 책상 전체에 비닐 커버를 씌워 사용한다. 미술영역에는 물감, 크레파스, 색연필, 파스텔과 같은 다양한 그리기 도구와 종이가 준비되고 만들기를 위한 유아용 가위, 풀, 목공본드, 눈알, 뽕뽕이와 같은 꾸미기 재료, 색종이, 휴지심과 같은 재활용품, 찰흙 등을 마련한다.

| 그림 8-40 | 미술영역

7 조작영역

소근육조절 능력과 눈과 손의 협응력을 발달시키기 위해 유아의 오감각과 조작능력을 기르는 놀잇감을 제공하는 영역이다. 바닥에 카펫을 깔아 주어 유아가 편안히 앉아서 활동하고 놀이를 하도록 하면 소음을 방지할 수 있다. 조작놀잇감은 조각들이 많으므로 쟁반이나 바구니에 담고 자료의 모양과 이름을 표시하여 정리정돈을 쉽게 할 수 있도록 도와준다. 조작놀이 교구는 아트블록, 끈 끼우기, 퍼즐, 칠교놀이 등을 마련한다.

| 그림 8-41 | 조작영역

8 음률영역

유아가 노래와 악기를 경험하고, 음악을 감상하고, 신체 움직임을 창의적으로 표현하는 영역이다. 악기장에는 각각 악기 모양을 표시해 두어 악기를 쉽게 꺼내고 정리하게 하고, 2~3명의 유아가 몸을 움직여 표현할 수 있을 만큼의 공간을 확보한다. 음률영역은 소리를 구별할 수 있으면서 그 소음이 인접영역에 방해되지 말아야 한다. 악기로는 탬버린, 트라이앵글, 마라카스, 작은 북과 같은 리듬악기 이외에 실로폰, 키보드와 같은 가락악기와 색깔악보를 마련한다. 또한 음악을 감상하고 신체표현활동 시 활용할 수 있는 음악을 틀 수 있는 기기와 스카프, 리본막대, 동물모양 꼬리 등 신체표현을 할 수 있는 교구도 마련한다.

| 그림 8-42 | 음률영역

⑨ 컴퓨터영역

가까이에 전기콘센트가 있고 모니터가 직사광선을 직접 받지 않는 장소에, 습기나 열 등을 피하여 배치한다. 프린터를 설치하여 인쇄된 결과물을 통해 연계활동을 할 수 있게 하고, 일정한 시간 동안 할 수 있도록 규칙을 만들어 서로 지키도록 한다(덕성여자대학교 부속유치원, 2000).

| 그림 8-43 | 컴퓨터영역

(2) 실외 유아보육환경

실외놀이는 보다 큰 동작이 가능하므로 운동능력 발달을 강화하고(Mayers, 1985), 사회적 기술(Eisenberg & Harris, 1984)과 조작기술(Pepler & Ross, 1981) 그리고 운동기술을 증진시킨다. 궂은 날이나 흐린 날에도 실내 보육환경에서는 할 수 없는 활동을 할 수 있다는 점이 유용한 측면이다(Greenman, 1985). 또, 거친 몸싸움놀이와 영웅, 또는 전쟁놀이 등 활발한 활동이 실외에서 가능한 장점이 있다. 실내에서는 조절해야 하는 동작이나 큰 소리, 고난이도 활동이 가능하여 실내 활동을 보완할 수 있다. 또 실외놀이는 모래, 물, 혹은 유동적인 자료를 사용하는 데서 발생하는 문제를 줄여 줄 뿐 아니라 소리, 냄새, 촉감과 같은 감각자극을 위한 다양한 기회가 가능하다(Olds, 1987). 실외놀이는 유아의 신체발달에 필요한 대근육활동에 참여할 기회를 제공하고, 구성놀이와 가작화놀이를 촉진하며 실내와 더불어 실외놀이를 병행하면서 놀이 활동의 적절한 균형을 이루게 한다(Johnson, Christie, & Yawkey, 1999).

① 동·식물영역

동물을 키우는 것은 생명체를 돌보고 책임지는 태도를 갖게 한다. 동물은 살아 있는 생명체와 상호작용하며, 이야기하며 감정적인 교류를 나누는 기회를 제공한다. 동물 돌보기는 영유아에게 책임감을 향상시켜 자신에 대해 긍정적인 개념을 가질 수 있게 한다.

| 그림 8-44 | 텃밭

놀이터에서 키울 수 있는 동물로는 새, 연못 안의 거북이, 두꺼비, 개구리, 물고기 등이며, 가축으로 토끼, 닭, 오리 등이 있다.

놀이터에 제공되는 식물은 그늘을 제공하고 다양한 생물들이 서식할 수 있는 공간을 제공한다. 식물은 영유아의 탐색과 발견, 극화놀이를 촉진시키며 자연을 느끼고 소중히 하는 마음을 키우게 된다. 영유아가 키우는 식물로는 먹을 수 있는 여러 가지 채소, 과일, 관상용 식물 등이 있고, 식물 키우기영역은 물의 공급이 쉬운 곳에 위치한다(신동주, 1999).

② 물·모래놀이

물놀이 환경은 바닥이 미끄럽지 말아야 하며, 물의 다양한 특성을 경험하도록 고여 있는 물과 흐르는 물을 모두 경험하게 하는 것이 좋다. 다양한 물놀이 도구를 제공하여 물놀이 경험을 풍부하게 하며, 바닥은 물이 잘 빠지도록 마감 처리를 한다.

모래는 물과 함께 창의적으로 사용할 수 있는 놀잇감으로 사회적 상호작용을 촉진한다. 모래는 물과 함께 제공될 때 놀이의 가능성이 배가되며, 구성놀이를 조성한다. 모래놀이영역은 물과 가까이 설치되어야 하며, 모래를 파고 놀이할 수 있도록 넓고 깊어야 한다. 소품으로 탈것이나 작은 모형 트럭, 동물모형 등이 제공되어 다양한 모래놀이를 할 수 있게 한다.

| 그림 8-45 | 물·모래놀이 영역

③ 신체적 활동영역

달리기, 기어오르기, 구르기, 매달리기, 던지기, 미끄럼 타기 등 다양하게 대근육 활동을 할 수 있는 영역이다. 신체운동을 위한 복합시설물은 안전하고, 사회적인 놀이를 조성하고, 주변 환경과의 조화를 이룰 수 있는 디자인으로 계획되어야 한다. 이 영역에 역할놀이나 사회극놀이를 할 수 있는 영역을 인접하여 배치하면 놀이의 장을 확장시켜 놀이의 규모가 커질 수 있다. 어린이집의 실외 놀이터는 여러 연령층이 사용하게 되므로 연령별 난이도를 고려하여 영아와 유아의 시설물을 따로 배치하는 것이 바람직하다.

| 그림 8-46 | 조합놀이대

④ 조용한 영역

나무 밑이나 시원한 그늘이 있는 곳을 마련하여 실외의 동적인 활동에 참여하고 싶지 않거나 놀이 중에 휴식을 취하고 싶을 때 쉴 수 있는 영역이다.

| 그림 8-47 | 조용한 영역

⑤ 미술놀이영역

실내보다는 넓고 개방된 공간에서 자연물을 현장에서 구하여 미술도구로 사용할 수 있다. 자연물을 탐색하거나 관찰한 것을 표현하면서 보다 창의적인 아이디어를 가질 수 있다. 물이 있는 곳에 인접하여 배치하고, 작업에 필요한 자료 보관 장소를 마련하고, 작업 후에는 말릴 수 있는 공간을 만든다.

| 그림 8-48 | 미술놀이 영역

⑥ 사회극놀이영역

실외의 사회극놀이는 놀이집이나 놀이시설물 근처 혹은 구석진 곳이나 물·모래놀이영역 주변을 중심으로 활발하게 이루어진다. 놀이자료가 실내와는 다르게 자연적인 소재가 사용될 수 있고, 움직일 수 있는 공간이 넓어 경찰놀이, 소방서놀이, 우주놀이 등이 이루어진다. 실외에서의 사회극놀이의 장점은 또래들과 쉽게 친해져 놀이활동에 동화되면서 사회적 관계가 확대된다는 점이다.

| 그림 8-49 | 사회극놀이영역

4 공유보육환경

1) 양호실

양호실은 아픈 영유아가 성인의 보호아래 쉴 수 있는 공간이다.

간호사나 간호조무사가 어린이집에 상주하는 경우에는 별도의 공간을 마련하는 것이 좋으나 그렇지 못할 경우에는 어린이집 내에 성인의 보호를 받을 수 있는 곳에 마련되어야 한다. 양호실에는 누울 수 있는 침대나 매트, 비상약품 등이 준비된다.

| 그림 8-50 | 양호실

2) 도서관

도서관은 조용한 공간에서 영유아가 원하는 그림책을 볼 수 있는 공간이나. 도서관에는 다양한 그림책과 그림책을 편안하게 볼 수 있도록 책꽂이, 의자, 소파나 쿠션 등을 마련한다. 책을 보는 곳이기 때문에 채광이 좋은 곳에 위치하여야 하며, 구조상 채광이 좋지 못할 경우에는 조명을 이용하여 공간을 밝게 해 준다.

| 그림 8-51 | 도서관

3) 신체활동실

신체활동실은 영유아들이 교구장, 놀잇감 등으로 보육실에서 할 수 없는 대근육 활동 및 신체 표현 활동을 할 수 있는 공간이다.

활동에 따라서 영유아들이 마음껏 뛰기도 하며 대근육을 이용한 활동을 할 수 있도록 다양한 놀이기구와 놀잇감이 준비된다. 신체활동실 벽에는 벽면쿠션을 설치해 놓으면 영유아들이 뛰다가 벽에 부딪혔을 때 안전할 수 있다.

| 그림 8-52 | 신체활동실

5 성인을 위한 보육환경

1) 원장실

원장이 시설의 운영 및 관리를 위해 사무를 보는 공간으로 교사와의 상호작용이나 부모와의 상담을 위한 장소로 활용된다. 특히 어린이집의 책임자로서 영유아에 대한 보호와 감독을 위해 보육환경 전반을 파악할 수 있는 위치에 있어야 한다. 상담을 위한 독립적인 사적 공간을 제공함으로써 학부모와 방문객에게 신뢰감과 좋은 인상을 줄 수 있다(정정옥, 2008).

| 그림 8-53 | 원장실

2) 교사실

교사실은 교사의 학습계획과 준비 작업뿐 아니라 교재교구를 제작하고 회의를 하며 휴식을 취할 수 있는 공간이다. 교사실을 계획함에 있어 의사소통과 협동, 상호 자극, 의견 모으기 등을 조장하고, 필요한 경우 활동의 독립성을 보장하여 개인이 집중해서 활동할 수 있는 배치가 중요하다. 교사실에는 작업공간과 수납공간, 간이 부엌, 휴식용 소파 등이 있는 휴식공간이 요구되고, 보육실이나 교재실로의 접근이 용이하면서도 영유아로부터는 적절히 분리되어 교사가 충분히 휴식하고 업무에 집중할 수 있도록 구성되어야 한다.

보육실 내 사무공간의 경우에는 두 명의 보육교사가 공유하며 사용할 수 있는 기본적인 가구로서 두 개의 의자와 한 개의 책상, 파일 캐비닛, 책장 등이 마련될 수 있다.

| 그림 8-54 | 교사실

3) 사무실

사무실은 학부모 및 방문객을 반갑게 맞아들이고 그들에게 어린이집을 소개하고 상담과 접수를 받는 어린이집 업무를 처리할 수 있는 공간이다(정정옥, 2008). 아무리 협소한 보육공간이라도 최소한의 기록된 자료 등을 보관하는 사무공간이 필요하다. 사무실은 접수영역, 업무영역, 상담영역으로 구성하여 다목적으로 활용한다. 사무실은 행정업무를 용이하게 처리할 수 있고, 어린이집에 대한 정보를 제공하기 쉬우며, 출입자를 쉽게 관찰하고 접근할 수 있는 곳에 위치하는 것이 좋다.

| 그림 8-55 | 사무실

4) 부모대기실

성인을 위해 보다 안락한 공간이 제공되려면 성인 크기의 의자와 탁자가 있는 공간이면 바람직하겠다. 교직원과 상담을 위한 안락한 부모용 가구도 필요하다. 게시판과 옷걸이대는 성인 공간에 편리한 소품이다. 부모와 방문자를 위해 보육공간과는 분리된 위치에 안락한 소파, 램프, 탁자, 책장 등을 비치하여 지속적으로 읽을 수 있는 자료와 커피나 다른 충전할 수 있는 시설을 갖추는 것이 필요하다. 대부분의 어린이집에서는 부모 대기 공간이나 서비스 공간이 별도로 없어서 교사실·사무실 내에 부모 대기 공간을 별도로 마련하고 부모들이 볼 수 있도록 도서, 자료, 신문 등을 비치하기도 한다(윤애희 외, 2003).

| 그림 8-56 | 부모대기실

5) 상담실

상담실은 성인들이 상담을 할 때 이용하는 공간이다. 어린이집에서는 연 2회 이상 영유아들의 전반적인 발달에 대해 학부모 상담이 이루어지며 필요시 수시로 상담이 진행된다. 또한 어린이집 교직원들도 연 1회 이상 원장과의 상담을 진행하게 된다. 이때 타인의 방해를 받지 않도록 구분되어진 장소가 있어서 언제든지 학부모와 교직원이 희망할 경우 상담받을 수 있도록 하며, 상담 테이블과 의자 등이 마련되어 있어서 편안하게 상담할 수 있는 환경을 마련한다.

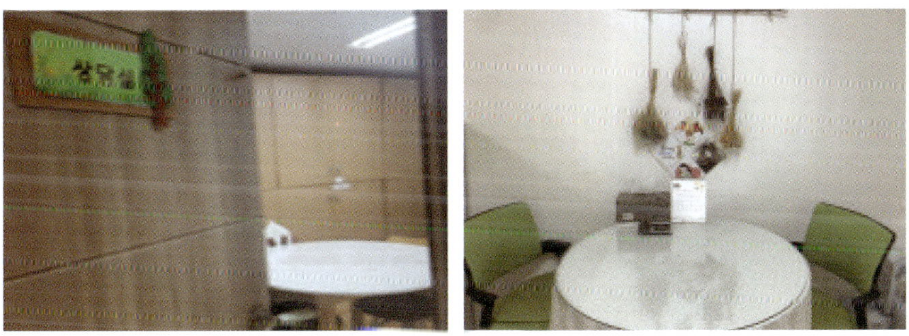

| 그림 8-57 | 상담실

6 창의적 놀이공간

1) 놀이영역

놀이영역은 영유아들의 놀이에 있어서 흥미영역에 제약을 두지 않고 공간을 자유롭게 사용하여 놀이하도록 지원하는 공간을 의미한다.

어린이집의 공간은 교육철학이나 보육실의 물리적 구조, 유아의 연령과 흥미에 따라서 공간을 구성한다. 보육실 내에 반드시 배치되어야 하는 흥미영역역이 정해져 있는 것이 아니므로 유아의 놀이를 지원할 수 있도록 공간을 융통성 있게 구성한다(교육부·보건복지부, 2020).

2) 놀이영역 구성

(1) 영유아가 공간 구성의 주도권을 가진다

교사는 영유아들에게 공간이 어떻게 이용되고 있는지 놀이상황을 관찰하면서 놀이가 유지되고 확장되도록 공간을 재구성해 준다. 이때 영유아의 의견을 반영하여 놀이 공간을 구성하고, 운영해 나가도록 한다. 더 나아가 교사가 유아의 놀이의 흐름을 따라 가면서 자연스럽게 유아 스스로 놀이 공간을 배치하거나 변경하도록 지원한다.

영유아들의 놀이상황에 따라서 놀이공간이 팽이놀이영역, 곤충놀이영역과 같은 놀이영역으로 구분된다.

| 그림 8-58 | 옷 디자인 놀이 영역

| 그림 8-59 | 구슬 굴리기 놀이 영역

(2) 영유아가 공간을 스스로 찾아내어 만든다

영유아는 놀이를 통해 새로운 놀이 공간을 찾거나 만든다. 이때 교사는 그 공간이 안전한지 확인한 후 놀이공간으로 이용할 수 있도록 지원한다.

교사는 보육실이나 실외 놀이터 외에 복도, 현관 입구, 보육실과 보육실 사이의 공유 공간, 계단 밑 등도 안전하다면 놀이공간으로 허용할 수 있다(교육부·보건복지부, 2020).

| 그림 8-60 | 유희실을 놀이공간으로 이용하는 장면

어린이집의 교직원들은 영유아에게 보육서비스를 제공하는 주요한 구성원이다. 부모의 취업으로 인해 어린 영아로부터 학령 전 유아들이 깨어 있는 대부분의 시간을 어린이집에서 생활하고 있으므로 어린이집 교직원들은 미래의 자원인 영유아가 건전하게 성장·발달할 수 있도록 요구되는 다양한 역할과 자질을 갖추고 전문성을 유지·발전시켜 나가야 한다.

CHAPTER 09

어린이집 교직원

1 어린이집 교직원의 자질과 역할

교직원들이 보육활동을 수행하기 위해 합당한 자격요건을 갖추는 것도 중요하지만 각자의 역할을 보다 효과적으로 수행하기 위해서 그 직무에 적합한 자질을 갖추는 것이 필수적이다. 자질이란 생득적으로 가지고 태어난 인성적 특성뿐 아니라 후천적인 교육과 훈련 등으로 개발된 능력을 의미한다. 어린이집 교직원들의 자질과 역할은 보육의 성패를 결정할 만큼 중요하다.

1) 어린이집 교직원의 자질

(1) 원장

원장은 어린이집의 경영자로서, 행정가로서, 운영계획자로서, 관리자로서, 보육교사와 학부모의 상담자로서 다양한 역할을 수행해야 하므로 이에 적합한 자질을 갖추어야 한다.

- 아동중심 교육철학에 기반을 둔 보육과정 운영

원장은 영유아를 독립된 인격체로 존중하고 사랑해야 한다. 영유아의 인격과 개인차를 존중하고 영유아의 무한한 잠재 가능성에 대한 신뢰를 기초로 아동중심 교육철학에 기반을 둔 놀이중심 보육과정을 운영할 수 있어야 한다. 영유아가 자신의 발달수준을 드러내며 자기의 흥미와 관심 그리고 생각과 상상을 표현하면서 가장 행복할 수 있는 놀이중심보육과정을 운영할 수 있어야 어린이집의 전반적인 보육이 영유아의 발달과 행복을 조성할 수 있다.

- 상호 교류를 통한 의사결정력과
  원만한 인간관계 기술을 가진 민주적 리더십

원장은 보육활동의 방향결정자, 보육과정 운영의 책임자, 어린이집 관리의 책임자로서 최종적인 의사결정의 책임을 지므로 의사결정력이 매우 중요하다. 원장은 어린이집을 운영하는 과정에서 수많은 의사결정 상황에 직면하게 되는데 이때 민주적이고 개방적인 태도로 어린이집 교직원들의 의견을 존중하고 충분히 수렴하는 등의 상호 교류하는 의사소통을 통해 합리적인 의사결정을 모색할 수 있어야 한다. 중요한 의사결정 과정에 어린이집 교직원과 학부모 그리고 지역사회의 다양한 사람들이 자발적이고 적극적으로 참여하도록 유도할 뿐 아니라 상호협력 관계 및 원활한 인간관계를 도모할 수 있는 민주적인 리더십의 자질을 갖추어야 한다.

- 어린이집의 효율적 운영과 행정 관리능력

원장은 어린이집의 전반적인 운영을 위하여 원내외 필요한 물품과 인력과 시설설비 등의 효율적 관리를 해야 한다. 또 사회가 예상치 못한 코로나 등의 전염병의 여파로 비대면 교육과 사회적 거리두기 등 상당부분 사회가 급변하는 상황 속에서 기민하게 각 가정의 요구와 반응을 고려하여 어린이집을 운영해야 하는 자질이 요구되고 있다.

보육서비스의 질 제고와 보육교직원 인건비 지원과 무상보육 등으로 어린이집 전반에 대한 정부의 재정적 지원증가와 「영유아보육법」의 지속적인 변경 등으로 이를 시행하고 감독하기 위한 행정적 절차와 문서 작성이 세밀하고 복잡해졌다. 원장은 어린이집의 행정체계를 세워 관련 법과 규정 그리고 지침 등을 숙지하여 원을 원활하게 운영하는 행정관리능력이 필요하게 되었다.

(2) 보육교사

보육교사의 자질은 효율적인 보육활동을 하기 위해 보육교사가 갖추어야 할 특성이 모여진 것으로서, 크게 개인적 자질과 전문적 자질로 나눌 수 있다(양옥승 외, 1999). 개인적 자질이란 보육교사 역할을 수행하는 데 필요한 개인의 인성과 관계되는 인성적 측면을 말하며, 전문적 자질이란 영유아에 대한 전문지식과 운영기술, 교직에 대한 건전한 태도, 윤리의식 등 교사의 전문성과 관련된 자질을 말한다.

① 개인적 자질

- 영유아에 대한 사랑과 사명감

보육교사 자격증이 있다 하더라도 영유아에 대한 관심과 애정이 없다면 그 교사는 보육교사가 될 수 있는 기본적 자질을 갖추지 못한 것이다. 영유아를 보육하는 일은 부모를 대신하므로 보육교사는 어머니와 같은 애정을 가지고 영유아의 욕구를 충족시켜야 할 뿐 아니라 영유아를 보육한다는 것은 거의 온종일 맡아 돌봐야 하는 중노동에 해당하므로 영유아를 좋아하고 사랑하지 않는다면 보육교사 직무를 계속 수행해가기 힘들 것이다.

- 신체적 · 정신적 건강

보육교사는 하루 종일 영유아와 상호작용하며 지내므로 많은 신체적 활동과 에너지가 필요하다. 영유아가 원할 때마다 끊임없이 안아 주고, 같이 놀아 주며, 영유아가 위험에 처하면 재빨리 보호해 주어야 한다. 교사의 건강에 문제가 생기면 영유아 보육활동에 직접적인 영향을 미치므로 신체적 건강은 보육교사가 반드시 갖추어야 하는 필수요건이다. 또한 교사는 심리적 · 정신적으로 건강해야 한다. 영유아기는 정서발달과 성격발달이 결정적으로 이루어지는 시기이므로 교사의 정서적 안정감과 밝고 긍정적인 인성은 영유아의 정서발달과 성격발달에도 긍정적인 영향을 미치게 된다.

- 인내심과 이해심

영유아는 정서조절이 미숙하고 주의집중 시간이 짧으며 자기중심적이기 때문에 영유아의 행동은 예측불허이다. 성인의 눈높이에서 보면 제멋대로 보이는 영유아의 행동이 이해하기 쉽지 않지만 그 연령대에서는 지극히 정상이므로 보육교사는 유아의 눈높이로 이해하려고 노력해야 하며, 예측하기 쉽지 않은 영유아의 행동과 에너지를 긍정적인 방향으로 이끌기 위해서 인내심과 이해심을 가지고 지켜보는 자세가 필요하다.

- 원만한 인간관계

보육교사는 대내적으로 원장을 비롯한 어린이집 교직원들과, 대외적으로 영유아의 부모와 가족들과 인간관계를 맺으며 생활한다. 따라서 보육교사는 여러 사람과 더불어 살아갈 수 있는 원만한 인격을 지니고 동료 교사 및 기타 직원들 그리고 학부모와 상호 협력적이며 우호적인 관계를 유지해야 한다. 원만한 인간관계를 위해서는 상대방에 대한 열린 마음과 수용적인 태도 및 진지한 자세로 의사소통하는 것이 요구된다(양옥승 외, 2009).

2 전문적 자질

보육교사의 개인적 자질이 보육교사가 지녀야 할 기본적 요건이라면 전문적 자질은 교사의 전문성과 관련된 자질을 의미한다. 이은화 등(2001)은 지식(일반 교양 지식, 교육과정에 대한 지식, 교수방법 및 평가에 대한 지식, 유아에 대한 지식), 교수기술(교육과정 구성기술, 프로그램 실천 및 평가기술, 의사소통기술, 부모 및 전문가 참여기술, 창의성, 융통성, 교재·교구의 제작 및 활용기술), 교육관(교육에 대한 소명감, 직업윤리, 전문성 함양의 노력)을 지적하였고, 조성연 외(2004)는 보육교사의 전문적 자질로 영유아발달에 대한 지식, 영유아의 기본적 건강과 안전에 대한 지식, 보육과정 및 교수방법에 대한 지식과 기술, 영유아와의 바람직한 의사소통 능력, 교직에 대한 건전한 태도, 직업윤리 등을 제시하였다.

다음에서는 여러 학자들이 제시한 보육교사의 전문적 자질을 보육활동에 필요한 지식, 보육활동에 필요한 기술, 보육교사 직무수행에 필요한 태도 및 직업윤리로 구분하여 살펴보기로 한다.

• 보육활동에 필요한 지식

보육교사는 먼저 보육에 대한 전반적 지식 및 영유아발달과 아동복지에 대한 지식이 있어야 하고, 보육과정 및 교수에 대한 지식을 습득해야 한다. 영유아 발달 및 지도를 위해서는 아동관찰 및 행동, 아동생활지도, 아동상담과 관련된 지식을 지녀야 하고, 영유아교육을 위해서는 언어, 놀이, 음악, 미술, 보육과정개발 및 교수방법에 대한 지식을 습득해야 한다. 영유아의 건강·영양 및 안전을 위해서는 영유아의 기본적인 건강, 영양 및 안전에 대한 지식을 가지고 있어야 한다. 마지막으로 영유아보육서비스는 부모 및 가정과 연계하여 이루어져야 하므로 부모교육 등에 관한 지식 등을 습득해야 한다.

• 보육활동에 필요한 기술

보육교사는 보육활동을 운영하고 평가하는 데 필요한 다양한 실천적 기술을 습득해야 한다. 영유아는 개인차가 크고 주의집중 시간이 짧으며, 언어표현이 미숙하기 때문에 보육교사는 개별적, 능동적, 융통적인 학습방법을 모색해야 한다. 따라서 보육교사는 개인차를 고려한 개별적인 교수기술, 영유아에 적합한 동기유발기술, 적극적인 학습활동을 위한 참여유도기술, 영유아와 어린이집 교직원 및 부모와 상호작용하는 데 필요한 의사소통기술, 능동적인 학습을 촉진하는 환경구성기술, 영유아발달에 적합한 교재·교구의 제작 및 활용기술, 부모 및 전문가 참여기술 등을 지녀야 한다.

- 보육교사 직무수행에 필요한 태도 및 윤리의식

보육교사의 직무는 영유아가 어린이집에서 하루 중 일정시간 동안 자신들의 잠재력을 개발시켜 나가면서 밝고 건강하고 행복하게 자랄 수 있도록 보호하고 교육하는 것이다. 따라서 보육교사가 자신의 직무에 대한 책임을 효과적으로 수행하기 위해서는 무엇보다도 영유아 보육에 대한 투철한 사명감과 영유아에 대한 참다운 이해 및 봉사하는 태도를 지니는 것이 중요하다.

보육교사 직무에 대한 사명감과 함께 지적되어야 할 자질은 교사로서의 직업윤리이다. 보육교사는 영유아가 적절한 생활태도, 가치관, 규범을 내면화하도록 도와야 하며 바람직한 사회화모델링이 되어야 한다. 보육교사는 영유아의 삶의 표본이라는 직업적 윤리의식을 지녀야 한다.

마지막으로 요구되는 자질로 교사의 전문성 함양 노력을 들 수 있다. 보육교사는 교사로서의 자질을 향상시키기 위하여 늘 새로운 지식을 습득하고 창의적인 교수법을 개발해야 하며, 아동에게 본보기가 되기 위해 자기성숙을 위한 노력을 아끼지 않아야 한다.

이상에서와 같이 보육교사의 자질이란 태어날 때부터 가지고 태어난 생득적인 측면도 있지만 교사 자신의 전문적 지식, 기술, 능력 신장을 위한 끊임없는 후천적 노력도 매우 중요하다.

2) 어린이집 교직원의 역할

(1) 원장

원장은 어린이집을 총체적으로 관리·감독하고 전반적인 유영계획을 수립하고 기관을 대표한다. 원장은 어린이집의 책임자로서 효과적인 보육활동을 이끌어가기 위해 보육목표와 보육과정을 설정하고 실행하는 데 중심역할을 하므로,

원장이 지닌 철학, 자질과 능력이 양질의 보육을 가능하게 한다. 교직원을 채용하고 이들의 직무를 관리하고 근무를 평가하며 사회적 변화에 따른 새로운 흐름들을 교직원의 보육업무에 반영하도록 연수나 재교육을 제공하는 등 교직원의 전문성 강화에도 힘써야 한다. 어린이집의 예산을 편성하고 결산하며 재원을 조달하는 재정관리뿐 아니라 어린이집의 물리적 환경인 시설·설비를 관리하고 비품과 교재교구를 구입하여 관리한다. 특히 어린이집은 다른 조직에 비해 규모가 비교적 작고, 조직 구성원들 간의 관계가 밀접하므로 보육교사들이 안정된 분위기 속에서 각자의 생각을 나누면서 새로운 방향을 모색해 나가도록 하는 원장의 리더십이 필요하다. 이렇게 교직원 간의 원활한 의사소통과 부모와의 관계유지 그리고 행정당국과 지역사회 관련 기관과 단체 및 인사들과의 관계를 유지하는 역할도 있다. 이상의 여러 가지 임무를 효과적으로 수행하기 위해서 원장은 다양한 역할을 수행해야 한다(김종철, 1994).

① 기관의 통합·대표자로서의 역할

원장은 어린이집 내부적으로는 조직을 통합하는 기능을 수행하고 외부적으로는 어린이집을 대표하는 역할을 담당한다. 즉, 어린이집의 내부 및 대외적 행정업무를 처리하고 지역사회, 학부모와 협력적인 관계를 유지하는 역할을 수행한다.

② 계획·평가자로서의 역할

원장은 어린이집의 보육철학 및 이념에 따라 보육목표를 설정하며 이에 따른 보육과정을 계획할 뿐 아니라 보육교사들의 보육활동 내용 및 교수·학습방법을 점검하고 평가하는 역할을 수행한다.

③ 관리자로서의 역할

원장의 관리자로서의 역할은 인적 관리, 물적 관리, 운영 관리의 세 가지 측면으로 나누어 살펴볼 수 있다. 인적 관리는 보육교사를 비롯한 보육교직원들을 채용하고 효과적으로 직무를 수행하도록 관리하는 것을 의미하며, 운영 관리는 보육예산을 편성하고 효율적으로 집행하며 나아가 전반적인 운영을 관리하는 것이다. 물적 관리는 보육의 물리적 환경 즉, 시설과 설비 그리고 교재·교구를 비롯한 물품을 구매하고 관리하는 것을 말한다.

④ 인화 조정자로서의 역할

어린이집은 다른 조직에 비해 대부분 규모가 작고 조직 구성원 간의 인간관계가 밀접하며 또한 발달단계에 있는 영유아를 대상으로 보호하고 교육한다는 특징을 지니고 있다. 따라서 원장은 어린이집 교직원들이 따뜻하고 긍정적인 분위기에서 어린이집에 대한 소속감과 공동체 의식을 갖고 직무를 수행할 수 있도록 격려하고 지원하는 역할을 수행한다.

(2) 보육교사

① 양육자로서의 역할

양육자로서의 보육교사는 부모와 같은 따뜻한 돌봄을 제공하는 대리양육자와 동일시 대상인 모델, 그리고 훈육자로서의 역할로 구성된다.

- 대리양육자

그 어느 시기보다 부모의 돌봄이 필요한 영유아기에 가정이 아닌 어린이집에서 부모가 아닌 보육교사와 하루 종일 집단으로 생활해야 하는 영유아는 대부분 불안해하며 부모의 품을 그리워한다. 그래서 영유아들은 교사에게 심리적인 의존과 신체적인 접촉을 요구하며 지속적인 보호와 양육을 원한다. 교사는 대리양육자로서 가정의 부모와 같은 따뜻함으로 영유아를 돌보아 그들이 정서적 안정을 갖도록 도와주어야 한다. 그래서 영유아들의 심신이 편안하고 안정이 되어

교육을 받을 수 있는 준비를 하도록 한다.

- 동일시의 대상

영유아가 교사와 애착과 신뢰를 형성하게 되면 보육시간 동안 이루어지는 교사의 언행, 태도, 가치관 등을 보고 쉽게 배운다. 영유아는 보육교사와의 지속적인 상호작용을 통하여 동일시하는 가운데 사회의 가치와 규범과 생활양식을 습득한다. 이렇게 영유아들은 사회화되는 과정에서 주변의 친숙한 인물들의 행동 등을 모방한다. 교사는 영유아들의 동일시 대상으로 모델이 되는 역할이 있으므로 바람직한 사회화의 모델링으로서 영유아에게 건전하고 좋은 본보기가 되어야 한다.

- 훈육자

교사는 생활 속에서 영유아와 상호작용을 하는 가운데, 소속한 사회의 성원으로 살아갈 수 있도록 적절한 태도와 가치관, 그리고 규범을 내면화하도록 도와주어야 한다. 다른 사람을 때리거나 놀잇감을 빼앗는 등의 행동을 하는 유아에게 기대하는 행동을 알려 주며 일관적인 지도를 하는 훈육자로서의 역할이 있다(양옥승 외, 1999).

2 놀이지원자로서의 역할

놀이지원자로서의 역할에는 편성하기, 학습실천하기, 상호작용하기, 평가하기의 역할이 있다.

- 일과 편성자

교육적 지원을 하기 위해 연간계획을 살펴보고 월간, 주간, 일일계획을 검토하여 어린이집이나 교사의 실정에 맞게 놀이 계획안을 작성해 본다. 일과를 융통성 있게 구성하여 놀이시간을 충분히 운영하고, 놀이와 연결된 활동으로 일상생활이 영유아 주도적으로 이루어지도록 한다.

- 학습 조성자

놀이공간을 넓혀 보거나 공간배치의 주도권을 유아에게 주거나 놀이 가능한 다른 공간을 찾아보는 등 놀이공간을 배치한다. 놀이자료는 자연물과 자연현상 그리고 일상의 사물도 될 수 있고, 자료가 없어도 놀이할 수 있고 기존의 자료로 새롭게 활용해 볼 수 있으므로 유아가 설정한 자료 활용 방법을 격려한다. 놀이 공간의 융통성 있는 배치와 놀이 환경을 새롭게 도전적으로 조성하여 영유아의 탐구심을 충족시키고 발전시키는 학습 조성자로서의 역할을 한다.

- 상호작용자

보육교사는 먼저 영유아의 놀이가 어떻게 발현하는지 기다리고 관찰을 하면서 교사-유아, 유아-유아, 유아-환경 간의 상호작용울 지원한다. 교사는 영유아의 놀이에 자연스럽게 참여하여 놀이하면서 놀이를 제안하고 지속적으로 질문을 하고 놀이과정에 대해 정서적으로 지원하는 상호작용자로서의 역할을 한다.

- 관찰 및 기록을 통한 평가자

보육교사는 놀이에서 나타나는 놀이 구성물이나 놀이과정과 결과를 관찰하여 기록하며 영유아 개인의 놀이 특성과 변화정도를 평가할 수 있다. 각 영유아에 대한 놀이 기록과 평가는 다음 놀이계획과 지원에 참고자료가 될 수 있어서 교사가 놀이를 지원하는 데 도움이 될 수 있다.

3 협력자로서의 역할

보육교사는 어린이집 내의 동료 교직원과 개방적인 태도로 대화를 나누며 서로 의견을 교환하고 상반된 의견을 조정해 나가며 상호 협력적인 관계를 가질 필요가 있다. 교직원들과 함께 교육비전을 만들어 가며 자발적으로 다양한 형태와 주제의 학습공동체를 이루며 상호 협력하는 가운데 교직원의 교사 역량을 발전시키게 된다. 이뿐 아니라 보육교사는 부모와 SNS나 메일 혹은 문자 등 다양한 방법으로 의사소통을 하면서 영유아의 놀이정보를 공유하고 놀이이해를 돕는 학부모 모임도 구성하여 어린이집-부모 간의 원활한 관계형성을 통해 기관에 대한 신뢰감이 형성되도록 노력해야 한다. 또한 보육교사는 영유아의 경험확장을 위해 지역사회 자원이 무엇인지를 알고 교육에 활용할 방안을 가지며, 육아종합지원센터나 공공기관 등의 지역지원체계를 통해 지역사회로부터 광범위한 교육적 지원을 얻는 역할을 하면서 지역사회와 연계하고 협력하는 역할을 할 수 있다.

(3) 연령별 보육교사의 역할

1 영아담당 보육교사의 역할

영아기는 0세부터 만 2세의 시기로서 이 시기는 신체, 인지, 정서, 사회성 등 모든 면에서 발달의 기초가 이루어지는 가장 중요한 시기이다. 영아담당 교사는 영아의 필요와 요구에 민감하게 반응하는 상호작용 기술을 발달시켜 영아와 신뢰관계를 형성하는 것이 가장 중요하다. 영아담당 보육교사는 영아의 발달적 특성을 이해하는 역할, 신뢰감 형성을 도와주는 역할, 영아의 기질적 특성을 존중해 주는 역할, 또래와의 상호작용을 돕는 역할, 놀이참여를 돕는 역할, 일상생활을 돕는 역할 등 다양한 역할을 수행하여야 한다(유희정 · 이미화, 2005).

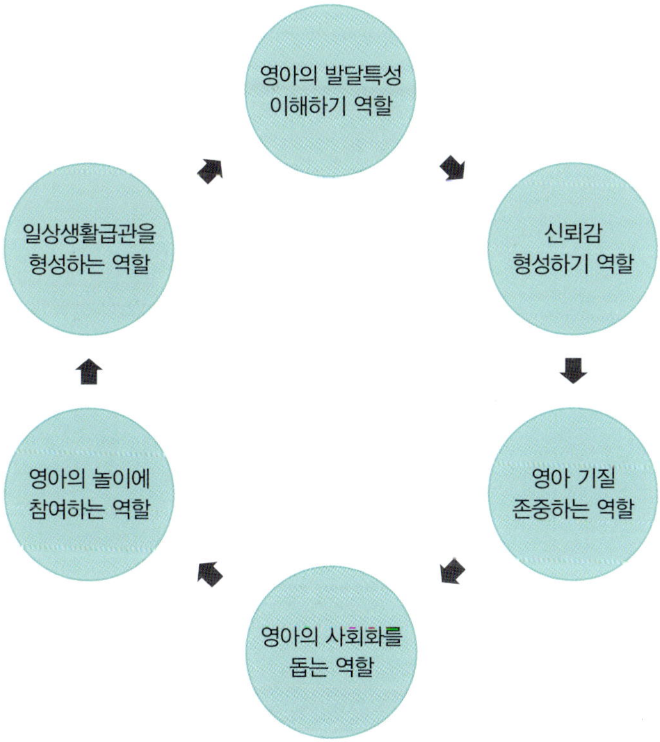

| 그림 9-1 | 영아담당 보육교사의 역할

- 영아의 발달 특성을 이해하는 역할

영아기는 신체 성장과 정서발달이 급격하게 이루어지는 가장 중요한 시기이며 대근육 발달이 왕성하므로 실내와 실외에 대근육영역을 마련하여 수시로 마음껏 움직이며 뛰어놀 수 있도록 계획한다. 또한 영아기는 발달상 개인차가 뚜렷한 시기이므로 영아의 개별적인 특성을 고려한 융통성 있는 하루 일과 운영이 필요하다. 영아 중기까지는 언어를 통한 의사표현이 미숙하므로 보육교사는 영아의 행동이나 표정을 보고 언어화하며 반응하고 민감하게 그들의 욕구를 파악해야 한다. 영아 후기에는 급속한 언어발달이 이루어지므로 보육교사는 듣기와 말하기와 읽기, 그리고 쓰기 등의 풍부한 언어자료를 제공하고 올바른 언어모델이 되어야 한다.

• 신뢰감을 형성하는 역할

| 그림 9-2 | 신체활동하며 교사와 친밀감 나누기

생후 1년까지의 시기는 영아와 양육자 간에 애착이 형성되는 시기이므로 영아 담당 보육교사는 영아와의 안정된 애착관계를 형성하는 데 주력해야 한다. 보육교사는 부모를 떠난 영아가 편안하고 안정된 분위기 속에서 교사와 신뢰관계를 유지할 수 있도록 영아의 다양한 요구를 신속하게 파악하여 민감하게 반응하고 적절한 신체적 접촉을 통하여 영아가 정서적 안정과 발달을 이루도록 돕는다.

• 영아의 기질을 존중하는 역할

보육교사는 영아의 순한 기질, 느린 기질, 까다로운 기질적 특성을 이해하여 이를 보육에 반영하여야 한다. 예를 들면, 느린 기질의 영아라면 영아가 준비될 때까지 기다려 주어야 하고, 기질이 까다로운 영아에게는 민감한 주의력과 인내가 요구된다.

• 영아의 사회화를 돕는 역할

영아기는 또래와의 상호작용이 매우 초보적인 형태이나 이는 이후의 사회성 발달의 토대가 되므로 보육교사는 또래 간의 상호작용을 자연스럽게 증진시킨다. 영아기는 자아개념이 형성되고 여러 가지 정서가 분화되어 정서표현이 강렬

하게 나타나지만 정서조절이 부족하여 또래 간에 싸움이나 공격적인 행동이 일어나기 쉽다. 이때 교사는 영아가 자신의 감정을 상황에 맞게 표현하도록 지도하고 적절한 중재자의 역할을 해야 한다.

- 영아 놀이에 참여하는 역할

보육교사는 영아의 놀이환경을 제공해 주고 영아의 놀이에 참여하여 놀이가 영아의 전인적 발달을 돕는 교육적이고 가치 있는 활동이 되도록 해야 한다. 보육교사는 다양한 실내외 놀이활동과 놀잇감을 연령에 적합하게 준비하는 것이 필요하다.

- 일상생활습관을 형성하는 역할

영아기는 기본적인 자조행동의 발달되는 시기이므로 보육교사는 연령별로 일상생활습관의 훈련을 단계적으로 실시해야 한다. 즉, 배변훈련, 옷 입기, 식사하기, 낮잠 자기 등과 관련된 다양한 교육활동을 제공함으로써 영아가 올바른 일상생활습관을 몸에 익히도록 반복적으로 지도해야 한다. "세 살 버릇 여든까지 간다."는 속담은 영아기부터 훈육이 필요하다는 것을 암시하고 있다. 따라서 이 시기부터 보육교사는 단호하면서도 부드러운 태도로 일관성 있게 영아가 지켜야 할 최소한의 훈육을 지도해야 한다.

2) 유아담당 보육교사의 역할

유아담당 보육교사의 역할은 만 3~5세의 발달상의 과업과 요구에 따라 날라진다. 이 시기의 유아는 자아개념이 발달하고 자아존중감이 형성되며 자신과 주변세계에 대하여 호기심이 왕성한 시기이다. 따라서 보육교사는 유아의 신체·정서·언어·사회성 및 인지적 발달을 조성하는 다양한 활동을 계획하여야 한다. 유아반 보육교사의 역할은 상호작용사, 놀이 조성사, 사회적 관계형성 조력자, 기본생활습관 지도자로 살펴볼 수 있다(조성연 외, 2004).

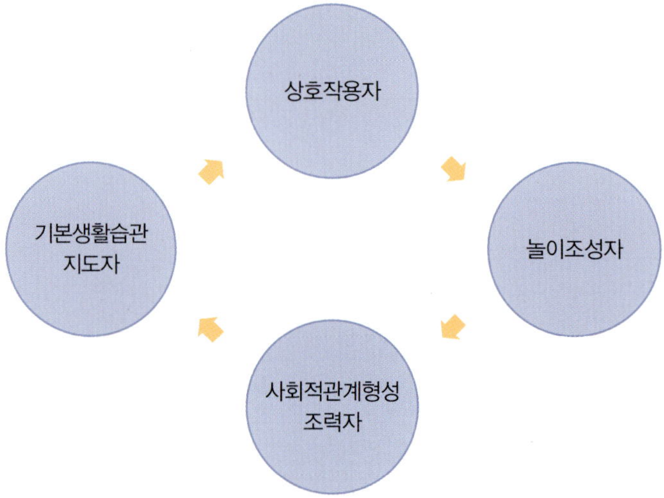

| 그림 9-3 | 유아담당 보육교사의 역할

• 상호작용자

이 시기의 유아는 환경과의 적극적인 상호작용을 통해 많은 것을 학습하므로 보육교사는 유아의 연령과 개인차를 고려하여 발달에 적합한 환경 및 학습활동을 제공하고 효과적으로 상호작용하여야 한다. 보육교사는 유아가 호기심을 갖고 주변세계를 탐색하는 과정에서 유아 스스로가 문제를 해결할 수 있도록 창의적 사고 과정을 촉진시켜 주는 개방형 질문기법으로 유아와의 상호작용을 원활하고 풍부하게 한다.

• 놀이 조성과 지원자

유아는 또래들과 여러 가지 놀이를 경험하면서 긍정적인 자아개념, 자율성, 개념 발달과 조작적 사고, 조망능력과 성취감 등을 발달시키게 된다.

놀이는 유아가 가장 즐기는 자발적인 활동으로서 체험적, 탐구적, 반복적, 창의적인 특성을 지니며 다양한 경험을 포함하고 있는 가장 적절한 보육활동 중의 하나이다. 그러므로 보육교사가 놀이에 적합한 환경구성, 다양한 놀잇감 등을 제공해 주며 상황에 따라 직·간접으로 놀이상황에 개입하면 놀이가 확장된다. 보육교사는 유아의 놀이가 풍부해지도록 충분한 시간과 놀잇감, 그리고 다양한 놀이 공간을 허용하고 사전경험을 고려한 놀이 주제를 제공함으로써 유아가 놀이를 통해 발달과 학습경험을 강화시킬 수 있도록 해야 한다.

- 사회적 관계형성 조력자

유아기는 타인과의 사회적 관계가 형성되기 시작하는 시기로서 특히 또래와의 영향력이 커지는 시기이다. 유아는 또래와 함께 협동하고 사이좋게 놀거나 경쟁하고 싸움을 하면서 타인과 함께 살아가는 지혜를 배우게 되고, 도덕적 기준이나 규칙, 성 역할 등 수많은 사회적 학습을 하면서 사회적 존재로 성장해 간다.

보육교사는 유아가 다양한 또래와 사회적 관계를 맺고 유지할 수 있도록 개별 유아의 또래관계를 파악하여 또래와의 활동을 격려하고 도와야 한다. 이를 위해서 보육교사는 유아가 자신의 욕구와 감정을 언어로 의사소통하도록 하고, 정서를 건설적으로 표현하도록 도와야 한다. 또한 유아는 자기중심적이고 타인에 대한 조망능력이 부족하므로 또래관계에서 종종 갈등 상황이 발생하게 된다. 갈등이 발생하면 교사는 유아에게 문제해결 방안을 제시하고 효과적인 갈등해결 기술을 발달시키도록 도움으로써 또래와 긍정적이고 생산적인 관계를 유지하도록 하는 등 적절한 도움을 제공해야 한다.

- 기본생활습관 지도자

보육교사는 유아가 기본적인 생활습관뿐 아니라 사회적 규범을 알고 익히며 그것을 습관화할 수 있도록 도와주어야 한다. 즉, 유아들이 식습관, 옷 입고 벗기, 손 씻기, 잠자기, 정리정돈하기, 자신의 물건과 공동의 물건을 소중히 다루기 등을 매일의 반복되는 일상생활 속에서 자연스럽게 습득해 가도록 시도해야 한다(조혜경 외, 2009).

(4) 보육교직원의 배치

어린이집에 근무하는 보육교직원은 원장과 보육교사, 간호사, 영양사와 조리원 등으로 구성된다. 어린이집의 보육하는 영유아의 연령과 원아 수에 따라 교직원의 수가 결정되는데 보육교직원 구분에 따른 배치기준은 다음과 같다.

<table>
<tr><th>구분</th><th>배치기준</th><th>자격기준</th><th>비고</th></tr>
<tr><td>원장</td><td>어린이집별 1인
※ 다만, 영유아 20인 이하를 보육하는 어린이집은 어린이집의 원장이 보육교사를 겸임할 수 있음</td><td>영유아보육법
시행규칙
제10조 별표 2</td><td>정원기준</td></tr>
<tr><td>보육교사</td><td>교사 대 아동비율<table><tr><td>만 0세</td><td>만 1세</td><td>만 2세</td><td>만 3 세</td><td>만 4세
이상</td><td>장애아</td><td>취학
아동</td></tr><tr><td>1:3</td><td>1:5</td><td>1:7</td><td>1:15</td><td>1:20</td><td>1:3</td><td>1:20</td></tr></table>· 연장반 만 3세 미만 ⇒ 영아 5인당 1인
· 연장반 만 3세 이상 ⇒ 유아 15인당 1인
※연장반의 만 1세 미만 및 장애아 ⇒ 3인당 1인</td><td>영유아보육법
시행규칙
제10조 별표 2</td><td>현원기준</td></tr>
<tr><td>간호사</td><td>· 영유아 100인 이상을 보육하는 어린이집</td><td>–</td><td>현원기준</td></tr>
<tr><td>영양사</td><td>· 영유아 100인 이상을 보육하는 어린이집</td><td>–</td><td>현원기준</td></tr>
<tr><td>조리원</td><td>· 영유아 40인 이상을 보육하는 어린이집</td><td>–</td><td>현원기준
(방과 후
제외)</td></tr>
</table>

(조리원 채용기준 예시)

| 표 9-1 | 보육교직원의 배치

조리원 수	1인	2인	3인	4인	5인
영유아 수	40~80인	81~160인	161~240인	241~320인	320인 이상

2 어린이집 교직원의 자격과 보수교육

보육교직원의 자격기준에 대하여 보건복지부는「영유아보육법」제20조, 제21조에 근거하여「영유아보육법 시행령」제21조에 원장 및 보육교사의 자격기준에 대하여 규정하고 있으며 국가자격증으로 발급되고 있다. 어린이집 원장 및 보육교사의 자격검정과 자격증 발급·재발급에 관한 업무는 한국보육진흥원[1]에서 수행하며 자격검정은 신청자가 제출한 서류를 심사하여 검정하는 무시험을 원칙으로 한다.

1) 보육교직원의 자격

(1) 어린이집 원장 자격 기준

① 일반 어린이집 원장

- 보육교사 1급 자격을 취득한 후 3년 이상의 보육 등 아동복지 업무경력이 있는 사람
- 「유아교육법」에 따른 유치원정교사 1급 자격을 취득한 후 3년 이상의 보육 등 아동복지 업무 경력이 있는 사람
- 유치원 원장의 자격을 가진 사람
- 「초·중등교육법」에 의한 초등학교 정교사 자격을 취득한 후 5년 이상의 보육 등 아동복지 업무 경력이 있는 사람
- 「사회복지사업법」에 따른 사회복지사 1급 자격을 취득한 후 5년 이상의 보육 등 아동복지 업무 경력이 있는 사람

1) 한국보육진흥원 교직원지원국 자격관리팀(서울특별시 용산구 청파로 345 주연빌딩 5층)
http://chrd.childcare.go.kr ☎ 1661-5666

- 「의료법」에 따른 간호사 면허를 취득한 후 7년 이상의 보육 등 아동복지 업무 경력이 있는 사람
- 국가 또는 지방자치 단체에서 7급 이상의 공무원으로 보육 등 아동복지업무 5년 이상의 근무한 경력이 있는 사람

2 가정어린이집 원장

- 일반기준에서 정한 자격을 갖춘 사람
- 보육교사 1급 이상 자격을 취득한 후 1년 이상의 보육업무 경력이 있는 사람

3 영아전담어린이집 원장

- 일반기준에서 정한 자격을 갖춘 사람
- 간호사 면허를 취득한 후 5년 이상의 아동간호업무 경력이 있는 사람

4 장애아전문어린이집 원장

- 일반기준에서 정한 자격을 갖춘 사람으로서 다음의 어느 하나에 해당하는 사람
- 대학(전문대학을 포함)에서 장애인복지 및 재활관련학과를 전공한 사람
- 장애영유아 어린이집에서 2년 이상의 보육업무 경력이 있는 사람

5 대학(전문대학 포함) 또는 교육훈련시설이 운영(위탁 또는 부설운영)하는 어린이집

- 일반기준에서 정한 자격을 갖춘 사람
- 어린이집을 운영하는 대학의 조교수 또는 교육훈련시설의 전임교수 이상으로서 보육 관련 교과목에 대해 3년 이상의 교육경력이 있는자

※ 조건부 어린이집 원장 자격을 부여받을 수 있으나, 겸임제한 규정에 따라 어린이집 원장을 겸임할 수 없음

※ 1~4까지의 어느 하나에 해당하는 사람은 보건복지부령으로 정하는 사전직무교육을 받아야 함

(2) 보육교사의 자격 기준

① 보육교사 1급

- 보육교사 2급 자격을 취득한 후 3년 이상의 보육 업무 경력과 보건복지부장관이 정하는 승급교육을 받은 사람
- 보육교사 2급 자격을 취득한 후 보육 관련 대학원에서 석사학위를 취득하고 1년 이상 보육 업무 경력이 있는 사람으로서 보건복지부장관이 정하는 승급교육을 받은 사람

② 보육교사 2급

- 전문대학 또는 이와 동등 이상의 학교에서 보건복지부령이 정하는 보육 관련 교과목 및 학점을 이수하고 졸업한 사람
- 보육교사 3급 자격을 취득한 후 2년 이상의 보육 업무 경력이 있는 사람으로서 보건복지부장관이 정하는 승급교육을 받은 사람

③ 보육교사 3급

- 고등학교 또는 이와 같은 수준 이상의 학교를 졸업한 사람으로서 보건복지부령이 정하는 교육 훈련시설에서 정해진 교육과정을 수료한 사람

2) 양성과정의 보육교사 자격취득을 위한 교과목과 보육실습

영유아를 보육하고 교육하기 위한 보육교사로서의 자질과 능력을 갖추기 위해서는 일정기간 교육과 훈련이 필요하다.

(1) 적용 대상

- 「고등교육법」에 의한 전문대학, 대학 등에서 보육관련 교과목 및 학점을 이수하고 전문학사학위 이상을 취득한 사람
- 「학점인정 등에 관한 법률」에 따라 학점은행제로 보육관련 교과목 및 학점을 이수하고 전문학사학위 이상을 취득한 사람
- 다른 법률에서 졸업 시 전문대학 이상의 학력이 인정되는 시설에서 보육관련 교과목 및 학점을 이수하고 전문학사학위 이상을 취득한 사람

(2) 교과목 및 학점 기준(2016. 8. 1. 시행)

보육교사 2급 자격취득을 위하여 이수해야 하는 교과목과 학점은 「영유아보육법 시행규칙」 제12조 제1항 별표 4의 규정에 의한 보육관련 교과목 중 총 17과목 51학점 이상을 이수하고 졸업한 경우이다.

보육교사 자격취득 관련 교과목에서 대면교육을 강화하고 보육실습을 확대하게 되었다. 보육교사의 인성과 자질을 향상시켜 전문성을 높이고 보육서비스의 질적 수준 향상을 위하여 보육교사의 자격기준을 〈표 9-2〉와 같이 변경하게 되었다.

| 표 9-2 | 보육교사 자격취득과목과 대면교육 교과목 및 보육실습 확대

1) 교육영역별 교과목 및 학점

구분		교과목	이수과목(학점)
교사 인성 영역	필수 교과목	보육교사(인성)론, 아동권리와 복지	2과목(6학점)
보육 지식과 기술 영역	필수 교과목	보육학개론, 보육과정, 영유아발달, 영유아교수방법론, 놀이지도, 언어지도, 아동음악(또는 아동동작, 아동미술), 아동수학지도(또는 아동과학지도), 아동안전관리(또는 아동생활지도)	9과목(27학점)
	선택 교과목	아동건강교육, 영유아 사회정서지도, 아동문학교육, 아동상담론, 장애아 지도, 특수아동 이해, 어린이집 운영관리, 영유아 보육프로그램 개발과 평가, 보육정책론, 정신건강론, 인간행동과 사회환경, 아동간호학, 아동영양학, 부모교육론, 가족복지론, 가족관계론, 지역사회복지론	4과목(12학점) 이상
보육 실무영역	필수 교과목	아동관찰 및 행동연구, 보육실습	2과목(6학점)
전체		17과목 51학점 이상	

2) 대면교과목

구분	교과목
인성영역	보육교사(인성)론, 아동권리와 복지
보육 지식과 기술영역	놀이지도, 언어지도, 아동음악(또는 아동동작, 아동미술), 아동수학지도(또는 아동과학지도), 아동안전관리(또는 아동생활지도)
보육 실무영역	아동관찰 및 행동연구, 보육실습

*교육영역별 대면교과목 실시방법: 과목당 8시간 이상 출석 수업, 1회 이상 출석 시험 실시

3) 보육실습 기준

구분	기준
실습 운영	이론수업과 보육 현장실습으로 운영
실습 시기	보육실습 교과목이 개설된 학기 전후로 방학기간을 포함하여 실시가능
실습 기간	6주 240시간(2회에 나누어 실시 가능)

구분	기준
실습 기관	· 정원 15명 이상으로 평가인증을 유지하는 어린이집 · '방과 후 과정 운영 유치원'으로 등록된 유치원
실습 지도교사	· 보육교사 1급 또는 유치원 정교사 1급 · 실습 지도교사 1명당 보육실습 3명 이내 지도
실습 인정시간	· 평일(월요일~금요일) 오전 9시~오후 7시 · 실습시간은 하루에 8시간을 초과할 수 없음
실습의 평가	· 보육실습일지와 실습평가서 작성 · 평가점수 80점 이상
보육실습확인서	· 보육교사 자격증 발급신청 시 보육실습 내용의 적절성을 증명하는 보육실습 확인서를 제출하여야 한다.
실습관리 시스템을 통한 보육실습관리	· 어린이집에서 보육실습을 이수한 경우, 어린이집 지원시스템에 보육실습 내용을 등록하고 제출해야 한다.

(3) 보육교직원 자격취소

어린이집 원장과 보육교사의 자격을 취소하는 처분권자는 취소사유가 발생한 지역의 시장·군수·구청장이 결정하며 자격 취소 사유는 다음과 같다.

1. 거짓이나 그 밖의 부정한 방법으로 자격증을 취득한 경우
2. 자격 취득자가 업무 수행 중 그 자격과 관련하여 고의나 중대한 과실로 손해를 입히고 금고 이상의 형을 선고받은 경우
3. 「아동복지법」 제3조 제7호의 2에 따른 아동학대 관련 범죄로 처벌을 받은 경우
4. 제22조의 2에 따른 명의대여 금지 등의 의무를 위반한 경우
   * 다른 사람에게 자기의 성명이나 어린이집의 명칭을 사용하여 어린이집의 원장업무를 수행하게 하거나 자격증을 대여한 경우
5. 자격정지처분을 3회 이상 받은 경우
6. 자격정지처분을 받고도 자격정지처분기간 이내에 자격증을 사용하여 자격 관련 업무를 수행한 경우
7. 금고 이상의 형을 선고받은 경우
   * 거짓이나 그 밖의 부정한 방법으로 보조금을 교부받거나 보조금을 유용한 경우

3) 보육교직원의 보수교육

(1) 보수교육의 정의

보수교육은 어린이집 교직원의 자질향상을 위해 실시하는 교육으로서 보육에 필요한 지식과 능력을 유지 · 개발하기 위하여 보육교직원이 정기적으로 받는 직무교육과 보육교사가 상위 등급의 자격(3급→2급, 2급→1급)을 취득하기 위해 받아야 하는 승급교육 및 어린이집 원장의 자격을 갖추기 위하여 받아야 하는 사전 직무교육을 말한다.

(2) 보수교육 종류

보수교육은 어린이집 원장과 보육교사를 대상으로 실시된다. 원장 및 보육교사 일반직무교육에서 기본 및 심화교육과정은 보육업무경력 등을 감안하여 교육대상자가 선택하여 이수할 수 있고, 장기미종사자 교육이 새롭게 추가되었다. 장기 미종사자 직무교육은 어린이집 원장 또는 보육교사의 자격을 취득한 사람으로서 만 2년 이상 보육업무를 수행하지 아니하다가 다시 보육업무를 수행하려는 사람으로 반드시 다시 보육업무를 수행하기 이전(채용 이전)까지 교육을 받아야 근무할 수 있다.

어린이집 원장의 보수교육

직무교육					사전직무교육
일반직무교육		특별직무교육			어린이집 원장 사전직무교육
기본교육/심화교육	장기 미종사자 교육	영아보육 직무교육	장애아 보육 직무교육	방과 후 보육 직무교육	

- **보육교사 등의 보수교육**

직무교육					승급교육	
일반직무교육		특별직무교육			2급 보육교사 승급교육	1급 보육교사 승급교육
기본교육/심화교육	장기 미종사자 교육	영아보육 직무교육	장애아 보육 직무교육	방과 후 보육 직무교육		

보수교육 시간을 살펴보면, 직무교육은 교육시간이 40시간이며, 승급교육은 교육시간이 80시간이고 승급에 필요한 시험이 실시된다. 보육교직원의 직무교육 및 승급교육에 대한 자세한 사항은 〈표 9-3〉에 제시되어 있다.

| 표 9-3 | 교육구분별 보수교육 대상자

교육 구분			교육대상	교육 시간	비고
직무 교육	일반 직무 교육	보육 교사	현직에 종사하고 있는 보육교사로서 보육업무 경력이 만 2년을 경과한 자와 보육교사 직무교육(승급교육 포함)을 받은 해부터 만 2년이 경과한 자	40시간	매 3년마다
		원장	현직에 종사하는 어린이집 원장으로서 원장 직무를 담당한 때부터 만 2년이 지난 경우	40시간	매 3년마다
		장기 미종사자	만 2년 이상 보육업무를 수행하지 아니하다가 다시 보육업무를 수행하고자 하는 보육교사 또는 원장 자격 취득자	40시간	이수하고자 하는 자
	특별 직무 교육	영아 보육	영아보육을 담당하고 있는 일반직무교육 대상자와 영아보육을 담당하고자 하는 보육교사 및 어린이집 원장	40시간	이수하고자 하는 자
		장애아 보육	장애아 보육을 담당하고 있는 일반직무교육 대상자와 장애아 보육을 담당하고자 하는 보육교사 및 어린이집 원장	40시간	이수하고자 하는 자
		방과 후 보육	방과 후 보육을 담당하고 있는 일반직무교육 대상자와 방과 후 보육을 담당하고자 하는 보육교사 및 어린이집 원장	40시간	이수하고자 하는 자
승급 교육	2급 승급 교육		보육교사 3급의 자격을 취득한 후 보육업무 경력이 만 1년이 경과한 자	80시간	이수하고자 하는 자
	1급 승급 교육		보육교사 2급의 자격을 취득한 후 보육업무 경력이 만 2년이 경과한 자 및 보육교사 2급의 자격을 취득한 후 보육 관련 대학원에서 석사 학위를 취득한 경우 보육업무 경력이 만 6개월이 경과한 자	80시간	이수하고자 하는 자
원장 사전 직무 교육	–		「영유아보육법 시행령」 별표 1 제1호의 가목부터 라목 (일반, 가정, 영아전담, 장애아전담 어린이집 원장)까지 어느 하나의 자격을 취득하고자 하는 자	80시간	이수하고자 하는 자

어린이집과 부모는 상호영향력을 미치는 관계로 어린이집의 보육 방침과 부모양육에 일관성이 있다면 영유아를 바람직한 방향으로 이끌어갈 수 있으며 영유아의 발달이 조성된다. 그래서 어린이집에서는 부모와 영유아에 대한 정보를 교환하고 서로 협력할 수 있는 다양한 의사소통과정과 방법을 만들 수 있다. 또 영유아 가족과 어린이집 연계의 효과를 극대화하기 위해서는 지역사회를 보육의 장으로 확대할 필요가 있다. 지역사회의 다양하고 풍부한 자원을 보육현장에 적극적으로 활용하는 것은 재정이나 인력자원이 부족한 어린이집에서 보육의 효과를 높일 수 있는 효율적인 방법이라고 할 수 있다.

10

CHAPTER

부모와 지역사회와의 연계

1 부모와의 연계

영유아의 교육은 부모가 교사와 함께 책임져야 한다는 논의와 함께 부모참여를 통한 '부모와 유아교육기관의 동반자적 협력 관계(school-parent partnership)'가 강조되고 있다(Epstein, 1992). 이는 부모와의 연계가 영유아, 부모, 그리고 교육기관 모두에 교육적으로 긍정적인 영향을 미친다는 많은 연구결과(Connors & Epstein, 1995; Hara & Burke, 1998; Sanders, 1996)에 기초한 것이다.

Epstein은 가정과 어린이집과 지역사회가 어떻게 파트너십을 형성하는가를 중시하였다. 단순히 부모의 요구를 반영하거나 부모가 기관에서 제공하는 프로그램에 참여하는 제한적 협조가 아닌 동반자적인 관계에서 서로를 존중하고 상호 소통하는 차원으로의 가정-어린이집 연계와 협력이 필요함을 강조하였다. 여기서 동반자적 관계란 영유아를 중심으로 서로의 관심과 책임을 나누고 영유아를 위해 보다 나은 교육의 기회를 제공해 주기 위해 함께 협조하는 교육공동체로서의 관계를 의미한다(방유선, 2016). 영유아교육의 제3의 주체이자 교사의 파트너로서 부모를 교육현장에 연계하려는 많은 시도가 이루어지고 있다. 공동체적 마인드를 가진 부모가 어린이집에서 수동적이고 보조적인 참여에서 벗어나, 교육의 주체로서 교사와 동등한 입장으로 협력하여 어린이집 운영 및 의사결정과정에 적극적으로 개입하는 것이 필요하다.

어린이집 교직원과 학부모 모두는 어린이집에서 실시하는 모든 행사 중에서 학부모가 참여하는 부모교육과 부모 오리엔테이션 그리고 부모상담을 중요하게 인식하고 있다. 부모와 연계되는 행사를 통해 어린이집과 가정에서 영유아의 생활습관 및 정보에 대해 공유할 수 있다는 점과 교사와 학부모 간의 친밀한 유대관계를 형성하여 신뢰감을 높일 수 있다는 점 때문이다(정하영, 2013).

본 장에서 어린이집과 부모와의 연계로서 부모교육, 부모참여 두 가지로 구분하였다. 부모교육(parent education)이 '부모를 가르치는 것과 관련된 활동에 대한 포괄적인 의미가 강조된 용어'로서 강연회나 워크숍 등을 통해 정보를 제공하거나 태도, 기술, 전략 등을 가르치는 다양한 활동을 의미한다면, 이에 비해 부모참여(parent participation 또는 parent involvement)는 '부모가 어린이집의 다양한 활동에 직접 참여하는 것이 강조된 용어'로서 학급활동, 부모회 활동, 기관 운영 관련 활동 등 다양한 형태와 수준의 참여가 포함된다(김희진, 2008). 그러나 부모참여는 정책결정, 부모교육, 기금마련, 자원봉사, 교사와의 정보교환 등 모든 종류의 부모와 교육기관 간의 상호작용을 의미하는 포괄적 개념으로 정의되기도 한다(김경회 외, 2006). 어린이집 교사들은 학부모를 교육의 동반자로 인식해야 할 것이며, 학부모는 교사를 자신의 자녀에 대한 전문가로 인정함으로써 서로 협력하는 노력이 필요하다(김희진, 2006). 또한, 학부모는 행사에 적극 참여하면서 요구상항이나 의견 등을 표현하고, 어린이집 교사는 그들의 의견을 경청해 주고 수렴해 주면서 행사의 모든 단계를 실시해야 한다.

1) 부모교육

부모교육이란 영유아 부모를 대상으로 자녀양육에 관한 교육적 경험을 통해 가정과 어린이집 간의 긍정적인 상호작용으로 구성원 모두가 바람직한 방향으로 변화하기 위한 교육활동이다(김금주 외, 2018). 자녀가 성장함에 따라서 부모의 역할도 변화해 가므로, 각 단계마다 적절한 역할을 수행하기 위하여 지식과 기술이 필요하며, 부모교육도 사회변화에 따라 그 목적과 내용이 달라져 간다. 부모교육은 크게 세 가지 측면에서 그 필요성이 강조된다. 첫째, 영유아의 측면에서 부모교육을 통해 부모가 바람직한 양육을 수행함으로써 영유아가 행복하고 자존감을 향상시키며 올바르게 자라나도록 안내하기 위함이다. 둘째, 부모의 측면에서 부부중심의 핵가족화로 자녀양육을 지지할 주변인이 부족한 상태에서 자녀양육의 부담과 책임이 부부에게 있으므로 부모교육을 통해 자녀성장과 발달에 대한 전문적 지식과 기술을 배워야 할 필요성이 있게 되었다. 셋째,

사회적 측면에서는 국가의 미래인 인적 자원의 효율적 개발과 사회균등정책 실행과 교육의 경제성을 높이기 위해 부모교육이 필요하다(이윤경 외, 2003; 김금주 외, 2018).

(1) 학부모 어린이집 오리엔테이션

학부모 오리엔테이션은 부모에게 내 자녀가 생활하는 어린이집의 교육과정과 교수학습방법 및 다양한 정보를 소개하는 행사로서, 부모들이 어린이집 운영체제 및 교육에 대한 올바른 이해와 긍정적인 마음을 갖게 한다(김미정, 2012). 신입원아의 부모대상 오리엔테이션에 포함되는 내용으로는 어린이집의 설립배경과 소개, 보육철학 및 목표, 학급운영, 어린이집 연혁, 연령별 운영계획, 부모 및 지역사회 연계활동, 영아와 유아 안전교육 및 소방대피훈련, 장애통합 프로그램, 학사일정, 공지사항과 교직원 소개 등으로 구성된다(한국성서대 어린이집 학부모 오리엔테이션, 2020).

| 그림 10-1 | 학부모 오리엔테이션

| 그림 10-2 | 강연회

| 표 10-1 | 어린이집 학부모 오리엔테이션 자료

2020년 ○○ 어린이집 학부모 오리엔테이션 내용

1. 어린이집 설립배경 및 소개
2. 보육철학 및 목표, 프로그램의 특징
3. 학급운영
   - 보육정원, 보육시간, 보육료, 보육환경
4. 어린이집 연혁
5. 연령별 운영계획
   - 하루일과, 놀이중심교육과정 운영계획
6. 지역사회 연계활동
7. 연간 영아 안전교육 및 소방대피훈련
8. 연간 유아 안전교육 및 소방대피훈련
9. ○○ 어린이집 장애통합프로그램
   - 장애아 통합보육, 통합 보육 프로그램의 기본방향
   - 통합보육 프로그램의 긍정적인 영향, 부모와의 협력
   - 장애유아 통합 프로그램의 전반적 진행일정
10. 부모참여 프로그램 계획
11. 지역사회 전문가 협조연계망
12. 학사일정
13. 공지사항
   - 적응 일정, 운영시간 안내 및 등·하원 인계규정안내, 영유아 복장
   - 가정과 어린이집의 연계, 급·간식 안내, 식품 알레르기 관리지침
   - 건강관리(감염병 관리 및 대책, 식중독 관리 및 대책)
   - 아프거나 다친 영유아에 대한 처리 절차 및 응급처치 동의서 작성 및 안내
   - 휴원을 요하는 질환, 예방접종 및 건강검진, 안전 및 위생관리
   - 아동학대예방 관리, 보육실 개방안내, 결석사유, 상담 및 문의전화
   - 어린이집 보험가입 및 안전사고 발생 시 어린이집이 갖는 책임한계에 관한 규정
   - 어린이집 운영위원회, 재활용품 수집 안내, 차량출입증 이용안내,
   - 외부특별활동, 등하원 자동전자출결시스템 노입
   - 교직원 보수교육 및 휴가 안내, 어린이집 부모 만족도 조사 실시 안내 등
14. 교직원 소개

출처: 한국성서대학교 어린이집 학부모 오리엔테이션 자료집(2020).

(2) 강연 및 워크숍

강연은 대다수의 학부모들이 자녀교육을 위해 공통으로 관심을 두는 문제나 자아실현을 위해 필요한 주제를 정해 해당 전문가를 초청하여 개최하는 것이다. 강연주제로는 자녀지도 관련한 영유아 발달이해, 문제행동과 지도방법 등이다. 워크숍은 강연보다는 적은 수의 부모를 대상으로 자녀와의 올바른 대화기법, 재활용품 이용한 교재교구 제작, 자녀와 함께하는 게임이나 놀이 등에 대한 지식과 기술을 배우고 실제 활동을 경험한다(정옥분 외, 2019; 성미영 외, 2020)

부모교육 안내문

1. 대상: ○○ 어린이집 학부모
2. 일시: 3월 13~14일(18:00~19:30)
3. 장소: 각 반 교실
4. 연령별 세부일정

대상	교육주제
만 1세반	만 1세 영아들을 위한 성장 마사지
만 2세반	그림책을 통한 우리 아이와의 애착증진
만 3세반	우리 아이 또래관계 형성 도와주기
만 4세반	우리 아이와 소통하기
만 5세반	내 아이의 올바른 감정코칭

| 그림 10-3 | 워크숍

2) 부모참여

부모참여가 자녀들의 성공적인 학교생활에 필수적이라는 것은 1990년대 중반부터 미국에서 실행한 연구에서 입증되어 왔다. 특히 가정에서 기관으로의 전이가 처음 이루어지는 어린이집에서는 부모의 참여가 더욱 강조될 수밖에 없다. 유아교육기관에서 유아와 교사 그리고 부모가 함께한 부모참여수업을 통해 유아의 성장에 자랑스러움을 느끼며 부모와 교사가 양육자와 교육자로서의 역할을 인식하게 되었고, 참여자들 간에 정서적 유대감 강화, 정보 공유, 협력과 지원의 관계 맺음의 기회가 되어 함께 교육공동체를 형성한다는 의미가 있었다. 따라서 부모참여수업은 참여자들의 요구와 기대를 파악하여 적극적인 참여를 유도하며, 부모참여수업을 통해 형성된 교육공동체가 지속될 수 있는 다양한 의사소통 방법을 개발하여 활용할 필요가 있다(최윤정 외, 2017). 어린이집에의 부모참여 정도가 높으면 부모의 어린이집 참여 만족도와 부모역할 만족도가 높았다(이혜순·이완정, 2016).

부모참여는 부모교육에 비해 보다 적극적인 형태의 부모협력 방안이다.

어린이집에서의 부모참여에 대한 전통적인 접근방식은 어린이집에서 일방적으로 부모의 역할을 규정하고 부모는 소극적으로 참여하는 형태를 취하였다. 그러나 보다 효과적인 부모참여가 이루어지려면 서로가 파트너십을 유지하는 동반자적 접근을 취하는 것이 바람직하다. 파트너십 접근방식은 영유아의 최적 발달을 위해서 가족과 어린이집이 책임을 공유해야 한다는 생각에서부터 시작된다. 진정한 파트너십이 유지되려면 양방적 의사소통이 가능해야 하며, 상호지원을 제공해야 하며, 의사결정에서 동등한 지위가 부여되어야 한다.

(1) 부모면담

학부모 면담 안내문

변함없이 어린이집에 관심과 협조를 보내주시는 학부모님들께 감사드리며 다음과 같이 면담의 시간을 마련하였사오니 질문에 구체적으로 응답해 주시면 상담에 노움이 되겠습니다.

반명	ㅇㅇ반	ㅁㅁ반
일정	2020년 11월 16일~11월 20일	2020년11월 16일~1월 27일

※ 상담시간은 30분이며, 다음 분을 위해 시간을 꼭 준수해 주시기 바랍니다.

반명	이름	상담가능일	시간	체크
			13:30~14:00	
			14:00~14:30	
			16:00~16:30	
			16:30~17:00	
			17:30~18:00	
※ 대면상담이 어려우신 경우 상담가능일/시간 작성 후 담임교사에게 말씀해 주시기 바랍니다.				

부모면담 안내문

가정에서 자주 이야기하는 친구 또는 좋아하는 놀이	
최근 가정에서 집중적으로 지도하는 부분	
어린이집 생활에 대해 궁금한 점	
교사와 상담하고 싶은 내용	
건의사항	

면담은 가정과 어린이집에서 영유아들의 생활에 대한 정보를 공유하고, 발달을 도모하며 문제의 해결에 대한 이해를 돕기 위한 것으로 일반적으로 정기면담을 연 2회를 계획한다. 집단 규모에 따라 집단면담과 개별면담으로 나눌 수 있는데, 집단면담은 교사와 부모가 소집단으로 모여 시기적으로 학기 초나 학기말에 어린이집 생활과 관련하여 부모들의 공통적인 관심사나 현안에 대하여 함께 모여 의견을 나누는 것을 의미한다.

개별면담은 개별 영유아에 대하여 구체적으로 의논할 수 있는 가장 적극적이고 밀접한 의사소통 방법(김금주 외, 2018)이다. 효과적인 개별면담을 위하여 안내문을 통해 부모의 면담이 가능한 시간을 알아보고, 부모가 자녀를 어린이집에 보내면서 궁금한 점이나 중요시하는 점 그리고 상담하고 싶은 내용이나 건의사항을 미리 조사하여 준비할 수 있다.

(2) 수업참관 및 부모참여수업

수업참관은 영유아 자녀가 어떻게 어린이집에서 생활하고 있는지 궁금한 측면에 대해 부모가 실제로 관찰하고 이해할 수 있다는 점에서 부모의 관심을 받는 참여형태이다. 어린이집은 부모가 보육환경과 보육내용 등의 확인을 위해 원하는 경우 보호자가 참관을 요청할 때 보육에 지장이 없는 시간대에 부모가 참관을 허용할 수 있다(「영유아보육법」 제25조 제3항).

부모참여수업은 부모가 재능에 따라 단위활동을 준비하여 집단활동 일일교사로 참여하는 방법이 있다. 또 부모가 영유아와 신체활동이나 미술삭업 그리고 요리활동 등 교육활동에 같이 참여하여 자녀와 친밀감을 형성하며 즐거움을 경험하며 참여하는 방법이 있다. 부모 참여 이후 설문 조사를 통해 차후에 보다 발전된 참여수업이 되도록 부모의견을 수렴한다.

(3) 부모 모니터링단과 열린 어린이집

부모 모니터링단이란 보육의 수요자인 부모의 어린이집 운영 참여를 도모하는 방편 중의 하나로 부모와 보육·보건 전문가가 직접 어린이집의 급식, 위생, 건강 및 안전관리 등 운영상황을 모니터링하여 부모가 믿고 맡길 수 있는 보육환경을 조성하고자 함이다. 현재 어린이집을 이용하는 영유아 부모 및 보육·보건 전문가 등 10명 이내로 위원을 구성하여 지역 내 모든 어린이집을 대상으로 건강·안전·급식·위생관리 영역을 모니터링하고 컨설팅을 실시하며 어린이집 운영과 지도에 참여할 수 있다.

열린어린이집 역시 어린이집을 운영함에 있어서 부모에게 개방적이며 부모의 일상적 참여가 이루어지도록 하는 것으로 공간개방성(참관실, 창문, 투명창, 부모 공용공간, 정보공개 등)·참여성(신입원아 부모오리엔테이션, 부모 개별상담, 운영위원회, 부모교육, 부모참여프로그램, 부모만족도조사, 부모 참관 등)·지속 가능성(부모참여활동 수요조사, 부모참여활동 정기안내 및 공지 등)·다양성(부모참여 활동의 균형적 운영, 지역사회와의 연계 및 협력 활동 등)을 반영하여 열린 어린이집으로 지정하여 자율적 운영을 보장·지원하며 부모참여를 활성화하고 있다.

| 그림 10-4 | 집단활동 일일교사

| 그림 10-5 | 부모참여수업: 부모님과 함께하는 요리활동

(4) 운영위원회

어린이집운영의 자율성과 투명성을 높이기 위하여 부모의 의견과 참여를 강조하는 운영위원회는 지역사회와의 연계를 통해 지역의 특성에 맞는 보육 실행을 위하여 마련되었다. 위원회 구성은 어린이집 원장과 보육교사 대표, 학부모 대표 및 지역사회 인사를 포함한 5인 이상 10인 이내로 구성하되, 학부모 대표가 2분의 1 이상이 되어야 한다. 어린이집 운영위원회는 어린이집 운영규정 제·개정, 예·결산, 영유아의 건강·영양, 안전 및 학대예방, 보육시간·보육과정 등 어린이집 운영, 보육교직원의 근무환경 개선, 지역사회와의 협력, 보육료 외의 필요경비와 수납액 결정 등 어린이집 주요사항 운영에 대한 제안과 건의사항을 심의할 수 있다.

2 지역사회와의 연계

1) 어린이집과 지역사회 연계

지역사회란 로컬커뮤니티(local-community)로 인간관계 또는 지리·행정적 분할에 의해 나누어진 일정한 커뮤니티 또는 공동체로 정의할 수 있다. 지역사회의 행정기관으로는 교육청, 군청, 시청, 소방서, 우체국, 보건소, 법원, 경찰서 등이 있고 공공기관으로 보육원, 양로원, 박물관, 도서관, 은행 등이 있다. 이외에도 지역사회의 범위를 이웃, 비정부기구, 종교단체, 사립재단, 사회적 및 의료적 서비스 등으로 포함하는 세계보건기구(2012)도 있다. 이렇게 지역사회란 영유아의 발달과 지원을 목표로 하는 보육 서비스와 다양한 인적·물적 자원의 교류를 통해 형성되는 협력적인 관계라고 할 수 있다. 영유아는 인접 환경에서부터 거시적 환경까지 연결되어 환경과 상호작용하면서 발달해 가는 존재(박미성, 2011)이므로 지역사회와 연계하는 일은 중요하다.

표준보육과정의 각 영역별 실행에서 영유아는 주변 세계에 관심과 흥미를 갖고 사회 구성원으로서 자신을 인식하며 자신이 속한 사회에 긍정적인 역할을 하도록 구성되어 있다. 그래서 어린이집 평가제에서 어린이집이 지역사회 자원을 활용할 뿐 아니라 지역사회에 기여하는 활동을 정기적으로 실시할 것을 권고하면서(보건복지부, 2013) 어린이집도 지역사회로부터 영향을 받지만 또 한편으로는 영향을 줄 수 있는 기관으로서 상호협력하는 관계로 나아갈 수 있다.

2) 어린이집과 지역사회 연계 구성 및 운영

(1) 어린이집과 지역사회의 연계 구성

어린이집이 다양하고도 풍부한 자원을 가진 지역사회를 보육의 장으로 연계하려는 적극적인 시도는 재정이나 인력자원이 부족한 어린이집에서 양질의 보육을 실행할 수 있는 가장 효율적인 방법이다(김정원 외, 2010). 지역사회 연계로 다양한 자원 활용을 위해 보육교사는 기본적인 정보수집과 인적자원 네트워크를 형성하여 지역사회 연계가 실행 가능할 수 있어야 한다. 예를 들어 의사, 간호사, 경찰관, 소방관이 직접 방문하여 어린이집에서 영유아들과 진료 활동에 참여하거나 소방 훈련 그리고 안전 생활과 관련하여 연계가 이루어지도록 안내할 수 있다.

영유아가 지역사회 환경이나 기관을 방문하여 견학이 가능한 장소로는 병원, 경찰서, 보건소, 초등학교, 대학, 동(면)사무소, 예비군 중대 본부, 공원관리사무소, 소방서, 지하철역 등이 있고, 지역마다 문화공간의 확충으로 공공도서관, 전시관, 박물관, 미술관, 공연장, 공원 등이 있다(조혜경 외, 2019). 어린이집과 지역사회 연계 영역은 첫째, 어린이집과 지역사회 자원과의 연계이고 둘째, 가정과 지역사회 자원의 연계이다. 각각의 영역은 기본적으로 독립성을 유지하지만 영유아의 경험과 활동에 따라 복합적인 영역으로 확대될 수 있다.

먼저 어린이집과 지역사회 자원과의 연계활동은 개별 어린이집을 중심으로 할 수 있다. 영유아 시기에 꼭 필요한 기본생활습관을 시작으로 식생활 교육, 위생교육, 안전교육, 인권교육, 환경교육, 다문화교육, 건강증진 교육 등을 지역사회 기관과 협력할 수 있다. 물론 지역사회 연계기관 및 교육내용은 시대의 흐름과 사회적 이슈에 따라 지속되기도 하고 변화하고 새롭게 생겨나기도 한다. 이러한 지역사회 연계 교육은 간접체험을 통한 일상경험, 인식의 변화, 사고를 사전에 예방하는 효과가 있다.

(2) 어린이집과 지역사회 전문기관과의 연계운영

가정과 지역사회 자원과의 연계로는 특정 영유아와 가족을 돕기 위한 전문가와의 협조가 이루어진다. 장애통합 어린이집의 경우, 장애를 지닌 영유아들은 서울국립재활원, 서울의료원, 서울대학병원 등에서 운영하는 치료실과 민간에서 운영하고 있는 치료실을 이용한다. 그러나 일반 영유아 중 발달이 늦거나 더 많은 도움을 필요로 하는 영유아의 경우에는 어린이집에서 개별가정과 전문기관을 연계한다. 영유아들이 어린이집에서 보내는 시간이 수면시간을 제외하고 가정보다 더 많기 때문에 보육교사는 영유아의 발달에 기초한 관찰을 토대로 영유아의 수준을 파악한 후, 부모님과 상담을 통해 필요한 경우에 부모의 동의하에 전문기관과 연계할 수 있다.

어린이집에는 가정환경이나 발달적 특성이 또래와 달라서 특별한 보호를 필요로 하는 영유아가 있다. 특수한 요구사항의 예로는 영유아의 개별적인 행동 문제(㉮ 다른 영유아들에 비해 낯가림이 심하고 언어를 사용할 수 있으면서 비언어적인 표현으로만 대화를 하려고 하는 영유아)에서부터 부모의 이혼이나 학대, 질병에 이르기까지 다양하다. 어린이집에서는 이러한 요구를 가진 영유아와 가족이 건강하고 심리적으로 안정된 생활을 영위할 수 있도록 도움을 주어야 한다.

경제적으로 어려운 상황에 놓인 가족과 질병과 취업 또는 부모의 결손으로 대리양육자를 필요로 하는 가족 등에게 기본적인 생활을 영위할 수 있도록 지역사회와 연계할 필요가 있다. 지역사회의 가족지원체계와 활동을 통해 한부모 가족이나 맞벌이 가족, 혼자 집에 남겨지는 영유아들이 지역사회 내 방과 후 보육이나 가정어린이집 보육과 연계되어 취약계층 가정에 도움이 될 수 있다.

어린이집에서는 영유아와 가족의 특정 문제를 도와줄 전문기관에 대한 실질적인 정보(예 서비스 종류, 전화번호, 비용)를 가지고 있어, 가족이 전문가를 찾아가 도움을 구하도록 격려할 수 있다(조혜경 외, 2019). 이렇게 지역사회와의 협력활동을 활성화하기 위하여 영유아와 가족을 지역사회의 한 부분으로 인식하며 지속적으로 연계를 발전시켜 나갈 필요가 있다(Schorr, 1997).

3) 어린이집과 지역사회 연계 시 장단점과 고려할 점

지역사회 연계의 장점은 영유아가 직접 경험을 통해 체험하면서 연계주제를 용이하게 학습할 수 있다는 점이다. 보육활동이 풍부해지고 영유아보육과정 운영에 도움이 되며 활동에 대한 영유아들의 선호도가 더 높아진다. 또한 전문인력을 통한 실무중심의 활동으로 교육의 효과가 높으며 영유아의 창의적 사고 및 표현력이 증가된다.

이와 반면에 영유아의 지역사회 연계는 어려운 점도 있다. 첫째, 현재 운영하고 있는 영유아보육 과정과 연계된 활동 및 기관을 찾는데 지역사회의 기관들이 제한적이고 다양하지 않다. 둘째, 어린이집과 지역사회기관과의 연계 활동 추진을 위한 지역사회 내의 자원의 제한과 지역사회 기관과 연계를 시도할 때 지역사회 기관의 이해 부족 및 비협조 등이 한계점이라 하겠다.

어린이집이 영아와 유아의 지역사회의 연계 활동 시 고려해야 할 점은 다음과 같다.

첫째, 영유아의 연령별 발달차이를 고려한다.

둘째, 연령에 따른 교육내용을 다르게 한다.

셋째, 영유아의 흥미를 파악한다.

넷째, 영아는 근거리에 있는 지역사회 기관을 활용한다.

다섯째, 유아교육·보육과정의 운영을 반영하여 지역사회 연계를 선정한다.

여섯째, 한 기관을 반복적으로 방문할 수 있다.

어린이집이 지역사회와 연계를 구성하고 운영한 사례는 다음 내용과 같다.

영양교육 (공공급식관리지원센터)

부모강연회 (노원구보육정보센터)

다문화이해교육 (노원구육아종합지원센터)

동화구연 (노원노인종합복지관)

유아환경교육 (노원에코센터)

다문화교육 (북부종합사회복지관)

아토피예방교육 (서울시 아토피 예방센터)

어린이 도서관 (월계정보문화센터)

| 그림 10-6 | 어린이집–지역사회 연계 운영사례

| 표 10-2 | ㅇㅇ 어린이집과 지역사회 연계활동 종류

기관명	대상	활동내용	비고
노원구 보육정보센터	장애아	장애아순회지원(월 1회) 놀이치료사지원 장애아동 가족지원	교사 및 영유아지원
	만 3~5세 장애통합반 영유아	장애 이해교육	
	만 5세 부모	부모강연회 – 예비학부모되기	초등학교 교사지원
	만 1~2세 영아	부모교육 – 체험프로그램	부모지원
	만 1~5세 영유아	부모교육 – 영유아 발달 이해	
		스마트폰 중독 예방교육	
전국장애아통합 어린이집연합회	만 3~5세 장애통합반 영유아	발달장애 부모교육	4~5개소 기관 연합
한국국학진흥원	만 2~4세	동화구연	기간: 4월~12월 매 주 1회
노원노인 종합복지관			
노원급식관리 지원센터	만 2~5세	식습관 교육	연 2회
		아토피 예방 교육	연 1회
		위생 안전 교육	연 2~3회
서울시 아토피 예방센터	만 3~5세	아토피 예방교육	연 2회
북부종합 사회복지관	만 3~5세	다문화 강사 파견 – 중국, 일본, 멕시코, 태국 –	기간: 4월~12월 총 16회
월계정보문화센터	만 5세	어린이 도서관	
월계2동 주민센터	만 1세~5세	월계동 주민 체육대회	
119 안전센터	만 3~5세	역할과 기능	
노원에코센터	만 3~5세	환경 교육	
굿네이버스	만 1~5세	불우 이웃 돕기	후원 연계
경찰서	만 1~5세	교통안전교육	
공공급식관리지원센터	만 4~5세	편식 및 영양 교육	연 2회
노원구 국공립어린이집 연합회	만 4~5세	한마음 체육대회	

| 표 10-3 | ㅁㅁ어린이집의 지역사회 연계활동 연간 계획안

날짜	관련 기관	교육 내용	활동 연령
3월	ㅇㅇ대학교 도서관	도서관 라운딩 및 하는 일 알아보기	만 2~5세
4월	ㅇㅇ대학교 도서관	도서관에서 도서 대여하기	만 3세
	어린이 교통공원	자전거 및 보행 안전교육	만 4~5세
5월	노원구 약국	약국 라운딩 및 하는 일 알아보기	만 2세
	공원 관리사무소	공원 관리사무소에서 하는 일 알아보기	만 3~5세
	노원문고	노원문고 라운딩 및 하는 일 알아보기	만 4세
6월	어린이 교통공원	자전거 및 보행 안전교육	만 3세
	노원구보육정보센터	방문 장애이해교육	만 4~5세
7월	어린이 교통공원	자전거 및 보행 안전교육	만 2세
	노원구 약국	약국 라운딩 및 하는 일 알아보기	만 3세
	노원구 우체국	우체국 라운딩 및 편지 붙이기	만 4세
	노원구 롯데마트	롯데마트 라운딩 및 물건 구매하기	만 5세
8월	노원문고	노원문고 라운딩 및 하는 일 알아보기	만 3세
	노원구 약국	약국 라운딩 및 하는 일 알아보기	만 4세
	노원구 제과점	제과점 라운딩 및 빵 만드는 과정 알아보기	만 5세
9월	노원구 우체국	우체국 라운딩 및 편지 붙이기	만 3세
	노원구 롯데마트	롯데마트 라운딩 및 물건 구매하기	만 4세
	중계역	지하철의 기계 탐색 및 지하철 체험	만 5세
10월	노원구 소방서	방문 소방 안전교육	만 2~5세
11월	북서울시립 미술관	북서울시립 미술관 견학하기	만 2세
	노원구 중계역	지하철의 기계 탐색 및 지하철 체험	만 3세
	노원구 떡가게	떡가게와 떡 만드는 과정 알아보기	만 4세
	노원구 구청	노원 구청 라운딩 및 하는 일 알아보기	만 5세
12월	상계6.7동 주민센터	주민센터 라운딩 및 하는 일 알아보기	만 4세
	ㅇㅇ대학교 도서관	도서관에 그림책 기증하기	만 3~5세
1월	과일, 야채가게	과일, 야채가게 둘러보기	만 2세
	노원구 철물점	철물점의 도구와 기계 둘러보기	만 3세
	롯데백화점	롯데백화점 견학 및 시설 이용하기	만 4~5세
2월	북서울시립 미술관	조형물, 작품 관람 및 미술관 둘러보기	만 3세
	노인정	노인정 어르신들을 위한 공연 봉사	만 4세
	상수 초등학교	초등학교 견학(초등연계활동)	만 5세

* 상기 내용은 사정에 따라 다소간 변경될 수 있습니다.

4) 대상별 지역사회의 연계 활동

(1) 영아와 지역사회 연계활동

영아는 지역사회의 자원을 통해 기본 탐색을 수행한다. 어린이집은 지역사회의 인적 및 물적 자원을 이용하여 교육과 체험의 기회를 제공한다. 만 1~2세는 어린이집 주변에 있는 관리사무소, 경로당, 우체국, 소방서, 문화정보도서관의 자원을 이용하는데 관리사무소의 기능과 역할에 대한 탐색, 경로당을 이용하는 사람들을 탐색, 우체국의 기능과 우체국을 이용하는 사람들을 탐색, 소방서의 기능과 역할을 탐색, 문화정보도서관을 이용하는 사람들과 책 탐색하기를 통해 지역사회 자원을 경험하며 탐색을 중심으로 활동을 한다.

| 표 10-4 | 영아 대상 지역사회연계활동

기관명	대상	활동내용	비고
관리사무소	만 1~2세	기능과 역할 탐색하기	
경로당	만 1~2세	이용하는 사람 탐색하기	
우체국	만 1~2세	기능과 역할, 이용하는 사람 탐색하기	
소방서	만 1~2세	기능과 역할, 소방 시설 탐색하기	
문화정보 도서관	만 1~2세	책 탐색하기	

(2) 유아와 지역사회 연계활동

유아는 지역사회 자원을 인식하고 자신이 지역사회 구성원임을 알도록 기회를 제공한다. 만 3~5세에게는 지역사회의 물적 자원뿐만 아니라 인적자원을 최대한 활용함으로써 양질의 보육 서비스를 제공할 수 있다. 예를 들면 대학교의 영유아보육학과 학생이 방문하여 유아놀이지도 수업을 하거나 아동의 건강증진을 위해 인근의 보건소에 근무하는 전문가를 초빙하여 보건 및 예방교육을 제공할 수 있다. 그리고 종합사회복지관을 방문하여 어버이날 카네이션 꽃 달아드리기, 어르신을 위한 연말공연, 노인의 날 공연 및 편지쓰기 등 핵가족

생활이 익숙한 현대 아이들에게 가족의 가치관을 알려 주는 데 도움을 준다.

| 표 10-5 | 유아 대상 지역사회연계활동

<table>
<tr><th>기관명</th><th>대상</th><th>활동내용</th><th>비고</th></tr>
<tr><td>한국성서대학교</td><td>만 3~5세</td><td>영유아보육학과 학생
유아놀이지도 수업</td><td>영유아보육학과</td></tr>
<tr><td rowspan="5">월계종합사회
복지관</td><td>만 5세</td><td>어버이날 카네이션 꽃 달아드리기</td><td rowspan="3">지역의 어르신</td></tr>
<tr><td>만 5세</td><td>어르신들을 위한 연말공연</td></tr>
<tr><td rowspan="2">만 4~5세</td><td>노인의 날 공연 및 편지쓰기</td></tr>
<tr><td>개관일 축하공연</td><td>지역의 어르신 및 주민</td></tr>
<tr><td>장애아동 외</td><td>감각통합, 인지, 언어, 미술치료</td><td>소기지료실</td></tr>
<tr><td rowspan="4">노원구 보건소</td><td>만 5세</td><td>구강교육</td><td rowspan="2">월계보건지소방문</td></tr>
<tr><td>만 4~5세</td><td>불소도포</td></tr>
<tr><td>만 5세</td><td>영양교육</td><td>어린이집으로 방문</td></tr>
<tr><td>만 5세</td><td>미취학 아동 흡연 및 음주예방교육</td><td></td></tr>
<tr><td>관리 사무소</td><td>만 3~5세</td><td>텃밭 가꾸기</td><td>주민과 함께하기</td></tr>
</table>

어르신들을 위한 연말공연
(월계종합사회복지관)

영양교육
(노원구 보건소)

감각통합
(월계종합사회복지관)

(3) 부모의 지역사회 연계활동

어린이집은 부모의 요구와 필요를 파악하여 연계활동을 구성하는데 영유아의 발달이해, 영유아 성인지, 아동학대예방교육, 식중독 및 감염병 예방, 영유아 건강검진 및 예방접종 프로그램의 경우에는 진행을 위한 적절한 전문가를 초빙하는 역할이 필요하다. 어린이집과 지역사회(전문기관)의 연계는 도움을 필요로 하는 영유아와 전문기관을 연계함으로써 전문적인 교육, 체험 등으로 보육의 질을 향상하고 보완하는 역할을 한다. 이렇듯 영유아를 중심으로 어린이집과 전문기관들이 서로 상생하는 구조가 될 수 있다.

어린이집은 부모의 지역사회 연계활동을 계획할 때 부모님이 참여하고 싶은 프로그램이나 교육에 대한 수요조사를 실시하여 이를 반영한 부모참여 연간 교육프로그램을 수립할 수 있다. 수립된 부모참여 연간 교육프로그램을 가정으로 안내하여 많은 부모님이 참여할 수 있도록 기회를 제공한다. 부모가 직접적으로 참여하는 프로그램은 수업보조와 재능기부가 있고 간접적으로 참여하는 프로그램은 환경정비가 있다. 부모님의 참여를 기반으로 프로그램 참여의 내용, 시간, 장소, 느낀 점 및 바라는 점 등 부모 활동에 대한 환류를 통해 다음 프로그램에 반영하도록 한다.

어린이집에서는 운영된 부모와 지역사회연계 결과를 가정에 안내함으로써 연계 활동에 대해 알리고 활동에 참여하지 못한 가정의 참여를 높일 수 있도록 독려한다. 평가와 환류는 부모가 어린이집 운영에 관심을 갖고 지역사회 기관에 협력할 수 있는 기초를 마련하고 어린이집 활동에 대한 신뢰를 형성할 수 있다.

부모가 어린이집에 참여 하는 프로그램은 〈표 10-6〉과 같다.

| 표 10-6 | 가정과 어린이집과의 연계

수업보조	재능기부	환경정비	교육 프로그램
· 신입적응프로그램 · 나들이 및 견학 · 금연캠페인 · 영축산 숲체험 · 물놀이의 날 도우미 · 전시회 도우미(문학적 접근, 프로젝트) · 전통놀이 한마당 · 급식 체험 · 도서관 견학 · 텃밭가꾸기 · 오감활동 보조 · 영유아 놀이지원	· 송편빚기(조부모) · 산타 아버지 · 책 읽기(동화구연) · 악기 연주회 · 미술활동 · 신체게임 · 요리활동 · 한자놀이 · 신기한 과학놀이 · 식업소개 및 체험	· 어린이집 대청소 · 교구세척 · 어린이집 환경정비 · 모빌 및 바구니 만들기 · 꽃 심기 · 교재교구 제작(물놀이 용품, 크리스마스소품 등)	· 꿈모아 부모모임(장애통합 선후배) · 영유아 발달이해 · 발달장애 교육 · 영유아 성인지 · 아동학대예방교육 · 식중독 및 감염병 예방 · 영유아 건강검진 · 영유아 예방접종 · 가족지원

꽃 심기

교구 세척

금연캠페인

부모와 지역사회(전문기관)연계는 지역사회를 경험한 부모가 자녀에게 지역사회를 활용한 학습 능력을 키워 줄 수 있고, 지역사회는 공익적 목적의 사회적 가치를 실현할 수 있다.

5) 코로나-19로 인한 어린이집과 지역사회 연계방안

코로나-19로 인한 영유아 교육은 거리두기와 비대면을 중심으로 변화하고 있다. 코로나-19로 인한 방역수칙을 준수하면서 지역사회와 연계하는 방안을 찾아볼 수 있다. 어린이집은 정부의 코로나 단계에 따라 생활수칙을 지키며 거리두기를 원내에서 실천하고 있다. 식사 시 비말가림막 설치하기, 교실 내 자유놀이 시 2m 책상 간격 두기, 1일 2회 체온 확인, 실내외 마스크 착용하기 등으로 생활수칙을 준수하고 있다.

코로나-19로 인해 어린이집과 지역사회 연계가 제한적으로 운영되고 있다. 기존의 대면으로 운영하던 영유아 예방교육을 온라인 채널을 이용하되 전문가와 아이들이 소통할 수 있도록 쌍방향 콘텐츠를 통한 재능나눔, 역사문화탐방, 지역사회 복지관 등 소외계층 및 어르신을 위한 희망영상제작, 찾아가는 이동차량, VR체험 등을 시도할 수 있다. 그러나 코로나-19의 생활과 방역을 균형을 맞추기 위해서는 QR 코드, 철저한 온라인 예약, 사회적 거리두기 원칙을 준수하는 지혜가 필요하다.

6) '놀이중심' 개정 누리과정을 반영한 지역사회연계

개정된 '놀이중심' 누리과정이 원활하게 운영되기 위해서는 유아, 교사, 학부모, 원장 등의 지역지원 체계 간의 새로운 관계를 요구한다. 어린이집과 지역사회의 모든 구성원이 놀이가치 및 교사와 유아의 역량에 대한 공통적 이해와 신뢰가 형성되면 유아·놀이중심 교육과정 운영에 필요한 구성원 간의 협력적 관계 및 조직문화의 구축이 가능해진다. 특히 학부모가 놀이의 가치를 이해하고 가정에서도 유아·놀이중심 양육이 이어진다면 궁극적으로 영유아의 성장과 변화로 이어질 수 있다. 따라서 학부모와 영유아 놀이의 구체적 내용을 공유하고 놀이를 통한 경험과 배움에 대해 소통하여 부모가 가정에서도 놀이참여자와 놀이지원자로서 역할을 할 수 있도록 안내할 수 있다.

어린이집의 유아·놀이중심 교육과정 실현을 위해 지역지원체계인 시·도교육청과 시·도청 및 시·군·구청과 육아종합지원센터 등도 교육과정 운영의 자율성과 전문성 신장을 지원할 수 있다. 즉, 교육과정 운영의 어려움을 나누고 해결방안을 모색하며 즐거운 변화를 만들어 갈 수 있고, 수평적 지원과 협력체계로 행·재정적 절차개선과 계획 및 평가 관련 문서 간소화 그리고 기관별 자율적 계획·평가를 할 수 있는 교육과정 운영지원에 역할수행의 초점을 맞추어야 한다(교육부·보건복지부, 2020).

어린이집 운영관리는 어린이집이 정해놓은 목적을 효과적으로 달성하기 위해 인적, 물적, 자원, 시간 등을 효율적으로 계획하고, 조직하고, 실행하고 평가하는 일련의 과정을 말한다. 즉 운영관리란 어린이집의 목적과 목표를 효과적으로 달성하기 위하여 해당 기관에 소속된 사람, 시설, 환경 및 재정을 합리적이고 체계적인 방법으로 운영하는 것이다. 어린이집이 바람직한 운영관리 체계를 갖추게 될 때 보육교사의 업무수행에 최선을 다하도록 뒷받침해 줄 수 있게 된다. 따라서 이 장에서는 어린이집 운영관리에서 중요하다고 생각되는 원아관리, 교직원 관리, 건강·영양·안전관리, 시설·설비관리로 구분하여 살펴보도록 한다.

CHAPTER 11

어린이집 운영관리

1 원아관리

2 교직원관리

3 건강 · 영양 · 안전관리

4 시설 · 설비관리

1 원아관리

1) 반 편성 기준

어린이집은 가능한 한 만 2세 미만 영아반, 만 2세 영아반과 만 3세 이상의 유아반을 동시에 운영해야 하며 장애아가 있는 경우에는 장애아만으로 구성된 반을 운영할 수 있다(시행규칙 제23조 별표 8의 규정). 다만, 시장·군수·구청장은 지역여건 등을 고려하여 관내 어린이집의 반 운영을 달리 운영하게 할 수 있다. 반별 정원 탄력편성, 농촌 소규모 어린이집 및 도서·벽지·농어촌 지역의 교사 대 아동비율 특례 등에 의해 예외적인 반 편성이 허용된 어린이집도 정원책정 기준인 어린이집 전용면적과 보육실 면적 등은 준수해야 한다.

| 표 11-1 | 연령별 반 편성 시 반별 정원기준(「영유아보육법 시행규칙」 제10조 별표 2)

반별정원기준	만 0세	만 1세	만 2세	만 3세	만 4세 이상
원칙	3명	5명	7명	15명	20명

※ 교사 대 아동비율을 준수하는 범위에서 보육과정 및 아동 1인당 보육실 면적 등을 감안하여 1개의 보육실에서 2개 이상의 반을 함께 보육하는 것이 가능

출처: 보건복지부(2020). 2020 보육사업안내, p. 64.

반 편성은 동년도 출생아(동년도 1. 1.~동년도 12. 31.)를 함께 반 편성하는 것을 원칙으로 한다. 그러나 1, 2월생 아동으로 보호자 신청[1]이 있을 경우 상위

1) 보호자의 신청서 제출 의무
- 보호자가 상위연령 반 편성 신청서를 작성하여 해당 원장에게 제출
- 원장은 보호자의 신청서를 관할 시·군·구청 담당부서에 즉시 제출
- 시·군·구청 담당 공무원은 아동이 예외 대상자인지 확인하여 시스템상 반조정

※ 관할 시·군·구청에서는 제출받은 신청서를 취합하여 2년간 보관

연령 반에 편성할 수 있다.[2] 또한 만 0세반에 편성된 아동 중 출생일 기준 만 12개월이 되는 날부터 보호자의 신청에 의해 만 1세반으로 편성이 가능하며(교사 대 아동비율은 1:5를 넘지 못함), 취학유예 아동[3]은 만 5세반으로 편성이 가능하다.

장애아는 연령이 아닌 장애정도에 따라 적절한 반에 편성 운영할 수 있으나, 연령과 달리 하위연령 반에 편성할 때에는 부모와 협의하고 시·군·구담당자의 확인을 받아 조정하여야 한다. 또한 장애아는 아니나 아동의 발달차이를 고려하여 보호자 신청이 있을 경우에도 하위연령 반에 편성할 수 있다. 예를 들어 2018년 4월 1일생은 '2018년 1월 1일~2018년 12월 31일' 출생아와 함께 반 편성하는 것이 원칙이나, 보호자의 신청이 있는 경우 하위연령 반(2019년생반)에 편성할 수 있다.[4]

---

2) • 영유아의 발달차 등 부득이한 경우 보호자의 신청에 의해서만 예외적으로 인정
- 예외규정은 반 편성 등 기존 원칙과 원칙에 따라 입소하는 다른 영유아의 권리 등을 침해하지 않는 범위 내에서만 적용이 가능
- 보호자 신청에 의해 상위연령 반에 편성되었다가 본 연령 반에 다시 편성된 경우 다음연도 신학기 반 편성 시 또는 어린이집 이동 시까지 상위연령 반 편성 재신청 불가
- 보호자신청에 의해 상위연령 반에 편성된 아동이 다음연도 신학기에도 계속해서 상위연령 반 편성을 원하는 경우 보호자는 다시 상위연령 반 편성 신청을 해야 함

3) 취학유예 확인서류: 입학연기신청서 접수증 혹은 취학유예통지서
- 입학연기신청은 만 5세 10월~12월 중 주소지 주민센터 방문하여 신청(문의: 주민센터)

4) • 희망아동에 한하여 부득이한 경우 예외 적용 가능
- 발달차이(신체, 인지, 정서)로 인해 부득이한 경우 보호자의 신청에 의해서만 예외적으로 인정. 박탈지역은 아니나, 외국 장기거주(체류) 아동이 귀국하여 국어사용이 어려움으로 인해 또래 집단과 의사소통이 곤란하여 본 연령 반 편성 시 적절한 보육을 제공받기 어려운 경우에는 발달지연에 준하여 하위연령 반 편성 허용 가능(단, 보호자의 신청과 함께 외국체류증명서 등 증빙서류 제출한 경우에 한함)
- 예외규정은 반 편성 등 기존 원칙과 원칙에 따라 입소하는 다른 영유아의 권리 등을 침해하지 않는 범위 내에서만 적용이 가능
- 보호자 신청에 의해 하위연령 반에 편성되었다가 본 연령 반에 다시 편성된 경우 다음연도 신학기 반 편성 시 또는 어린이집 이동 시까지 하위연령 반 편성 재신청 불가
- 보호자신청에 의해 하위연령 반에 편성된 아동이 다음연도 신학기에도 계속해서 하위연령 원하는 경우 보호자는 다시 하위연령 반 편성 신청을 해야 함
- 모든 하위연령 반 편성 시 1반에 1명에 한하며, 발달차이로 인해 부득이하게 하위 편성된 반은 어떠한 경우에도 탄력보육 금지

어린이집은 반별 정원기준을 지켜야 하나, 정부 인건비 미지원시설은 지역 내 수급 상황(인근지역 여유정원이 없는 경우 등), 학부모의 요구(형제 등 동반입소) 등 불가피한 사유가 있는 경우에는 시·군·구 사전 승인 후 예외적으로 만 2세와 만 3세 아동의 혼합반 운영이 가능하며, 이 중 가정어린이집은 만 2세아와 유아(방과 후 포함)의 혼합반 운영 가능하다. 다만, 농촌지역 현원 20인 이하 국공립어린이집의 경우에도 혼합반 기준을 준용할 수 있다. 혼합반 운영 시 교사 대 아동 비율은 낮은 연령의 교사 대 아동비율을 준수하여야 한다.

| 표 11-2 | 혼합반 교사 대 아동비율

혼합반 운영	만 0세와 만 1세 영아	만 1세와 만 2세 영아	만 0세와 만 2세 영아	만 2세 이하 영아와 만 3세 이상 유아	만 3세와 만 4세 이상 유아
원칙	가능	가능	불가능	불가능	가능
교사 대 아동 비율	1:3	1:5	–	–	1:15

출처: 보육사업안내(2020). 2020 보육사업안내. p. 67.

반별 정원기준은 「영유아보육법 시행규칙」 제10조 별표 2에 따른 기준을 원칙으로 하되, 신학기(3월)에 기존 재원 아동을 상급반으로 편성할 때 반별 정원을 초과하는 경우, 또는 신학기(3~5월) 아동 퇴소 등으로 인하여 기존 반 통폐합 시 잔류 아동이 반별 정원을 초과하는 경우에 한정하여 예외적으로 어린이집 총 정원 범위 내에서 반별 영유아 수를 아래 기준범위까지 달리할 수 있다. 반별 정원의 탄력편성은 총 정원의 범위 내에서 이루어져야 하며, 연령별 탄력편성 영유아 수의 합이 해당 연령별 교사 대 아동비율의 아동 수 미만이어야 한다.

| 표 11-3 | 반별 정원 탄력편성 가능인원

반별 정원	만 0세	만 1세	만 2세	만 3세	만 4세 이상
원칙	3명	5명	7명	15명	20명
탄력편성 가능인원	–	1명	2명	3명	3명

※ 도서·벽지·농어촌 등은 별도의 특례규정(시행규칙 40조) 적용, 이 경우 추가로 반별 탄력편성 불가능

- 만 1세반 2개, 만 2세반 1개인 어린이집에서 만 1세 아동 10명 모두가 만 2세반으로 승급 시 반별 정원을 3명 초과. 이 경우 만 2세반 탄력편성 가능 인원인 2명까지 반별 정원 기준을 초과하여 반 편성 가능
- 3월에 만 3세반 2개에서 20명을 보육하다가 4월에 3명이 퇴소하여 만 3세반을 1개로 통폐합 시 반별 정원을 초과하는 잔류아동 2명에 대해 반별 정원 기준을 초과하여 반 편성 가능

출처: 보건복지부(2020). 2020 보육사업안내. p. 67.

기본보육 시간(09:00~16:00) 전후에는 당초 편성된 반 유시를 원칙으로 하되, 이른 등원 및 늦은 하원 등으로 보육아동이 현저히 적을 경우 가장 낮은 연령대의 교사 대 아동 비율을 준수하는 범위 내에서 당초 편성된 반을 통합하고 담당교사를 지정하여 운영할 수 있다.

2) 입소순위

- 어린이집에 입소하기 위한 방법

먼저 아이사랑보육포털(www.childcare.go.kr)에 대기 희망 아동을 보호자가 직접 등록 신청한다. 어린이집 원장은 결원 발생 시 입소 순위 및 대기 순서에 따라 입소 통보하고 입소를 확정한다.

- 입소 우선순위 별도 적용될 수 있는 경우

- 법인·단체 등이 부지 또는 건물을 국가 또는 지방자치단체에 기부채납하거나 무상 임대하여 국공립어린이집으로 운영하는 경우 해당 법인·단체 등의

근로자 자녀로서 그 어린이집을 이용하는 영유아

- 「주택법」 제2조 제3호에 따른 공동주택에 「주택건설기준 등에 관한 규정」 제55조의 2
- 제3항에 따라 설치해야 하는 어린이집의 부지 또는 건물을 국가 또는 지방자치단체에 기부채납하거나 무상임대하여 국공립어린이집으로 운영하는 경우 해당 공동주택의 거주사 자녀로서 그 어린이집을 이용하는 영유아
  * 입소 우선순위 별도 적용에 해당하는 경우 기부채납 또는 무상임대한 주체와 지자체 간 협의한 범위(30~70%)를 기준으로 기부채납 또는 무상임대한 법인·단체 등의 근로자 자녀나 공동주택 거주자 자녀에게 우선 입소권을 부여(단, 공공주택특별법 승인 신혼희망타운에 한해 50~80% 범위 적용)

| 표 11-4 | 어린이집 입소순위

어린이집 입소 우선순위

1순위(법 제28조, 시행령 제21조의 4, 시행규칙 제29조)
- 「국민기초생활보장법」에 따른 수급자
- 「한부모가족지원법」 제5조의 규정에 의한 보호대상자의 자녀
- 「국민기초생활보장법」 제24조의 규정에 의한 차상위계층의 자녀
- 「장애인복지법」 제2조에 따른 장애인 중 장애의 정도가 심한 장애인의 자녀 또는 형제자매
  * 「장애인복지법 시행규칙」 별표 1의 장애정도 중 장애의 정도가 심한 장애인
- 아동복지시설에서 생활 중인 영유아
- 부모가 모두 취업 중이거나 취업을 준비 중인 영유아
- 「다문화가족지원법」 제2조 제1호에 따른 다문화가족*의 영유아
  * 「재한외국인 처우 기본법」 제2조 제3호의 결혼이민자와 「국적법」 제2조부터 제4조까지의 규정에 따라 대한민국 국적을 취득한 자로 이루어진 가족
  * 「국적법」 제3조 및 제4조에 따라 대한민국 국적을 취득한 자와 같은 법 제2조부터 제4조까지의 규정에 따라 대한민국 국적을 취득한 자로 이루어진 가족
- 「국가유공자 등 예우 및 지원에 관한 법률」 제4조 제1항에 따른 국가유공자 중 전몰자(제3호), 순직자(제5호 · 제14호 · 제16호), 상이자(제4호 · 제6호 · 제12호 · 제15호 · 제17호)로서 보건복지부령으로 정하는 자*의 자녀
  * 「국가유공자 등 예우 및 지원에 관한 법률 시행령」 별표 3의 1급 내지 3급까지의 상이등급에 해당하는 사람
- 자녀가 3명 이상인 가구 또는 영유아가 2자녀 가구의 영유아
  * 영유아 2자녀 가구의 경우, 3월 신학기 입소 시 첫째 자녀가 초등학교 취학연령에 도달하거나 조기 입학할 경우 해당하지 않음
  * 태아는 자녀에 포함되지 않으므로 태아에 대한 입소대기신청은 불가. 다만 둘째 자녀 이하를 임신 중으로 입소일 전에 출산예정인 경우 임신 중인 태아를 자녀수에 포함 가능(출산예정일이 명시된 진단서 등 제출)
- 제1형 당뇨를 가진 경우로서 의학적 조치가 용이하고 일상생활이 가능하여 보육에 지장이 없는 영유아
- 산업단지 입주기업체 및 지원기관 근로자의 자녀로서 산업단지에 설치된 어린이집을 이용하는 영유아

2순위
- 기타 「한부모가족지원법」에 따른 한부모 가족 및 조손 가족
- 가정위탁 보호아동 및 입양된 영유아
  ※ 위탁가정의 경우에 위탁아동을 친자녀로 포함하여 입소우선순위 모든 요건 적용
- 동일 어린이집 재원 중(신학기 입소 확정 포함)인 아동의 형제 · 자매
  ※ 단, 재원이동 형제 자매의 경우, 3월 신학기 입소 시 첫째 자녀가 초등학교에 입학할 경우 해당하지 않음

출처: 보건복지부(2020). 2020 보육사업안내. pp. 69-75.

어린이집 입소 시 필요한 서류는 다음과 같다.

- 입소 신청서, 주민등록등본, 생활기록부, 응급처치 동의서, 귀가동의서, 영유아 건강검진, 예방접종확인서, 안전사고에 대한 보육시설의 책임한계 동의서, CCTV 설치동의서
- 취업부모의 자녀인 경우 서류
  〈부모가 모두 취업 중인 영유아〉
  - 취업의 기준: 주 15시간 또는 월 60시간 이상 근로.
    ① 재직자: 재직증명서, 위촉계약서, 근로계약서 중 1부와 고용보험피보험자격내역서(고용지원센터), 직장건강보험 자격취득확인서(국민건강보험공단지사), 국민연금가입자 가입증명서(국민연금공단) 중 1부, 또는 갑종근로속득에 대한 소득세납세증명서 · 근로소득원천징수영수증(재직기관) 또는 고용 · 임금확인서나 소득금액증명원 중 1부(필수)
    ② 대학원생: 재학증명서 1부
    ③ 직업훈련생: 경력단절여성 직업교육훈련 참여확인서 · 수료증, 구직등록확인증 중 1부
    ④ 자영업: 사업자등록증명원(필수)과 소득금액증명원(세무서), 부가가치세표준증명원(세무서) 중 1부(필수)
- 「다문화가족지원법」 제2조 제1호에 따른 다문화가족의 영유아 확인서류
  - 외국인등록증 사본(필수)과 혼인관계증명서, 가족관계증명서 중 1부
  - 외국인등록증이 없는 경우, 외국인등록사실증명서(출입국관리사무소) 제출

3) 부모 오리엔테이션과 영유아의 초기적응

자녀를 어린이집에 처음 보내는 부모는 어린이집에 대한 궁금증과 걱정이 많으므로, 어린이집에서는 어린이집의 보육철학과 운영방향, 보육과정의 내용, 신입 원아의 초기 적응을 위한 지원 등에 대해 의견을 나눌 오리엔테이션을 실시해야 한다. 이를 통해 어린이집은 신입 원아에 대해 충분히 이해하고, 신입 원아의 부모는 어린이집을 신뢰할 수 있게 되어 영유아 초기 적응에 도움을 줄 수 있게 된다.

영유아는 새로운 환경이 낯설지만 적응을 해야 하고 친숙한 양육자와 분리되어야 하는 상황에 놓이게 되어 불안해질 수 있다. 따라서 어린이집은 영유아와 그의 가족이 새로운 환경에 적응할 수 있도록 체계적인 적응 절차를 마련하여 도움을 주어야 한다. 신입 영유아를 위한 적응 프로그램은 영유아가 보호자와의

격리를 두려워하지 않고 어린이집을 안전하고 편안한 장소로 느끼고, 새로운 선생님과 친구들에 대해 친밀감을 느끼며 적응기간을 통해 이후의 어린이집 생활에 더욱 즐겁게 적응하게 하는 데 목적이 있다.

- 신입 원아의 초기 부적응 행동의 예

- 어린이집에 가지 않겠다고 떼쓴다.
- 어린이집 현관에 들어서기만 하면 울기 시작한다.
- 또래와 어울리지 않고 시무룩하다.
- 교사와 상호작용을 하지 않으려고 하며 반응이 없다.
- 어린이집에서는 간식이나 식사를 하지 않으려고 한다.
- 어린이집에서는 낮잠을 자려 하지 않는다.
- 울음이 잦고 자주 칭얼댄다.
- 밤에 자지 않고 울면서 깬다.
- 신체적 증상이 없음에도 불구하고 아프다고 한다.
- 대소변을 가리던 영아가 대소변을 가리지 못한다.
- 집에서 어린이집에 대한 좋지 못한 감정을 직접적으로 표현한다.

| 표 11-5 | 신입원아 적응을 위한 배려

어린이집	부모님
· 부모와 교사가 친밀한 관계임을 느끼도록 즐겁게 대화하기 · 교실 입구에 가족사진을 붙여 두거나, 흥미를 끌만한 놀잇감이나 음식을 준비하기 · 신발장이나 개인사물함에 사진과 이름을 붙여 두어 소속감과 안정감을 갖게 하기 · 적응 초기에는 영유아가 탐색할 기회를 충분히 제공하고, 신체적 접촉을 서두르지 않기 · 가정에서 영유아가 좋아하는 베개나 인형, 장난감 등을 가져오게 하기	· 영유아에게 어린이집과 교사 소개하기 · 부모와 교사가 친밀한 관계임을 느끼도록 즐겁게 대화하기 · 적응 초기에는 교실에 들어가 놀이를 함께하기 · 헤어질 때는 영유아에게 꼭 인사를 하고 가고, 정해진 약속시간을 잘 지키기 · 잠들기 전 어린이집 생활에 대해서 이야기를 나누어 아이의 마음에 긴장을 풀어 주기 · 지속적인 애정을 표현해 주기

출처: 대학어린이집 부모 오리엔테이션 자료

4) 보험가입

모든 어린이집은 입소 아동 전원에 대하여 보육통합정보시스템을 통해 어린이집안전공제회(이하 '공제회'라 함) 회원 및 공제회 '영유아 생명·신체 피해'공제에 가입하고, 영유아 등 입소 아동의 생명·신체 피해보상을 위한 공제료를 납부해야 한다.

또한, 집단급식소로 신고·운영하는 어린이집이나 어린이놀이시설 관리 주체인 어린이집은 해당 법률(「액화석유가스의 안전관리 및 사업법」 제57조 등과 「어린이놀이 시설 안전관리법」 제21조 등)에 따라 공제회의 해당 공제('가스사고 배상책임' 공제, '놀이시설 배상책임' 공제)에 가입해야 한다. 공제료 부담은 어린이집 부담을 원칙으로 한다.

모든 어린이집은 화재보험(공제)에 의무적으로 가입하되, 공제회의 '화재공제' 가입이 가능하고 보험료는 어린이집 부담을 원칙으로 한다. 가입내용은 화재로 인한 손해배상책임의 이행 대비, 공동주택 내 가정어린이집의 경우 공동주택 화재보험 가입으로 갈음 가능하나, 교재교구 등 집기를 위한 화재보험(공제)

추가 가입이 가능하다.

2 교직원 관리

어린이집에서 관리해야 하는 보육교직원으로는 원장, 보육교사, 장애 영유아를 위한 보육교사, 특수학교 교사, 치료사, 간호사, 영양사, 취사부가 있다.

1) 교직원 채용 및 임면

어린이집 원장과 보육교사는 「영유아보육법 시행령」 제21조 별표 1에 규정되어 있는 자격기준을 갖춘 자로 국가자격증을 발급받은 자를 채용하여야 한다. 다만, 자격증 발급을 신청하고 자격검정이 완료되어 자격증 발급이 예정된 자(자격번호가 부여된 자)는 자격증 발급 조건부로 채용 가능하다.

보육교사의 출산휴가, 육아휴직, 장기 병가 등의 사유 발생 시 채용하는 대체교사(임시교사)도 보육교사 자격기준을 갖춘 자이어야 한다. 장애영유아를 위한 보육교사, 특수교사, 치료사, 간호사(간호조무사 자격증 소지자 채용 가능), 영양사(면허증)는 자격증을 소지해야 하며, 상시 1회 50인 이상에게 식사를 제공하는 어린이집의 조리원 중 1인 이상은 조리사 면허소지자이어야 한다.(「식품위생법」 제51조 및 제53조)

어린이집 원장은 보육교직원의 채용, 휴직, 출산전후휴가, 육아휴직, 육아기 단축근무, 1개월 이상의 장기병가 · 연수 · 휴가, 퇴직 등의 임면사항을 보육통합정보시스템에 즉시 등록하고, 이를 14일 이내에 관할 시 · 군 · 구청장에게 보고하여야 한다. 보육교직원이란 어린이집에서 영유아의 보육, 건강관리, 보호자와의 상담, 그 밖에 어린이집의 관리 · 운영 등의 업무를 담당하는 자로서 어린이집 원장 및 보육교사와 그 밖의 직원을 말한다.

임면권자는 「아동청소년의 성보호에 관한 법률」 제56조에 따라 어린이집에 취업 중이거나 사실상 노무를 제공 중인 자 또는 취업하려 하거나 사실상 노무를 제공하려는 자(이하 '취업자 등')에 대해 성범죄 경력 조회를 경찰청 온라인시스템(명칭: 범죄경력회보서 발급시스템, http://crims.police.go.kr)을 통하여 신청하고 확인하여야 한다. 관할 시·군·구청장은 「아동·청소년의 성보호에 관한 법률」 제57조에 따라 임면보고된 보육교직원에 대하여 '성범죄 경력자의 취업 점검·확인(연간) 계획'을 수립하고 연 1회(상·하반기, 부분 또는 전수조사 가능) 이상 점검·확인 실시하고 시·도에서 취합하여 보건복지부로 보고하여야 한다.

임면권자는 「아동복지법」 제29조의 3에 따라 교직원으로 채용하기(사실상 노무를 제공하려는 경우 포함) 전에, 또는 채용 중(사실상 노무를 제공하는 경우 포함)인 경우에 아동학대관련 범죄 전력 조회를 경찰청 온라인시스템(명칭: 범죄경력회보서 발급시스템, http://crims.police.go.kr)을 통하여 신청하고 확인하여야 한다. 관할 시·군·구청장은 「아동복지법」 제29조의 4에 따라 임면보고된 보육교직원에 대하여 '아동학대관련 범죄전력자의 취업 점검·확인(연간) 계획'을 수립하고 연 1회(상·하반기, 부분 또는 전수조사 가능) 이상 점검·확인 실시하고 시·도에서 취합하여 보건복지부로 보고하여야 한다.

| 표 11-6 | 교직원 채용 및 임면보고 절차

단계	내용
보육교직원 채용 (원장, 보육교사, 특수교사, 조리원 등)	• 채용주체: 어린이집 설치자 • 채용조건: 자격기준을 갖춘 자 • 채용 시 구비서류 – (공통) 인사기록카드, 주민등록등본, 채용신체검사서, 성범죄 경력 및 아동학대범죄전력 조회 회신서, 개인정보제공 및 고유식별정보 처리 동의서, 보수교육 수료증 – (자격이 필요한 자) 자격증 또는 면허증 사본
↓	
교직원 임면보고	• 임면보고 절차: 어린이집→시·군·구청장(채용 후 14일 이내) • 임면보고 시 구비서류 – 인사기록카드, 채용신체검사서, 자격증 사본, 성범죄 경력 및 아동학대 범죄전력 조회 회신서, 개인정보 제공 및 고유식별 정보 처리 동의서, 보수교육 수료증 ※ 자격증 사본 및 보수교육 수료증은 보육통합정보시스템으로 확인 가능한 경우 제출 제외 ※ 인사기록카드는 '임신육아종합포털(아이사랑)', '보육통합정보시스템'을 통해 임면보고 가능(2015. 2. 2.~) ※ 어린이집 및 시·군·구에서는 교직원 임면보고를 시스템을 통해 실시하고 적극 지도
↓	
교직원 자격의 적격성 확인	• 확인주체: 시·군·구청장 • 확인대상: 어린이집 원장, 보육교사, 특수교사, 장애영유아를 위한 보육교사, 치료사, 간호사, 영양사, 조리원 중 조리사 • 확인방법: 각 자격별 자격증명 서류, 보수교육 수료증 및 보육통합정보시스템
↓	
교직원 결격사유 조회 및 범죄경력 조회	• 결격사유 조회 및 범죄경력 조회 주체: 시·군·구청장 • 내용: 교직원 결격 사유(법 제20조)
↓	
경력관리시스템 입력 관리	• 교직원 임면 사항을 경력관리시스템에 입력 관리

출처: 보건복지부(2020). 2020 보육사업안내. p. 177.

2) 인사관리규정

보육교직원 채용 시 어린이집은 보육교직원의 임금, 근로시간, 휴일, 휴가 등의 내용이 포함된 근로 계약서를 체결하고, 계약서는 서면으로 2부 작성하여 어린이집과 보육교직원이 각각 1부씩 보관한다.

어린이집은 보육교직원의 근무태도, 복지 및 처우 개선을 위해 취업규칙을 제정하고 보육교직원에게 알려야 한다. 취업규칙은 보육교직원의 배치, 채용, 경력관리 등과 관련해서는 「영유아보육법」, 보육교직원의 근무시간, 휴가 등은 「근로기준법」, 보육교직원의 산전산후, 육아휴직, 모성보호 관련 내용은 「남녀고용평등과 일·가정 양립 지원에 관한 법률」을 준용해야 한다. 취업규칙에 포함되어야 하는 내용으로는, 채용 및 근로계약, 복무, 인사, 근로조건, 휴일과 휴가, 모성보호, 임금, 퇴직 및 해고, 퇴직급여, 표창 및 징계, 교육 및 성희롱의 예방, 안전보건, 재해보상 및 기타, 취업규칙이 있다.

관련 법을 준용해야 하는 취업규칙과 달리 복무규정은 보육교직원의 복장, 생활규칙, 하루 일과 운영의 준수사항 등을 제안하는 내부규정이다. 복무규정에 들어가는 내용으로는 출·퇴근 준수사항, 보육실 준수사항, 공용 공간 사용 준수사항, 휴가 사용 준수사항, 교재교구 및 비품 사용 준수사항, 교사 복장 관련 사항 등이 있다.

3 건강·영양·안전관리

어린이집은 영유아들이 집단생활을 하는 곳으로 감염병의 감염 위험이 매우 크고, 발달 특성상 신체적·인지적 미성숙으로 안전사고의 위험이 높다. 또한 영유아기는 성장기이므로 건강하게 성장·발달하기 위해서는 영양을 고려한 급·간식이 제공되어야 한다. 어린이집은 영유아의 영양, 건강, 안전을 위해 전문적 지식, 기술과 관련한 행동지침을 수립하고 이를 실행하여야 한다.

1) 건강관리

「영유아보육법」 제31~제32조 및 시행규칙 제33조에 의거하여 건강관리에 대해 살펴보고자 한다. 어린이집 원장은 영유아와 어린이집 보육교직원에 대하여 정기적으로 건강진단을 실시하는 등 건강관리를 하여야 하며, 건강진단 실시 관련 증빙서류 등을 비치하여 건강관리를 해야 한다. 질환의 조기발견, 질병 예방교육, 예방접종 및 정기검진 등을 통해 건강증진을 도모하기 위해 지역사회 보건소 및 의료기관의 재능기부를 활용하는 건강주치의제도를 활용한다.

어린이집의 원장은 영유아에 대하여 매년 정기적으로 「감염병의 예방 및 관리에 관한 법률」 제33조의 2에 따른 예방접종통합관리시스템을 활용하여 영유아의 예방접종에 관한 사실을 확인해야 하며, 영유아에 대하여 최초로 보육을 실시하는 경우에는 보육을 실시한 날부터 30일 이내에 확인해야 한다. 확인 결과 예방접종을 받지 아니한 영유아에게는 필요한 예방접종을 받도록 보호자에게 안내해야 한다. 영유아의 예방접종 여부 확인 및 관리를 위하여 생활기록부에 예방접종 여부 및 내역에 관한 사항을 기록하여 관리해야 한다.

어린이집의 장은 영유아에게 질병·사고 또는 재해 등으로 인하여 위급상태가 발생한 경우 즉시 응급의료기관에 이송하여야 한다. 또한 아동이 접근할 수 없는 안전한 장소에 응급조치를 위한 비상약품 및 간이 의료기구 등을 비치해야 한다. 어린이집에서 아동에 대해 해열제·감기약 등을 투약할 경우 부모의 투약의뢰서 또는 부모의 투약요청 의사를 확인(유선 등)하고 해당내용에 대한 증빙 가능 시 투약한다. 투약 시 약품에 기재된 투약기준(용법, 용량 등)을 준수해야 한다.

어린이집 원장은 보육 아동 또는 보육교직원에게 식중독으로 의심되는 증상 발견 시 즉시 시·군·구청장에게 보고하고, 「감염병의 예방 및 관리에 관한 법률」에 따른 제1급감염병부터 제3급감염병까지에 해당하는 감염병 중 보건복지부령으로 정하는 감염병이 발생한 경우 또는 의심되는 증상 발견 시 관할 보건소에 신고해야 한다. 신고가 필요한 감염병은 수족구병, 풍진, 유행성결막염, 인플

루엔자(유행성 독감), 장염, 홍역, 유행성이하선염(볼거리), 전염성농가진, 수두, 무균성 수막염, 결핵, 성홍열, 기타 감염병이 있다.

어린이집의 영유아와 교직원은 건강진단(「영유아보육법」 제31조 및 같은 법 시행규칙 제33조)을 매년 1회 이상 실시해야 한다. 다만, 「국민건강보험법」 제52조, 같은 법 시행령 제25조 및 「의료급여법」 제14조의 규정에 의한 영유아 건강검진이나 보호자가 별도로 건강검진을 실시하여 그 검신 결과 통보서를 제출할 수 있다.

2) 급식관리

어린이집에서는 영유아에게 균형 있고 위생적이며 안전한 급·간식을 제공하여 건강하게 성장할 수 있도록 도와야 한다. 급식의 경우 정상적인 발달에 필요한 영양을 섭취할 수 있도록 영양사가 작성한 식단에 의하여 공급하되 영유아 100인 미만을 보육하는 어린이집의 경우에는 「어린이 식생활안전관리 특별법」 제21조에 따른 어린이급식관리지원센터에 등록하고, 인근 육아종합지원센터, 보건소 및 어린이급식관리지원센터 등의 영양사 지도를 받아 식단을 작성하여 사용할 수 있다.

급·간식은 하루에 필요한 영양소가 충분히 들어가도록 구성되어야 한다. 오전 간식은 점심식사에 영향을 주지 않는 양으로 1일 총 열량의 약 5~10% 수준으로 제공하도록 하며 점심식사는 하루 필요 열량에서 간식을 제외한 1/3 수준으로 제공한다.

급·간식은 시행규칙 제34조에 의거하여 어린이집에서 직접 조리하여 공급하는 것을 원칙으로 한다. 다만, 현장학습 등 어린이집에서 직접 제공하기 어려운 경우로서, 학부모에게 급식(외부 음식) 제공에 대해 미리 고지·안내하여 학부모 동의를 거칠 때에는 직접 조리하여 제공하지 않아도 된다.

모든 어린이집은 영유아의 건강·안전 및 소비자의 알 권리 확보를 위해 농수

산물이나 그 가공품을 조리하여 제공하는 경우, 식단표에 원산지를 기재하여 공개해야 한다(「농수산물의 원산지 표시에 관한 법률」 제5조 제3항).

급식위생과 관련하여 어린이집의 원장 및 급식을 조리 · 제공하는 보육교직원은 어린이집에서 식중독 환자가 발생하지 않도록 위생관리를 철저히 해야 한다. 어린이집의 조리 직원은 조리 전후 식재료 및 음식 상태를 점검하는 등 위생관리를 철저히 하고 화기 및 조리기구 사용에 유의하여 안전사고가 발생하지 않도록 한다.

어린이집은 유통기한이 경과되거나 상한 원료 또는 완제품을 조리할 목적으로 보관하거나 이를 음식물의 조리에 사용하여서는 안 되며, 이미 급식에 제공되었던 음식물을 재사용하여서는 안 된다.

시장 · 군수 · 구청장은 부실급식 관련 집단 민원제기, 식중독 등 급식관련 사고, 집단 감염병이 발생하였을 경우에는 시설 현황, 사고내역 및 조치사항 등을 즉시 시 · 도지사를 경유하여 보건복지부장관에게 보고하여야 한다.

3) 안전관리

영유아가 어린이집에서 안전하게 생활하기 위해서는 안전한 환경이 조성되어야 하며 영유아에게 안전교육을 정기적으로 실시해야 한다. 어린이집 안전과 관련하여 안전관리 원칙은 다음과 같다.

첫째, 어린이집의 원장 등 보육교직원은 업무를 수행함에 있어 영유아의 생명 · 안전보호 및 위험방지를 위하여 주의 의무를 다해야 한다.

둘째, 어린이집 원장은 보육교직원 및 부모와 함께 영유아의 안전사고예방을 위해 성실하게 노력하고 안전교육을 실시해야 한다. 어린이집 보육교직원은 안전점검방법 및 안전점검표의 활용법, 영유아의 발달단계 특성을 고려한 보호 및 안전교육 방법에 대해 숙지하여야 한다.

셋째, 어린이집은 인근 소방서, 경찰서 및 가스, 유류 등의 안전 상태를 점검하는 유관기관에 의해 정기점검을 실시하고 비상연락체계를 구축해야 하며, 자체적으로 정기적인 시설안전점검을 실시하고 기록·관리해야 한다.

넷째, 어린이집 보육교직원은 영유아의 실내·외 활동 시 안전을 위해 영유아를 보호·감독해야 하며 원장은 영유아에 대한 물리적 환경과 인적 환경에 대한 안전 확보를 위해 시설 및 환경을 조성하고 관리해야 한다.

다섯째, 어린이집 내 'CCTV 등' 설치 운영과 관련된 사항은 어린이집 영상정보처리기기 설치 운영과 가이드라인을 따른다.

어린이집의 원장은 사고에 대비하여 부모와의 비상연락망을 확보해야 하며 부모 동의 및 조사서를 비치해야 한다. 영유아에게 사고가 발생한 경우 원장은 사고발생 24시간 이내에 사고보고서를 작성하여 시장·군수·구청장에게 보고해야 하며, 중대사고(중상 이상의 안전사고, 감염병 및 식중독 등 집단 질병, 화재·침수·붕괴 등 재난사고 등)는 사고발생 즉시 보고(즉시 유선보고 후 24시간 이내 서식에 의한 보고)하여야 한다. 어린이집 영유아의 안전사고 및 감염병 발생 보고는 보육통합정보시스템에 입력보고를 원칙으로 한다.

또한 어린이집 보육교직원은 아동학대범죄의 처벌 등에 관한 특례법 제10조의 규정에 의한 신고의무자로서 직무상 아동학대(「아동복지법」 제3조 제7호)를 알게 된 경우 및 의심되는 경우 즉시 아동보호전문기관 또는 수사기관에 신고해야 한다.

보육교직원은 담당 학급 영유아의 일반적인 발달수준과 특성을 이해할 뿐 아니라, 개별 영유아의 기질이나 발달 상황 등 개별적 특성을 파악하고 이에 적절한 상호작용을 제공함으로써 학대를 예방하여 영유아를 존중하는 보육을 실현하도록 노력해야 한다. 영유아를 존중하고 아동학대 예방을 위한 기본원리를 소개하면 다음과 같다(푸르니 보육지원재단, 2016, 푸르니 보육프로그램 총론).

- 영유아의 행동을 주의 깊게 관찰하고 개별적인 특성을 관찰한다.

- 온화한 태도로 긍정적인 언어를 사용하여 아이와 상호작용한다.
- 개별 영유아의 발달수준과 특성에 맞추어 상호작용한다.
- 허용적인 분위기에서 영유아가 자유롭게 자신의 생각과 감정을 표현할 수 있도록 한다.
- 영유아의 생각과 감정, 요구에 귀를 기울이고 공감해 준다.
- 영유아가 알아듣고 이해할 수 있도록 반복하여 말해 주고 반응을 기다려 준다.
- 영유아에게 바람직한 행동에 대해 모범을 보여 주고 설명해 준다.
- 규칙은 모든 상황과 모든 영유아에게 일관되게 적용한다.
- 바람직하지 않은 행동에 대해서는 이유를 설명해 주고 행동의 한계를 명확히 설정해 준다.
- 잘못된 행동은 다른 행동으로 전환해 줄 수 있는 대안적 행동을 제시한다.
- 편안한 표정, 미소, 집중하기 등 비언어적인 상호작용을 사용한다.

4 시설·설비관리

어린이집은 영유아의 발달에 적합한 환경이 구성되어 있어야 한다. 그러기 위해서는 어린이집의 건물 구조 및 공간이 안전하고 편리하게 사용할 수 있도록 물리적 환경이 갖추어져야 한다. 어린이집 시설은 건물, 실외놀이터, 건물 안의 현관, 복도, 보육실, 부속실 등의 크기, 구조 등과 관련이 있다. 설비는 급수시설, 배수시설, 위생설비, 조명, 냉난방시설 등이 있고 책상, 의자, 교구장 등 보육활동을 하기 위한 모든 물리적 요소가 포함된다.

1) 어린이집의 입지조건

「영유아보육법」 제15조, 시행규칙 제9조 별표 1에 따른 시설기준을 살펴보도록 하자.

① 어린이집은 보육수요 · 보건 · 위생 · 급수 · 안전 · 교통 · 환경 및 교통편의 등을 충분히 고려하여 쾌적한 환경의 부지를 선정해야 하므로, 영유아의 신체적 · 사회적 안전에 위험하다고 판단되는 시설(폐기물처리시설, 유흥업소, 전염병원 등)과 위험시설이 어린이집 주변에 없어야 한다.

② 어린이집은 「주택건설기준 등에 관한 규정」 제9조의 2 제1항에서 규정하고 있는 위험시설로부터 외곽경계선이 되는 담 또는 벽(담 또는 벽이 없는 경우 부지경계선)을 기준으로 수평거리 50m 이상 떨어진 곳에 배치한다.

③ 지방자치단체의 장은 보육부서와 건축 및 기타 부서 간 긴밀한 협조체계를 구축하여, 어린이집의 인가 또는 위험시설의 신축을 위한 건축 허가 시 어린이집의 입지조건을 충분히 고려하도록 조치해야 한다.

2) 어린이집의 구조 및 일반기준

어린이집(보육실)은 1층 또는 건물 전체(5층 이하)에 설치해야 한다. 어린이집의 건물구조 및 보육실 · 화장실 · 놀이기구 등이 영유아의 안전과 이용에 편리하도록 설계 · 시공되어 있는지 확인해야 한다. 기본시설인 보육실, 조리실, 목욕실, 화장실, 옥외놀이터(정원 50인 이상 시설), 급배수시설, 비상재해대비시설, 교사실은 하나의 건물에 설치해야 한다.

• 보육실

보육실은 건축물의 1층에 설치하며, 당해 어린이집이 1층에 해당하는지 여부는 건축법상의 층수와 관계없이 실제상의 층수를 기준으로 한다. 보육실이 위치한 해당의 4면의 100분의 80 이상 지상에 노출되어 있고, 어린이집의 주 출입구의 하단이 지표면으로부터 위 또는 아래 방향으로 1미터 이내인 경우에 실제상의 1층으로 본다.

다만, 보육실이 위치한 해당 층 4면의 100분의 50 이상 100분의 80 미만이 지상에 노출되고, 해당 층 주 출입구의 하단이 지표면으로부터 1미터 이내이며, 지방보육정책심의위원회 심의를 거쳐 채광·환기·습도·침수 등 영유아의 건강과 안전에 문제가 없는 것으로 확인된 해당 층에 어린이집을 설치하는 경우 예외적으로 인정한다.

건물 전체가 어린이집인 경우 및 사업주가 직장어린이집을 설치하는 경우, 1층부터 5층까지 보육실을 설치할 수 있다.

• 조리실

조리실은 1층 이상에 설치하는 것을 원칙으로 한다. 유치원과 같은 건물에 설치된 어린이집은 유치원의 조리실을 함께 사용할 수 있으며, 직장어린이집이 설치된 건물에 집단급식소를 운영하는 경우에는 조리실을 별도로 설치하지 않아도 된다.

• 화장실

화장실은 보육실과 동일한 층의 인접한 공간에 설치하며(층간 설치 지양), 목욕실은 보육실과 인접한 공간에 설치하여야 하며 건물 외부에 설치할 수 없다.

영유아용 수세식 변기는 가능한 한 10~15인당 1개 이상을 설치하는 것이 바람직하다. 다만, 가정어린이집의 경우 성인용 변기에 디딤판 및 탈부착식 유아용 변기를 설치하고 이동식 어린이용 변기를 갖춘 경우 유아용 변기를 설치하지 않아도 된다.

• 기타시설

시설 규모에 따라 사무실, 양호실, 식당, 자료실, 상담실, 강당, 놀이터 등을 설치해야 하며 어린이집 원장 사무실은 보육실과 동일층에 설치하는 것이 바람직하다.

보육정원이 21명 이상인 어린이집은 교사가 교육활동을 계획·준비하고 자료제작 등을 할 수 있도록 구획된 교사실을 설치해야 하며, 교사실에는 교육활동 준비와 행정사무, 휴식 등에 필요한 설비를 갖추어야 한다.

3) 어린이집 놀이터

정원 50인 이상의 어린이집은 영유아 1인당 3.5㎡ 이상 규모의 옥외놀이터 설치를 원칙으로 하되, 정원규모 별 면적 기준은 달리 적용할 수 있다.

① 어린이집 자체 부지가 있는 경우, 옥외놀이터를 설치해야 함

② 신축, 증·개축, 소재지 변경으로 면적 확보가 가능한 경우, 옥외놀이터를 확보해야 함

③ 어린이집의 지하층(1층 아래에 있는 층)에는 놀이터 설치 불가(시행규칙 별표 1)

놀이터는 「영유아보육법」, 「어린이놀이시설 안전관리법」, 「환경보건법」 등에서 정한 기준을 준수하여 설치해야 한다.

어린이집의 2층 이상에 놀이터를 설치하는 경우, 「영유아보육법」에서 정하는 비상재해대비시설을 설치해야 한다. 직장어린이집은 옥외 · 대체 놀이터(옥내 · 인근놀이터) 중 자유롭게 설치 가능하다. 대체놀이터를 활용할 경우 주 3회, 매회 30분 이상 실외 활동을 실시할 수 있도록 한다.

어린이 놀이시설 안전관리법 시행령 제2조 제1항 ---- 동력을 이용하지 않도록 설계된 것

일반적인 어린이 놀이기구의 유형 및 분류기준

유형	분류기준
그네	하중 지지대에 매달려 있는 좌석 · 받침판이 앞뒤 · 좌우 등으로 움직이도록 설계될 것
미끄럼틀	경사면을 가진 구조물로서 이용자가 규정된 트랙 내에서 미끄러져내려갈 수 있도록 설계될 것
정글짐	통나무 · 파이프 · 타이어 등으로 구성된 육면체, 둥근 지붕 또는 탑 모양의 구조물로서 자유롭게 매달릴 수 있도록 설계될 것
공중놀이기구	손잡이를 잡고 매달리거나 공중에 매달려 있는 좌석에 앉아서 케이블을 따라 이동할 수 있도록 설계될 것
회전놀이기구	한 개 이상의 좌석 · 받침판 · 손잡이가 설치되어 축을 중심으로 회전하도록 설계될 것
흔들놀이기구	아랫부분의 구성제가 좌석이나 자리를 지지하는 형태로서 이용자가 그 좌석이나 자리에서 그 놀이기구를 직접 움직일 수 있도록 설계될 것
오르는 기구	봉 · 로프 · 그물 등으로 이루어진 구조물로서 손으로 붙잡고 오르내리도록 설계될 것
건너는 기구	일어서거나 기거나 매달려서 앞뒤 · 좌우로 이동할 수 있도록 설계될 것
조합놀이터	위의 놀이기구 중 두 가지 이상의 놀이기구가 결합된 형태일 것
충격흡수용 표면재	어린이가 안전하게 놀 수 있도록 하기 위하여 충격을 흡수할 수 있는 재료가 사용될 것
기타 놀이기구	상기 유형 이외의 놀이기구로서 어린이가 놀이에 이용할 수 있도록 설계될 것

보육평가란 보육활동 전반에 대한 평가로 보육활동에 영향을 미치는 모든 요인에 대한 평가라고 할 수 있다. 보육평가는 궁극적으로 영유아가 건강하고 안전하게 보호, 양육받고 영유아의 발달 특성에 적합한 교육이 적절히 제공받아 전인적 발달과 건강한 사회 구성원으로 성장할 수 있도록 돕기 위한 과정이다. 보육의 질적 수준을 높이기 위해 보육활동에 영향을 미치는 모든 요인에 대한 평가가 필요하다. 본 장에서는 보육평가의 개념과 목적, 평가 대상에 따라 영유아 평가, 교사 평가, 보육과정 및 보육 프로그램 평가, 그리고 어린이집 평가에 대해 살펴보고 평가의 활용 방법에 대해 알아본다.

12
CHAPTER

보육평가

1 보육평가의 개념과 목적

보육평가란 보육활동에 대한 전반적인 평가로 보육활동에 영향을 미치는 모든 요인에 대한 평가라고 할 수 있다. 평가의 영역은 영유아와 교사에 대한 평가와 같이 개인 수행에 대한 평가와 보육과정 및 프로그램에 대한 평가, 어린이집 기관 평가가 있다.

보육평가를 통해 궁극적으로 영유아가 균형적 발달이 이루어졌는지, 영유아의 전인적 발달을 돕기 위한 보육환경과 보육과정이 어느 정도 실현되고 달성되었는지, 그 수행방법 및 수준이 영유아에게 적합한지 등을 평가함으로 보육의 질적 향상을 도모할 수 있다. 또한 보육평가에 의해 도출된 결과물은 보육현장과 관련된 연구를 위한 기초자료로 제공되고, 더 나아가 보육정책에 대한 기초자료를 수집하여 보육 예산 수립 및 집행에 반영할 수 있으며 보육정책 방향을 결정하는 데 큰 도움을 줄 수 있다.

보육평가는 그 대상과 목적에 따라 평가의 시기, 내용과 범위, 횟수, 활용방안 등이 달라지지만 어떠한 보육평가이든 영유아의 이익을 원칙으로 하는 평가가 되어야 한다.

영유아 평가는 영유아의 영역별 발달 상황을 기술하고 연령에 맞게 발달하고 있는지, 영유아의 전인적 성장·발달에 기여함을 목적으로 한다. 보육교사는 영유아와의 상호작용, 학급 운영 전반에 관한 지속적인 피드백을 받음으로써 더 나은 교수를 위한 정보를 제공할 수 있다. 또한 부모에게 자녀의 발달수준 및 변화를 알림으로써 자녀에 대한 부모의 이해를 증진시키고 자녀에 대한 양육 태도, 부모 역할 수행에 대한 정보를 제공하여 보다 나은 부모-자녀 관계를 형성하게 하여 영유아의 발달을 도모한다. 어린이집에서는 어린이집의 보육목표가 제대로 달성되고 있는지 파악할 뿐 아니라 시대적 변화와 대상의 요구에 적합한 어린이집 운영에 있어 합리적이고 객관적인 정보를 제공한다.

2 보육평가의 대상과 방법

1) 영유아 평가

보육대상인 영유아 평가가 필요한 이유는 다음과 같다.

첫째, 영유아가 어린이집에 입소하기 전에 이들의 현재 발달 상태나 특성에 대한 정보를 얻기 위해 다양한 평가가 실시된다. 간단한 부모용 가정환경조사를 통해 영유아의 질병 상태, 예방접종 유무, 식품 알레르기 유무와 종류, 좋아하는 놀이, 영유아와 관련된 인적 · 물적 환경 등을 알아본다.

둘째, 보육교사는 영유아가 다른 영유아들과 상호작용하는 동안 놀이와 활동, 개인적 특성, 발달 상황을 수시로 평가한다. 수집된 평가 자료는 영유아의 놀이지도, 개별 보육 프로그램의 기초자료 및 부모와의 면담자료로 활용한다.

셋째, 보육교사는 표준화 검사 등을 통해 영유아의 또래관계, 지능, 학교 준비도 등을 객관적이고 타당하게 측정한다. 이러한 체계적인 평가 결과를 영유아의 부모에게 제공하여 발달 상황을 객관적으로 파악하게 함으로써 자녀 양육에 도움을 줄 수 있다.

영유아의 평가는 발달적합성을 고려하여 성장에 기준을 두고 아이들의 일상생활 속에서 자연스럽게 이루어지는 것이 바람직하다. 보육과정은 영유아 중심으로 구성되어 있으나 평가는 교사 중심으로 이루어지기 때문에 평가에 대한 평가자의 관점이 아동 중심으로 바뀌어야 한다

영유아 평가를 하기 전에 먼저 무엇을 평가할 것인가, 평가하려는 영유아의 발달적 특성은 어떠한가, 평가된 정보를 무엇에 사용하려고 하는가, 누가 평가할 것인가를 고려해야 하며 영유아의 연령과 보육여건에 적합한 평가방법을 선택해야 한다. 영유아를 보다 정확하게 이해하기 위해서는 영유아에 대한 평가방법을 한 가지만 사용하는 것보다 가능한 한 여러 가지 방법을 활용하는 것이 바람직하다.

(1) 관찰법

영유아의 행동을 직접 관찰하는 관찰법은 보육현장에서 가장 손쉬운 방법으로 영유아에 대한 정보를 얻을 수 있는 평가기술이다. 이는 영유아가 일상생활과 활동을 할 때 교사의 적극적인 참여과정에서 일어난다.[1] 관찰법의 종류에는 일화기록, 시간표집법, 사건표집법, 행동목록법(체크리스트), 평정척도법 등이 있다.

① 일화기록

일화기록법은 관찰자가 받은 인상을 육하원칙(언제, 어디서, 누가, 무엇을, 어떻게, 왜)에 근거해 짧게 기록하는 것이다. 이는 교사가 영유아를 이해하고 그들의 사고내용을 파악하는 데 중요한 역할을 한다. 일화기록은 짧은 내용의 사건이나 행동에 대한 사실적 기록으로 한 가지 행동이나 상황에 초점을 맞춘다. 일화기록은 영유아의 사회 · 정서적 특성이나 한 집단 내에서의 인간관계, 특히 영유아의 문제행동을 객관적으로 파악할 때 유용한 방법이다.

일화기록을 위한 유의사항은 다음과 같다.

첫째, 사건이 생긴 즉시 기록한다.

둘째, 관찰한 행동이나 사건에 대해 사실적이고 객관적으로 기술한다. 중심인물의 말과 행동을 기록하고 그 상황에 있었던 사람들의 반응을 기록한다. 영유

---

1) 〈영유아 관찰 TIP〉
- 영유아들이 자발적 혹은 능동적으로 놀이에 참여하는가?
- 영유아들이 선호하는 영역과 선호하지 않는 영역은 무엇인가?
- 영유아들이 잘 가지고 노는 놀잇감은 무엇인가?
- 놀이가 반복되지는 않는가?
- 유아가 놀이하는 동안 다른 친구의 놀이에도 관심을 가지고 서로 의견을 주고받는가?
- 유아는 보육실에서 함께 정한 규칙 또는 기본적인 규칙을 지키는가?
- 유아는 자료를 사용하기 위해 차례를 기다리는가?
- 영유아의 발달과 학습에 따라 행동의 변화가 일어나는가?
- 대 · 소집단 활동 시 주의집중 또는 산만함의 정도는 어떠한가?(주. 한국보육진흥원(2013a: 43)의 내용 발췌함)

아가 사용한 말은 그대로 인용부호(" ")를 사용하여 현재형으로 기록한다. 또한 비언어적인 측면(몸짓, 얼굴 표정 등)도 함께 기록한다.

셋째, 일화기록에는 관찰날짜, 관찰시간, 관찰 영유아의 이름, 연령, 성별, 관찰 장소, 관찰 장면, 관찰자의 의견 등의 내용이 포함되어야 한다.

넷째, 객관적 사실과 이에 관찰자의 해석이나 처리방안을 명확히 구분하여 기록한다. 즉 교사의 주관적 관점이나 편견, 영유아의 행동에 대한 평가를 배제하고 관찰된 객관적 사실 기록과 관찰자의 해석을 구분하여 기술한다.

다섯째, 여러 시기에 일어난 서로 다른 일화들을 총괄적으로 기록하지 말고 각각의 일화를 독립적으로 기록한다. 일화는 일어난 순서대로 기록한다.

여섯째, 교사가 영유아의 행동을 관찰할 때 영유아가 관찰당하고 있다는 느낌을 받으면 부자연스러운 행동이 나올 수 있기 때문에 유의하도록 한다.

| 표 12-1 | 일화기록에 의한 영유아 관찰 예시

관찰유아	김ㅇㅇ(만 1세)	생년월일	2014. 10. 1.	성별	남
관찰자	ㅇㅇㅇ 교사	관찰시간	오전 9시 30분~9시 35분(5분)		
관찰장면	어린이집 주변 공원을 산책하며				
기록	교사와 ㅇㅇ는 손을 잡고 공원을 걷고 있다. 주변에서 매미 소리가 들리자 ㅇㅇ이는 손을 귀에 가져다 댄다. 교사가 "무슨 소리지?"라고 이야기하자 ㅇㅇ이는 "무스~"라고 이야기 한다. 그리고 교사가 "맴맴~매미 소리구나."라고 이야기하자 ㅇㅇ는 "맴맴"이라고 이야기한다. 교사는 ㅇㅇ에게 "ㅇㅇ가 공원 나무에서 들리는 매미의 맴맴~ 우는 소리를 따라 해 보았구나"라고 말한다. 그리고 다시 매미 소리가 들리자 ㅇㅇ이는 "또! 맴맴"이라고 이야기한다. 다른 영아가 "맴맴 소리"라고 이야기하자 ㅇㅇ이는 "맴맴? 맴맴"이라고 이야기한다. 공원에서 자전거가 지나간다. ㅇㅇ이는 자전거를 가리키며 "자~"라고 이야기 한다. 교사가 "자전거구나. 조심해서 비켜야겠다. 자전거네. 자전거"라고 이야기 하자 ㅇㅇ이는 "자전거"라고 이야기 한다. 교사가 '자전거' 노래를 부르며 ㅇㅇ이는 교사의 손을 잡고 고개를 좌우로 움직이며 "따~ 자~" 한 음절씩을 따라 하며 걸어간다.				
해석 및 평가	ㅇㅇ이는 주변에서 들리는 소리를 음성으로 표현하려고 하며, 자신이 지각하는 소리의 언어적 표현에 대해 궁금해한다. 주변에서 만나는 다양한 경험을 표현하고자 발성을 시도할 때, 교사의 언어적 표현으로 모델링을 해 주면, 모방하며 여러 차례 반복한다. ㅇㅇ이가 새로운 낱말에 관심을 갖고 언어적인 표현에 즐거움을 경험할 수 있는 기회를 제공하려 한다.				

출처: 이미화 외(2016). p. 240.

2 시간표집법

시간표집법은 미리 선정된 행동을 정해진 시간 동안 일정한 시간 간격을 두고 여러 번 관찰하는 것이다. 즉 시간표집법은 관찰을 하기 전에 언제, 어디서, 무엇을, 어떻게 기록할 것인지, 관찰 시간을 어떻게 할 것인지를 미리 결정해야 한다. 그 후 관찰자는 정해진 시간 간격에 따라 관찰자가 관찰하고자 하는 행동이 발생했는지, 관찰 횟수는 어떻게 되는지를 기록한다(전남련 외, 2014).

시간표집법을 사용하는 데 고려해야 할 점은 다음과 같다.

첫째, 시간표집법은 관찰 가능한 외현 행동이어야 하고 비교적 자주 일어나는 행동이어야 한다.

둘째, 시간표집법은 일어난 사실에 대해서만 기록하고, 상황 속 관찰자의 인상이나 해석은 넣지 않는다.

셋째, 관찰지에 예기치 않은 사건이나 방해가 있을 때를 기록할 수 있는 여백을 남겨두고 활용한다. 관찰하는 사건과 관계없어 보여도 후에 참고가 될 수 있기 때문에 함께 기록해 두는 것이 좋다.

| 표 12-2 | 시간표집법의 예

시간 표집법 블록놀이 발달단계 관찰기록지								
관찰 유아			생년월일			관찰시간		
관찰자			성별	남 여		관찰일자		
관찰일 현재 유아연령								
시간/놀이	1단계 나르기	2단계 쌓기	3단계 다리 구성	4단계 울타리 만들기	5단계 설계	6단계 이름 붙이기	7단계 구성물 만들기	메모
15초		✓						적목을 위로 쌓음
15초					✓			적목을 계속 좌우로 연결해서 쌓음
15초						✓		'전화국'이라 이름을 정함
15초 (1분)							✓	전화국을 완성함
15초				✓				책상 위에 울타리를 만듦
15초 (5분)								울타리 안의 적목을 '전화국'이라고 함
합계	1	2	1	1	2	11	2	
요약 · ㅇㅇ이는 높은 단계의 적목놀이 이름 붙이기를 하고 있다. · 적목으로 사물을 구성하고 이름을 대치하여 붙일 수 있다.								

출처: 심성경 외(2018). 보육학개론. p. 276.

3 사건표집법

사건표집법은 어떤 특정한 행동이나 사건이 발생했을 때에만 관찰하는 방법으로 관찰하고자 하는 행동이 나타날 때까지 기다렸다가 관찰하는 관찰법 중 하나이다. 사건표집법은 단순히 어떤 행동의 출현 유무만을 관찰하는 것이 아니라 그 사건이 발생하게 된 전의 상황(A)과 사건의 행동 그 자체(B), 행동이 일어난 후의 결과(C)를 시간적 순서에 맞추어 자세히 기록한다. 사건표집법을 활용하기에 적합한 영유아의 행동에는 언어 행동, 또래와의 갈등, 공격적 행동, 문제행동, 자조 행동 등이 있다.

| 표 12-3 | 사건표집법의 예

<table>
<tr><th colspan="6">사건표집법</th></tr>
<tr><td>관찰유아</td><td></td><td>생년월일</td><td></td><td>성별</td><td>남 여</td></tr>
<tr><td>관찰자</td><td></td><td>관찰일자</td><td></td><td>관찰일
현재 연령</td><td>2년 5월</td></tr>
<tr><td>관찰행동</td><td colspan="5">자유놀이 후 정리정돈</td></tr>
<tr><td>시간</td><td>사건 전
(A: Antecedent Event)</td><td colspan="2">사건
(B: Behavior)</td><td colspan="2">사건 후
(C: Consequence)</td></tr>
<tr><td>오전
11:30~
11:40</td><td>선생님의 “장난감을 정리하자”라는 지시와 함께 장난감을 정리하는 시간임을 알리는 선생님의 피아노 연주소리가 들린다. 다른 유아들은 가지고 놀던 장난감을 정리하고 자기 자리를 찾아 앉고 있다.</td><td colspan="2">윤식이는 여전히 쌓기 놀이 영역에서 블록 끼워 맞추기를 하고 있다. 교사가 윤식이에게 다가가 “윤식아, 블록 정리하고 자리에 앉자” 라고 한다. 윤식이는 교사의 말에 반응하지 않고, 블록 끼워 맞추기를 하고 있다. 선생님이 윤식이가 가지고 노는 장난감을 정리하자 윤식이는 두 다리를 뻗고 소리를 지르며 운다. 선생님은 윤식이를 두 팔로 들어 윤식이 자리로 옮긴다. 윤식이는 더욱 큰 소리로 운다.</td><td colspan="2">윤식이는 울음을 멈추고 주위를 둘러보다가 교사와 눈이 마주친다. 교사는 윤식이에게 “윤식아, 더 놀고 싶었구나! 그렇지만 놀고 나서는 장난감을 정리해야지. 그래야 선생님하고 친구들하고 다른 놀이를 할 수 있잖아” 하고 하자 윤식이는 가지고 놀던 블록을 제자리에 가져다 논다.</td></tr>
<tr><td colspan="6">요약: 윤식이는 교사의 의견을 수렴해서 행동을 수정한다.</td></tr>
</table>

출처: 김연희 외(2018). 영유아를 위한 아동관찰 및 행동연구. p. 44.

4 행동목록법((체크리스트)

행동목록법(behavior checklist)은 어느 정도 구조화된 관찰법으로 교사가 관심을 가진 영역의 행동목록을 사전에 준비하고 목록에 포함된 행동이 나타나는지를 관찰한 뒤, ‘예 / 아니요’, 또는 ‘그렇다 / 그렇지 않다’로 표기하는 방법이다. 행동목록법의 기본적인 목적은 중요하게 생각되는 행동 유무를 확인하는 데 있다. 행동목록법을 사용하는 데 유의해야 할 점은 다음과 같다.

- 행동목록은 관찰 전에 준비되어 있어야 한다.
- 행동목록에 포함될 문항은 가능한 한 관찰 가능한 구체적 행동을 나타내는 것이어야 한다.
- 행동목록은 관찰하려는 특정 영역에 관하여 가능한 한 포괄적이고 대표적인 목록으로 구성되어야 하며 문항 간에 서로 중복 없이 일정한 체계에 맞게 논리적으로 조직되어야 한다.
- 관찰행동의 출현 여부 표기와 함께 처음 그 행동이 나타난 날짜를 기록하도록 하는 것이 좋다.

| 표 12-4 | 언어발달 체크리스트(2세 미만용)

관찰유아		생년월일		성별	남 여
관찰자		관찰일자		관찰일 현재 연령	

· 관찰할 유아를 선택한 후 체크리스트에 있는 행동이 나타나면 ∨로 표시하시오.
· 관찰 결과를 요약, 정리한다.

목록	예	아니오	비고
1. 장난감을 정리·정돈할 수 있다.			
2. 미술작업 후 책상 정리를 한다.			
3. 간식, 점심식사 후 주변을 정리한다.			
⋮			
19. 놀이활동 시간 중 친구에게 양보를 구할 수 있다.			
20. 자신이 실수한 일은 스스로 해결하려고 노력한다.			

요약

출처: 전남련 외(2007). 아동행동 연구 및 관찰평가

5 평정척도법

평정척도법은 어떤 행동의 출현 여부뿐 아니라 관찰하려는 행동에 대한 질적인 특성의 차이를 평가하는 방법이다(심성경 · 함은숙, 2015). 관찰자가 사전에 관찰하려는 행동영역에 대해 미리 알고 있을 때 사용되며 행동의 질적 특성을 등급으로 구분해서 차이를 판단하고자 할 때 사용한다. 따라서 평정척도법은 영유아의 특성에 대해 상, 중, 하의 3단계, 1, 2, 3, 4, 5의 5단계 또는 7단계와 같이 질적 특성을 구별할 수 있는 준거가 제시된다.

| 표 15-5 | 유아의 자조성 평정척도

<table>
<tr><td colspan="2">관찰유아</td><td></td><td colspan="2">생년월일</td><td></td><td>성별</td><td>남 여</td></tr>
<tr><td colspan="2">관찰자</td><td></td><td colspan="2">관찰일자</td><td></td><td>관찰일
현재 연령</td><td></td></tr>
<tr><td colspan="2">관찰장면</td><td colspan="6"></td></tr>
<tr><td colspan="3">문항</td><td>매우 못함</td><td>못함</td><td>보통</td><td>잘함</td><td>매우 잘함</td></tr>
<tr><td>1</td><td colspan="2">신발 신고 벗기</td><td>1</td><td>2</td><td>3</td><td>4</td><td>5</td></tr>
<tr><td>2</td><td colspan="2">신발 정리하기</td><td>1</td><td>2</td><td>3</td><td>4</td><td>5</td></tr>
<tr><td>3</td><td colspan="2">옷 입고 벗기</td><td>1</td><td>2</td><td>3</td><td>4</td><td>5</td></tr>
<tr><td>4</td><td colspan="2">손 씻기</td><td>1</td><td>2</td><td>3</td><td>4</td><td>5</td></tr>
<tr><td>5</td><td colspan="2">화장실 가기</td><td>1</td><td>2</td><td>3</td><td>4</td><td>5</td></tr>
<tr><td>6</td><td colspan="2">스스로 밥 먹기</td><td>1</td><td>2</td><td>3</td><td>4</td><td>5</td></tr>
<tr><td>7</td><td colspan="2">활동을 스스로 선택하기</td><td>1</td><td>2</td><td>3</td><td>4</td><td>5</td></tr>
<tr><td>8</td><td colspan="2">장난감 치우기</td><td>1</td><td>2</td><td>3</td><td>4</td><td>5</td></tr>
</table>

출처: 김연희 외(2018). 영유아를 위한 아동 관찰 및 행동연구. 50.

(2) 포트폴리오

포트폴리오 평가는 영유아의 발달과정을 종합적으로 평가하기 위해 전체적이면서도 지속적으로 평가하는 방법이다. 즉 영유아의 활동과정 및 결과를 증명해줄 수 있는 작품들을 수집하여 시간의 흐름에 따라 영유아의 변화를 살펴보는 평가방법이다. 포트폴리오는 한 가지 한습영역뿐 아니라 다양한 영역에서의 영유아의 성취능력, 노력, 진전도 등을 파악하는 데 목적이 있다. 객관적으로 영유아를 평가하기 위해서 고려해야 할 사항은 다음과 같다(심성경 외, 2018: 280-281).

- 그림, 공동작업, 개별 작업, 구성활동, 비디오, 녹음, 신체표현한 사진자료 등 영유아의 다양한 작품을 수집한다.
- 평가 자료로 가치가 있으려면, 지속적이고 체계적으로 자료를 수집하는 것이 필요하다. 한 달, 1분기, 한 학기 등과 같이 일정한 간격을 두고 영유아가 만들어 낸 자료를 체계적으로 수집한다.
- 수집된 작품에는 날짜, 작품에 대한 영유아의 설명, 태도, 활동 맥락, 특정 행동의 동기, 다른 영유아들과의 관계 등을 기록한다.
- 자기 반영 활동 및 그 결과를 수집한다. 영유아가 자기가 만든 작품에 대해 되돌아보고 반성한 결과들을 포트폴리오에 포함한다. 자신의 활동이 목표한 대로 적절히 이루어졌는지에 대해 자기 판단을 해 보거나 느낀 점, 새로 알게 된 점, 다음 활동목표 등을 영유아의 입장에서 정리한다.
- 영유아의 작품에 대한 교사, 부모, 또래의 의견이나 조언, 기타 작품의 특이점에 대한 기록이 필요하다.

2) 보육교사 평가

현재 우리나라는 보육교사를 평가할 수 있는 표준화된 기준이나 준거가 마련되어 있지 않다. 일반적인 교사평가의 개념 및 유아교사평가의 개념에 기초하여 보육교사 평가란 교수활동 등 보육 전반에 걸친 관련된 정보를 수집하고 그 가치를 해석하여 보육교사의 전문성 신장과 발전을 촉진하며 더 나아가 보육의 질을 향상시키는 것이다.

보육교사는 영유아와 상호작용을 통해 영유아에게 가장 크고 직접적인 영향을 미치는 존재이기 때문에 우수한 자질과 자격을 갖춘 보육교사는 중요한 요인이다. 또한 보육교사에 대한 평가는 보육평가의 중요한 부분이고, 어린이집에 자녀를 보내는 부모들이 어린이집을 선택하고 평가하는 데 있어 첫 번째 기준이 교사이기 때문에 보육교사는 지속적인 평가가 필요하다.

교사 평가방법에는 자기평가, 동료교사에 의한 평가, 상급자(주임교사, 원장)에 의한 평가, 부모나 외부사람에 의한 평가 있다. 교사가 자신의 교수활동을 스스로 평가하는 것은 교사의 전문성을 향상시켜 보육의 질적 수준을 높일뿐 아니라 교사의 자기 발전을 위해서도 필요하다. 교사의 자기평가는 교사의 자발적이고 적극적인 참여로 이루어지므로 자율장학의 성격을 띤다. 다른 사람에 의해 교사평가를 할 때는 어떤 목적으로 어떤 방법에 의해 이루어지는지 교사가 사전에 인지할 수 있도록 평가결과에 대해 교사에게 알려 주도록 한다. 교사 평가방법으로 교사 자기평가 척도를 제시하면 다음과 같다.

| 표 12-6 | 교사 자기평정 척도

평가목록		전혀 그렇지 않다	대체로 그렇지 않다	보통 정도이다	대체로 그렇다	아주 그렇다
1						
2						
3						
4						
5						
6						
7						
8						
9						
10						
11						

평가목록		전혀 그렇지 않다	대체로 그렇지 않다	보통 정도이다	대체로 그렇다	아주 그렇다
12						
13						
14						
15						
16						
17						
18						
19						
20						

3) 보육과정 및 보육프로그램 평가

보육과정 평가는 보육과정을 구성하는 보육목표, 보육내용, 교수·학습 과정 및 평가 자체에 대한 평가이다. 보육과정 평가를 통해 영유아의 발달적 특성과 요구에 보다 적합한 양질의 보육을 제공하기 위한 것이다. 보육과정 평가의 결과는 보육의 목표, 내용, 교수·학습 및 평가에 대한 수정을 위한 기초자료가 된다.

보육과정 평가는 표준보육과정(누리과정)을 근거로 보육목표와 내용이 연간, 월간(또는 주간) 보육 계획에 반영되었는지 평가한다. 일일보육계획의 경우 대·소집단 활동과 자유놀이의 균형, 일상생활 활동과 놀이 활동의 균형 등이 이루어졌는지 평가할 수 있다.

보육계획에 대한 평가는 언제 할 것인지, 보육과정 실행에 대한 평가는 언제 할 것인지 주기를 정한다. 주기로는 매일, 주간, 월간, 분기별, 학기별, 연간으로 나눌 수 있다. 교사가 계획한 보육계획이 적절하게 운영되었는지 평가한다. 여기에는 교수법, 자료 활용, 영유아의 반응 등에 대해 분석하여 다음 계획에 반영할 수 있다.

(1) 교수·학습 평가

교육활동의 계획 및 실행과정, 교수활동 전개 방법, 영유아와 교사, 영유아 간, 영유아와 교구 간의 상호작용 등 교재·교구 선택이 적절했는지, 교수법이 적절했는지 등을 평가할 수 있다.

(2) 환경평가

보육과정은 영유아를 안전한 보육환경 속에서 잘 키우기 위한 보육의 방향과 제시하는 기본 틀이라고 할 때, 평가를 통해 영유아에게 안전한 환경이 제공되는지, 발달에 적합한 환경이 제공되는지 등을 점검해야 한다. 보육환경 속에 발달에 적합한 놀잇감, 교구·교재의 수 등 영유아를 위한 물리적 환경을 평가하여 환경을 개선하려는 노력을 지속적으로 해야 한다.

(3) 프로그램 평가

보육프로그램 평가는 프로그램의 질, 운영과 결과에 대한 정보를 수집하기 위한 과정으로 보육프로그램이 영유아 발달에 적합하게 구성되어 있으며 효율적으로 운영되고 있는지를 알아보기 위한 것이다. 보육프로그램의 질 관리를 위해 어린이집에서는 주기적으로 보육프로그램의 구성과 운영에 관한 적절성 및 실효성을 평가해야 한다. 평가의 결과는 다음 연도의 효율적인 보육프로그램 수립 및 운영에 반영한다.

3 어린이집 평가

1) 어린이집 평가인증에서 평가제로의 전환

어린이집 평가인증제도는 2005년부터 시행되어 왔다. 어린이집 평가인증은 어린이집이 나아가야 할 바람직한 보육의 실제를 제시하여 질적 수준을 공정하게 평가하고, 부모가 어린이집을 선택하는 기준을 제공하며, 정부 차원에서는 효율적 지원 및 관리체계를 위한 질 관리를 위한 제도이다(한국보육진흥원, 2017, 어린이집 평가인증 12년).

평가인증은 제1차(2006~2009), 2차 지표와 3차 시범지표를 적용한 제2차 평가인증(2010~2017. 10.), 통합지표를 적용한 제3차 평가인증(2017. 11.~2019. 6. 11.)을 거치면서 보육의 질적 수준을 향상 및 유지할 수 있도록 개선해 왔다.

평가인증제도 도입 후 긍정적인 면은 저출산 및 양육 부담에 대한 사회적 책임 강화로 보육에 대한 재정 규모가 증가하였고, 영유아기의 중요성과 아동 권리에 대한 부모와 사회적 인식이 높아졌다는 것이다.

그동안 평가인증제도는 어린이집이 자발적으로 신청한 경우 실시되어 왔기 때문에 미인증 어린이집으로 인한 질 관리의 사각지대가 존재하였다. 최근 아동 권리 보호, 아동학대 예방 등 아동 인권 및 안전관리 강화에 대한 사회적 요구가 증가함에 따라 전체 어린이집이 평가에 참여할 필요성이 제기되어 왔다. 이에 국정과제로 '보육·양육에 대한 사회적 책임 강화'의 실현과 영유아의 건강한 성장 및 발달을 돕기 위하여 2019년 6월 12일부터 어린이집 평가제가 시행되어 오고 있다.

평가제는 전체 어린이집의 보육의 질적 수준을 행상시키고 유지하게 함으로써 영유아의 안전과 건강, 조화로운 성장과 발달을 도모하여 부모가 믿고 맡길 수 있는 안심 보육환경 조성에 기여하고 있다.

2) 어린이집 평가제 시행의 목적

어린이집 평가제는 국가 차원의 주기적인 평가를 통해 모든 어린이집이 상시적으로 보육서비스의 질을 확보하고 보육과 양육에 대한 사회적 책임강화를 실현하며, 안심 보육을 조성하고자 시행되는 정책이다.

어린이집 평가제의 시행 목적은 다음과 같다.

첫째, 상시적인 보육서비스 질 관리를 위해 주요 핵심지표를 중심으로 질 관리 표준을 제시하고 어린이집 스스로 질적 수준을 제고하도록 한다.

둘째, 전체 어린이집에 대한 주기적 평가를 통해 보육서비스 품질관리의 사각지대를 해소하고 전반적인 보육서비스 수준을 지속적으로 관리하여 국가의 책무성을 강화하고자 한다.

셋째, 평가제를 통해 보육서비스의 질 향상을 제고함으로써 영유아의 안전과 건강, 조화로운 성장과 발달을 도모하고자 한다. 이를 위해 영유아 인권과 놀 권리를 보장하고 영유아가 건강하고 행복하게 성장할 수 있는 안심 보육환경을 조성하여, 보육교직원이 영유아 보육에 집중할 수 있는 여건을 조성한다.

3) 어린이집 평가제 운영체계와 평가지표 내용

(1) 운영체계

어린이집 평가는 정해진 주기에 따라 대상을 선정하여 통보함으로써 시작된다. 대상통보는 총 2회에 걸쳐 진행된다. 선정통보(1차)는 현장평가 6개월 이전에, 확정통보(2차)는 현장평가 2개월 전에 통보된다. 확정통보를 받은 어린이집에 대해서는 통보 익월부터 기본사항 확인(2019 어린이집 평가 매뉴얼, 23-25 참조) 및 자체점검, 현장평가, 종합평가 등의 과정이 3개월간 진행된다.

각 어린이집의 평가 시기는 평가주기와 연계하여 정해진다.[2] 정해진 평가주기 외에 신규 개원, 대표자 변경, 행정처분 등의 사유 발생 시에는 별도로 정해진 평가시기에 맞춰 통보가 이루어진다. 평가제 시행 이후에는 평가 참여 수수료를 국가가 전액 부담한다. 어린이집 평가 운영체계는 다음과 같다.

2) 기존 인증제의 인증유지 어린이집은 인증유효기간과 연계하여 평가시기를 맞추어 대상통보(유효기간 만료 2개월 전 현장평가)된다.

| 그림 12-1 | 어린이집 평가 운영체계

(2) 평가제의 평가지표 내용

평가지표는 제3차 평가인증의 통합지표[3]를 기반으로 하였으며, 어린이집의 고유한 특성을 반영하였을 뿐 아니라 개정 누리과정 및 개정 표준보육과정의 맥락을 같이하도록 세부내용이 구성되었다.

첫째, 평가인증제와 비교하여 보면 지표를 21지표에서 18지표로, 79항목에서 59항목으로 축소하였고, 지표별 평가항목 수를 평균 3~4개로 균형 배치하였다.

둘째, '영유아 안전권리 존중', '놀이' 가치 강조를 통해 영유아 중심의 안심 보육환경을 조성하고자, 영유아 권리 존중(1-1) 지표를 필수지표로 지정하여 그 의미를 강조하고 놀이중심의 보육과정 운영을 강화하였다. 급·간식 위생 및 안전 항목 중 영유아의 등원부터 하원까지 안전하게 생활하는 데 반드시 필요한 필수요소(8개)를 지정하여, 필수지표 또는 필수요소 충족이 최상위 등급을 받을 수 있는 필수조건이 되게 하였다.

셋째, 보육교직원의 근무여건 개선과 보육에 집중할 수 있는 보육환경을 마련하기 위하여 보육교직원의 처우, 스트레스 관리 관련 지표를 강조하고 직무역량 제고를 위한 항목을 강화하였다.

3) 국무조정실 영유아교육보육통합추진단에서 개발한 「유치원·어린이집 평가체계 통합방안」을 기초로 하여 유치원과 어린이집이 공통으로 사용하게 한 지표로서, 2017년 11월부터 적용되었다.

| 표 12-7 | 평가지표내용

영역(4)	지표(18)	항목(59)
I. 보육과정 및 상호작용 (18)	1-1. 영유아 권리 존중 필수	2
	1-2. 보육계획 수립 및 실행	6
	1-3. 놀이 및 활동 지원	3
	1-4. 영유아 간 상호작용 지원	4
	1-5. 보육과정 평가	3
	소계	18
II. 보육환경 및 운영관리 (14)	2-1. 실내 공간 구성 및 운영	4
	2-2. 실외 공간 구성 및 운영	3
	2-3. 기관 운영	4
	2-4. 가정 및 지역사회와의 연계	3
	소계	14
III. 건강 · 안전 (15)	3-1. 실내외 공간의 청결 및 안전	3
	3-2. 급 · 간식	3
	3-3. 건강증진을 위한 교육 및 관리	3
	3-4. 등 · 하원의 안전	3
	3-5. 안전교육과 사고예방	3
	소계	15
IV. 교직원 (12)	4-1. 원장의 리더십	3
	4-2. 보육교직원의 근무환경	3
	4-3. 보육교직원의 처우와 복지	3
	4-4. 보육교직원의 전문성 제고	3
	소계	12

*3-2, 3-4, 3-5 지표 내 필수요소 8개 포함

구체적으로 '보육과정 및 상호작용' 영역의 세부 평가항목을 살펴보자. 이 영역은 총 5개의 지표로 구성되어 있다. 영유아의 권리 존중, 어린이집의 보육철학과 표준보육과정에 기초한 보육계획 수립 및 실행, 영유아의 놀이 및 활동에 대한 적절한 지원, 영유아 간 상호작용 지원, 보육과정 운영에 대한 평가를 실시하고 있는지를 평가한다.

'영유아 권리 존중'은 모든 어린이집에서 필수적으로 지켜져야 하는 항목으로 최근 영유아 인권에 대한 사회적 관심이 높아지면서 영유아 인권의 중요성이 강조되고 있다. 보육교사는 영유아들의 인권에 대한 이해와 감수성을 증진시켜 영유아를 하나의 인격체로 대해야 한다. 이 지표는 2개의 평가항목으로 평가한다. 교사가 공감과 인정, 격려를 통해 개별 영유아를 하나의 인격체로 존중하는지, 영유아의 다양한 배경 및 조건을 차별 없이 대하는지를 평가한다.

| 표 12-8 | 평가지표 세부 평가항목(예시: 보육과정 및 상호작용)

평가지표	평가항목
필수 1-1 영유아 권리존중 (2)	1. 교사는 영유아를 존중한다.
	2. 교사는 영유아를 차별 없이 대한다.
1-2 보육계획 수립 및 실행 (6)	1. 표준보육과정을 바탕으로 어린이집의 철학을 반영한 보육계획을 수립한다.
	2. 영유아가 편안한 분위기에서 일상경험을 할 수 있도록 운영한다.
	3. 하루 일과에서 영유아의 자유놀이가 충분히 이루어지도록 한다.
	4. 바깥놀이 시간을 매일 충분히 배정하여 운영한다.
	5. 특별활동은 운영 지침에 따라 운영한다.
	6. (장애영유아) 장애영유아를 위한 관련 서비스(치료지원 포함)를 일과 중에 통합적으로 제공한다.
1-3 놀이 및 활동지원 (3)	1. 교사는 놀이와 활동이 영유아의 자발적 선택에 의해 주도적으로 이루어지도록 격려한다.
	2. 교사는 영유아의 놀이 상황을 관찰하면서 관련된 상호작용을 한다.
	3. 영유아의 다양한 놀이와 활동에 필요한 자료를 제공한다.

평가지표	평가항목
1-4 영유아 간 상호작용지원 (4)	1. 교사는 영유아의 감정에 공감하고 스스로의 감정을 다룰 수 있도록 돕는다.
	2. 교사는 영유아가 일상에서 자신의 의견, 생각 등을 또래와 나눌 수 있도록 격려한다.
	3. 교사는 영유아가 적절한 약속과 규칙을 지키도록 격려한다.
	4. 교사는 영유아 간 다툼이나 문제가 발생할 경우 다양한 해결방식을 사용한다.
1-5 보육과정평가 (3)	1. 반별 보육일지에 하루 일과 및 놀이실행에 대해 평가한 내용이 있고, 필요한 경우 평가내용을 다음 보육계획에 반영한다.
	2. 개별 영유아의 일상생활, 실내외 놀이 및 활동에 대한 관찰 내용을 기록하고, 영유아의 발달특성과 변화를 평가한다.
	3. 원장은 각 반별 보육과정 운영에 대한 평가를 통해 어린이집 전체 보육과정 운영을 파악하고 있다.

4 평가결과의 활용

보육평가는 평가목적에 따라서 실시되어야 하고 평가결과는 평가목적에 따라 다음과 같이 활용할 수 있다(황해익, 2004).

① 평가결과는 교사가 유아의 성장 발달을 이해하는 데 좋은 자료가 된다. 장점과 단점을 파악하여 영유아의 욕구를 만족시키며, 발달을 자극할 수 있는 보육경험을 제공하고, 영유아 보육계획의 수립에 활용하며, 영유아의 건전한 성장 발육을 도모하는 데 도움을 줄 수 있도록 활용한다.

② 문제가 있는 영유아를 전문가에게 의뢰할 때 문제해결방안의 기초자료로 활용할 수 있다.

③ 기록을 통해 각 영유아의 향상 정보를 확인할 수 있다.

④ 교사는 영유아에 대한 평가자료를 부모와의 면담 시 활용할 수 있다. 이러한 평가에 기초하여 효과적인 지도 방법의 대안을 부모와 함께 모색할 수도 있다.

⑤ 보육과정 및 프로그램의 운영에 관한 평가결과와 교사의 자기평가결과는 어린이집 운영에 대한 중요한 지침이 되며, 교사가 질적으로 향상된 역할을 수행하는 데 도움을 주는 방향으로 활용될 수 있다.
⑥ 초등학교에 진학할 때 교육자료로 활용할 수 있다.
⑦ 정부차원의 평가는 보육정책 수립이나 어린이집 지원 등에 활용할 수 있다.

보육평가는 영유아의 전인적인 성장과 발달을 지원하고 지속적으로 보육의 질을 향상시키기 위한 필수적 과정이다. 교사나 어린이집 운영자는 평가의 필요성과 방법을 인식하고 실행하여 그 결과가 다시 보육과정에 적용될 수 있도록 해야 한다. 그러므로 체계적인 평가계획과 그에 따른 평가결과는 영유아에게 도움이 되고 부모와 교사, 지역사회 및 국가가 만족하는 보육서비스를 제공하도록 할 것이다.

참고문헌

CHAPTER 01 참고문헌

국가법령정보센터 홈페이지 *www.law.go.kr*

국가통계포털(2020) 연도별 출산율 추이(2006~2019).

국가통계포털 사이트 http://kosis.kr

기획재정부(2016). '『OECD 한국경제보고서』 발표', 기획재정부 보도참고자료, 2016. 5. 16.

김익균 · 노은호 · 박금희 · 이미정 · 이순영 · 이행숙 · 이혜숙 · 정혜은 · 조미환 · 조혜경(2003). 보육학개론. 서울: 교문사.

노동부(2008). 제4차 남녀고용평등과 일 · 가정 양립 기본계획.

대한민국정부(2015). 제3차 저출산 · 고령사회 기본계획('16~'20), 브릿지플랜 2020.

백선희(2020). 2020년 제3차 육아정책심포지엄:문재인정부 3주년 육아정책 성과와 과제. 세미나 자료. 육아정책연구소.

보건복지부(2010). 제2차 저출산 · 고령사회 기본계획('11-'15). 보건복지부 보도자료.

보건복지부(2013). 제2차 중장기보육 기본계획.

보건복지부(2017). 제3차 중장기보육 기본계획.

보건복지부 · 육아정책연구소(2012). 2012년 전국보육실태조사.

보건복지부 · 육아정책연구소(2016). 2015년 전국보육실태조사.

세이브더칠드런 홈페이지 www.sc.or.kr

여성가족부 · 한국보건사회연구원(2005). 2004년도 전국 보육 · 교육 실태조사.

조성연 · 이정희 · 김온기 · 황혜정 · 나유미 · 박진재 · 송혜린 · 임연진 · 나종혜 · 권연희(2004). 영유아보육론. 서울: 학지사.

조혜경 · 이순영 · 황성원 · 노은호 · 구경선 · 곽혜경 · 박금희 · 조미환 · 나은숙 · 문영보(2009). 개정보육학개론. 서울: 창지사.

통계청(2019). 2018 출생통계.

통계청(2019). 경제활동인구조사.

CHAPTER 02 참고문헌

곽노의 · 최민수 · 김규수 · 유구종 · 최연철(1996). 비교유아교육론. 서울: 양서원.

국가법령정보센터 사이트(영유아보육법)

김정원 · 심은희 · 이경화 · 이연규 · 장은주 · 전선옥 · 조순옥 · 조화연 · 최일선(2011). 보육학개론. 경기: 양서원.

김지은(2002). 미국 공보육의 실상과 동향. 한국영유아보육의 공보육화 구현방안. 한국영유아보육학회 2002 추계학술대회 자료집. pp.133-169.

나정 · 장영숙(2002). OECD 국가들의 유아교육과 보호정책의 동향. 서울: 양서원.

나종혜 · 김송이 · 신나리 · 권연희 · 배선영 · 손승희(2018). 영유아 중심 보육교사를 위한 보육학개론. 경기: 파워북.

문무경 편역(2006). 스웨덴의 육아정책: 유아교육과 보육, 학교교육의 통합을 중심으로. 서울: 육아정책개발센터.

문무경 편역(2006). 영국의 육아정책. 서울: 육아정책개발센터.

박은혜 · 김명순 · 신동주 · 정미라(2003). 세계의 유아교육제도. 서울: 양서원.

보건복지부(2008). 2008 보육사업안내.

보건복지부(2011). 2011 보육사업 안내.
보건복지부(2011). 아이사랑플랜 시행계획(안).
보건복지부(2013). 제2차 중장기보육 기본계획.
보건복지부(2017). 제3차 중장기보육 기본계획(2018-2022).
양옥승 · 김영옥 · 박경자 · 위영희 · 이옥 · 이차숙 · 정미라 · 지성애 · 홍혜경(1998). 세계의 보육제도. 서울: 양서원.
여성부(2004). 영유아보육법.
유구종 · 조희정(2007). 영유아 보육학개론. 경기: 공동체.
유해미 · 유희정 · 정경희(2011). 일본의 보육정책동향(II). 서울: 육아정책연구소.
유희정 편역(2006). 일본 보육정책 동향. 서울: 육아정책개발센터.
이윤진 · 백미화(2017). 중국의 유아교육 · 보육정책. 서울: 육아정책연구소.
조성연 · 이정희 · 김온기 · 제경숙 · 황혜정 · 나유미 · 박진재 · 송혜린 · 임연진 · 나종혜 · 권연희(2008). 영유아보육의 이해. 서울: 학지사.
조혜경 · 구경선 · 곽혜경(2016). 보육학개론. 서울: 창지사.
주간 복지신문(2011. 2. 21.).
최윤경(2015). 스웨덴의 육아정책(II): 교사정책을 중심으로. 서울: 육아정책연구소.
홍금자(2002). 일본의 공보육. 한국영유아보육의 공보육화 구현방안. 한국영유아 보육학회 2002 추계학술대회 자료집. pp.175-214.

朝日(아사히)신문(2011. 6. 17.).

아이 누리 포털 사이트 https://i-nuri.go.kr

CHAPTER 03 참고문헌

강성위(1983). 서양철학사. 대구: 이문출판사.
곽노의(1996). 프뢰벨-생애와 교육. 서울: 양서원.
곽노의(2018). 유아교육사조: 유아교육의 역사와 철학. 서울: 문음사.
구경선(2005). 코메니우스 교육과의 만남. 서울: 교육아카데미.
구경선(2008). 유아교육사상사. 서울: 교육아카데미.
김정원 · 심은희 · 이경화 · 이연규 · 장은주 · 전신옥 · 조순옥 · 조회연 · 최일선(2011). 보육학 개론. 경기: 양서원.
김정임(1998). 자유 발도르프 유치원의 교육론과 실제. 한국 슈타이너 교육예술협회 발표자료.
김정환(1982). 페스탈로치의 교육사상. 서울: 고려대학교 출판부.
루소(1997). 에밀. 권응호 역. 서울: 홍신문화사.
쇼이얼 한스(2004). 교육학의 거장들 I, II. 서울: 한길사.
아리스토텔레스(1986). 니코마코스 윤리학. 최명관 역. 서울: 서광사.
연세대학교 교육철학연구회 편. 위대한 교육사상가들. I(1996), II(1998), III(1999), V(2002). 서울: 교육과학사.
오인탁(1994). 고대 그리스의 교육사상. 서울: 종로서적.

윤선영(2005). 발도르프 유아교육의 적용 가능성에 관한 연구. 건양논총. 14호. 건양대학교.
이순형 외 공저(2005). 보육학개론. 서울: 학지사.
임태평(2000). 플라톤 철학과 교육. 서울: 교육과학사.
정영근 · 정혜영 · 이원재 · 김창환(2009). 교육학적 사유를 여는 교육의 철학과 역사. 서울: 문음사.
조성자(2005). 유아교육의 역사와 철학적 이해. 서울: 창지사.
조원경 · 김미환 · 최양미 · 장선희 · 정광희(2005). 서양교육의 이해-역사와 사상. 서울: 교육과학사.
코메니우스(2003). 유아학교. 이원영 · 조래영 공역. 서울: 양서원.
페스탈로치(1997). 페스탈로치가 어머니들에게 보내는 편지. 김정환 역. 서울: 양서원.
프뢰벨(1995). 인간교육. 서석남 역. 서울: 이서원.
플라톤(1995). 플라톤의 국가론. 최현 역. 서울: 집문당.
홍순정 · 곽노의 · 정미라(2004). 아동교육사. 서울: 한국방송통신대학교 출판부.

CHAPTER 04 참고문헌

곽금주 · 성현란 · 장유경 · 심희옥 · 이지연(2005). 한국영아발달연구. 서울: 학지사.
김유미(2005). 뇌를 통해 본 아동의 정서: 이해와 교육. 서울: 학지사.
서봉연 · 이순형(1998). 발달심리학-아동발달. 서울: 중앙적성출판사.
성영혜 · 김연진 · 이정화 · 윤혜경 · 송주미 · 장미경 · 윤석희 · 이배근 · 최원기 공저(1999). 영유아발달의 이론과 실제. 서울: 동문사.
심성경 · 백영애 · 이희자 · 이영희 · 변길희 · 김은아 · 박유미 · 박주희(2018). 보육학개론. 경기: 공동체.
심성경 · 조순옥 · 이정숙 · 이춘자 · 이선경 · 이효숙 공저(2001). 유아교육개론. 서울: 창지사.
이순형 · 이영미 · 정윤주 · 이혜승 · 김정민 · 권혜진 · 성미영 · 한유진 · 권기남(2008). 아동관찰과 행동연구. 서울: 학지사.
정옥분(2006). 사회정서 발달. 서울: 학지사.
조혜경 · 구경선 · 곽혜경(2016). 보육학개론. 서울: 창지사.
현정환(2005). 아동발달의 이해. 서울: 창지사.
현정환(2016). 영유아 발달. 서울: 창지사.

Berk, L. E.(2005). *Infants and Children: Prenatal through middle chilhood*(5th ed.). 박낭자 · 강숙현 · 박경희 역(2007). 아동발달. 서울: 정민사.
Christie, J. F., Enz, B., & Vukelich(2003). *Teaching language and literacy: Preschool through the elementary grade*(2nd ed.). Boston: Allyn and Bacon.
Erikson, E. H.(1963). *Childhood and Society*, New York: W. W. Norton Co.
Essa, E. L.(2003). *Introduction to early childhood education*(4th ed.), Canada: Thom- son.
Estes, L. S.(2004). *Essentials of Child Care and Early Education*, Boston: Pearson Education. Families and Work Institute, 곽노의 · 김유미 역(2001). 서울: 양서원.
Goleman, D.(1995). *Emotional intelligence*. Why it can matter more than IQ, New York: Bantam.
Piaget, J.(1986). *Das moralische Urteil beim Kinde*, Stuttgart: Klett-Cotta.
Vygotsky, L.(1962). *Thought and language*, Cambridge: MA, MIT Press.
Wardle, F.(2003). *Introduction to Early Childhood Education: A multidimensional approach to child-centered care and*

learning. Boston: Pearson.

CHAPTER 05 참고문헌

권혁미(2010). 시간 연장 보육에서 나타나는 유아의 일상에 관한 문화기술적 탐구. 아주대학교 교육대학원 석사학위논문.
김문자(2008). 유형별 보육시설서비스 만족도 비교분석 - 경기도 파주시 국공립, 민간, 가정보육시설을 중심으로 - 중앙대학교 행정대학원 석사학위논문.
김연진 · 한성심 · 서지영 · 김현자(2008). 보육학개론. 서울: 태영출판사.
김혜령(2006). 영아전담 보육시설 프로그램 운영사례연구. 부산대학교 교육대학원석사학위논문.
보건복지부(2017). 제3차 중장기 보육기본계획(2018~2022).
보건복지부(2020). 2020 보육사업안내. 보건복지부.
양옥승 · 김영옥 · 김현희 · 신화식 · 위영희 · 이옥 · 이정란 · 이차숙 · 정미라 · 지성애 · 홍혜경(1999). 영유아보육개론. 서울: 학지사.
이순형 외 공저(2010). 보육학개론. 서울: 학지사.
통계청(2019). 전국어린이집 유형 현황.
한유진(2009). 시간 연장 보육교사의 전문성 인식과 역할수행에 관한 연구. 덕성여자대학교 교육대학원 석사학위논문.

CHAPTER 06 참고문헌

보건복지부(2017). 제3차 중장기 보육기본계획(2018~2022).
보건복지부(2019). 전국어린이집 유형별 현황.
통계청(2019). 전국어린이집 현황.

노원육아종합지원센터. www.nwscc.or.kr
복지로. http://www.bokjiro.go.kr
서울시보육포털서비스. http://iseoul.seoulgo.kr
어린이집정보공개포털. http://info.childcare.go.kr
육아정책연구소. https://kicce.re.kr
임신육아종합포털아이사랑. http://www.childcare.go.kr
중앙육아종합지원센터. central.childcare.go.kr
한국보육진흥원. http://kce.kcpi.or.kr

CHAPTER 07 참고문헌

교육부 · 보건복지부 · 육아정책연구소(2019). 개정 누리과정 교사 연수 자료: 강사용.
김은영 · 임부연 외(2019). 2019 개정 누리과정 해설서. 교육부 · 보건복지부.
김은영 · 임부연 외(2019). 누리과정 개정 정책 연구. 교육부 · 충청남도교육청 · 육아정책연구소.
문무경(2018). 영유아 부문 지속가능발전목표의 국내 이행현황 및 과제. 육아정책연구소 · 유네스코 한국위원회 · 서울특별시교육청.
박은혜 외(2019). 2019 개정 누리과정 놀이실행자료. 교육부 · 보건복지부.
보건복지부(2020). 제4차 어린이집 표준보육과정.
보건복지부 고시 제2013-8호.
보건복지부 고시 제2020-75호.
서영숙 · 서혜전 · 정영희 · 양영아 · 안소영 · 이종현 등(2012). 보육과정. 경기: 공동체.
심성경 · 백영애 · 이희자 · 이영희 · 변길자 · 김은아 · 박유미 · 박주희(2018). 보육학개론. 경기: 공동체.
이남주 · 김소양 · 이재삼 · 장현주(2011). 보육학개론. 공동체.
이미화(2020). "잘 놀아야 잘 자란다", 놀이 중심 표준보육과정 개정. 육아정책포럼 2020 여름 Vol. 64, 15-22. 육아정책연구소.
이미화 외(2020). 제4차 어린이집 표준보육과정 해설서. 보건복지부.
이주연 · 박선영 · 송승민 · 이사라 · 하지영 · 한세영(2015). 보육과정. 파워북.
임재택(1995). 현대 유아교육과정. 서울: 양서원.
전남련 · 김재환 · 권경미(2006). 보육과정. 경기: 양서원.
정선아 외(2019). 2019 개정 누리과정 놀이이해자료. 교육부 · 보건복지부.
최성덕(2018). 외국의 프로젝트 기반 학습을 통한 핵심 역량 교육 사례. 한국교육개발원.

Clark, A. M.(2003). *The ABC's of quality child care*. Delmar Learning, a division of Thomson Learning, Inc. New York.
NAEYC(1991). Guidelines for appropriate curriculum content and assessment in programs serving children age 3 through 8, *Young Chidren*, *21*.
Schwartz, S. L., & Robinson, H. F.(1982). *Designing Curriculum for Early Childhood*. Boston, MA: Allyn & Bacon.
Spodek, B.(1991). Early Chilshood Curriculum and Cultueal Definitions of Knowledge. In B. Spodek & Saracho(eds.). *Issues in Early Childhood Curriculum: Year Book in Early Childhood Education*(Vol. 2) New York: Teachers College Press.

아이 누리 포털 사이트 https://i-nuri.go.kr

CHAPTER 08 참고문헌

교육부 · 보건복지부(2020). 2019 개정 누리과정 놀이 실행자료.
김영희 · 송명숙 · 최미숙(2003). 0-3세 영유아를 위한 프로그램의 이론과 실제. 경기: 양서원.
김재숙 · 임미혜 · 김선희 · 김혜경 · 배선미(2004). 유아교사를 위한 실외놀이 Guide Book. 서울: 정민사.
김혜경 · 조경민(2003). 5세 아를 위한 종일반 보육프로그램. 서울: 창지사.
덕성여자대학교 부속유치원 편(2000). 상호작용이론에 기초한 유아교육과정의 운영 및 활동의 실제. 서울: 학지사.
신동주(1999). 영유아를 위한 실외놀이환경 구성 지침. 삼성복지재단 엮음. 서울: 교육과학사.
양옥승 · 김영옥 · 김현희 · 신화식 · 위영희 · 이정란 · 이옥 · 이차숙 · 정미라 · 지성애 · 홍혜경(2000). 영유아보육개론. 서울: 학지사.

여성가족부(2005). 영유아보육법.
윤애희 · 김온기 · 박정민 · 곽윤숙 · 주영은 · 박정문 · 정정옥 · 임명희 · 정지영(2003). 보육의 이해와 영 · 유아보육프로그램. 서울: 창지사.
이기숙 · 김정원 · 이현숙 · 전선옥(2008). 영유아교육과정. 경기: 공동체.
이기숙 · 이영자(1993). 2-3세를 위한 유아교육프로그램. 서울: 창지사.
이영자 · 이종숙 · 신은수 · 곽향림 · 이정욱(2002). 1, 2세 영아프로그램의 계획 및 운영. 서울: 다음세대.
정미라 · 홍용희 · 엄정애 · 이순영(2004). 유아를 위한 종일제 프로그램의 운영. 경기: 양서원.
정정옥(2008). 보육시설 운영관리. 서울: 교육아카데미.

Dodge, D. T.(1992). Making classrooms work for children and adults. *Child Care Information Exchange*, 83.
Essa, E. L.(2003). *Introducion to early childhood education*. Delmar Learning.
Eisenberg, E.(1997). Metting adult needs within the classroom. *Child Care Information Exchange*, 117.
Frost, J. L., Wortham S. C., & Reifel, S.(2005). *Play and Child Development Pearson Education*.
Greenman, J.(1988). *Caring spaces, learning places: Children's environments that work*. Redmond, WA: Exchange Press.
Hale, J. E.(1994). Unbank the fire: *Vision for the education of African American children*. Baltimore, MD: Johns Hopkins University Press.
Harms, T., & Clifford, R. M.(1980). *Day care environment rating sclas*. New York: Teachers College Press, Columbia University.
Johnson, J. E. Christie, J. F., & Yawkey, T. D.(1999). *Play and early childhood development*. Pearson Education.
Jones, E., & Prescott, E.(1978). *Dimensions of teaching-Learning environments, II* : Focuse on day care. Pasadena, CA: Pacific Oaks College.
Rettig, M.(1998). Environmental influences on the play of young children with disabilitie Education and Training in Mental Retardation and Developmental Disabilities, 33, pp.289-294.
Sciarra, D. J., & Dorsey, A. G.(2003). *Developing and administering a child care center*(5th ed.). Clifton Park, NY: Delmar Learning.
Shepherd, W., & Eaton, J.(1997). Creating environments that intrigue and deligt children and adults. *Child Care Information Exchange*, 117, pp.42-47.
Thomson, C. L., & Ashton-Lilo, J.(1983). A developmental environmental for child care programs. In E.M Goetz & K. E.Allen(Eds.), *Early childhood education:* Special environmental policy, and legal considerations(pp.93-125). Rockville, MD: Aspen Systems Crop.
Wardle, F.(2003). *Introduction to early childhood education*. A multidimensional approach to child - centered care and learning. Pearson Education, Inc.
Weinstein, C. S.(1987) Designing preschool class rooms to support development. In C.S. Wesinstein T G David(Eds.), *Spaces for children: The built environmental and child*.

CHAPTER 09 참고문헌

김종철(1994). 교육행정학신강. 서울: 배영사.

김혜경 · 유희정(2004). 영유아 프로그램. 창지사.

보건복지부(2020). 2020 보육사업안내. 보건복지부.

양옥승 · 김영옥 · 김현희 · 신화식 · 위영희 · 이옥 · 이정란 · 이차숙 · 정미라 · 지성애 · 홍혜경(1999). 영유아보육개론. 서울: 학지사.

유희정 · 이미화(2004). 보육교사 근무환경 및 직무실태 분석. 한국여성개발원 .

이순형 외 공저(2010). 보육학개론. 서울: 학지사.

이은화 · 배소연 · 조부경(1995). 유아교사론. 서울: 양서원.

임재택(1995). 유아교육기관 운영관리. 서울: 양서원.

조복희 · 강희경 · 김연주 · 김현지 · 손경화 · 안은숙 · 양연숙 · 이영환 · 이주연 · 이진숙 · 장혜자 · 한유미(2007). 보육학개론. 서울: 교육과학사.

조성연 · 이정희 · 김온기 · 황혜정 · 나유미 · 박진재 · 송혜린 · 임연진 · 나종혜 · 권연희(2011). 영유아보육론. 서울: 학지사.

조혜경 · 이순영 · 황성원 · 노은호 · 구경선 · 곽혜경 · 박금희 · 조미환 · 나은숙 · 문영보(2009). 보육학개론. 서울: 창지사.

중앙보육정보센터(2006). 평가인증조력프로그램영역4. 상호작용. 중앙보육정보센터.

Decker, C., & Decker, J. R.(1992) *Planning and administering early childhood programs*. Cloumbus, Ohio: Chareles E. Merrill.

CHAPTER 10 참고문헌

고영자(2019). 어린이집의 지역사회 연계활동에 관한 보육교직원의 인식 연구. 학습자중심교과교육연구, 19(19), 291-320.

교육부 · 보건복지부(2020). 2019 개정 누리과정 놀이실행자료.

김미정(2012). 직장어린이집 행사현황에 대한 교사와 학부모의 인식조사. 덕성여자대학교 교육대학원 석사학위논문.

김은설 · 장혜진 · 김문정(2011). 영유아기 자녀 부모 특성별 부모교육 강화 방안. 육아정책연구소 연구보고, 2011-16.

김은설 · 최진 · 조혜주 · 김경미(2009). 육아지원기관 부모교육 · 참여 활성화 방안 연구. 육아정책연구소 연구보고, 2009-08.

김진영 · 김정원 · 전선옥(2009). 개정 영유아를 위한 부모교육. 서울: 창지사.

김희진(2008). 유아교육기관에서의 부모교육과 지원. 서울: 파란마음.

민성혜 · 김경은 · 김리진(2011). 유아기 자녀를 둔 다문화가족 부모자녀관계 증진을 위한 부모교육 프로그램 개발 및 효과성 연구. 아동학회지 제32권, 제1호. 31-49.

박미정(2011). 포괄적 보육서비스 실천을 위한 지역사회 자원연계 활성화 방안: 보육시설 종사자 인식을 중심으로. 대한아동복지학회, 9(3), 87-102.

방유선(2016).유아교육기관에서의 부모참여의 의미와 실제: 교육공동체의 관점에서. 한국연구재단 연구보고서.

보건복지부(2013). 제3차 어린이집 표준보육과정 해설서. 보건복지부.

연미희 · 김진숙(2001). 부모교육 이론과 실제. 서울: 동문사.

이경우(편역)(1989). STEP: 당신도 유능한 부모가 될 수 있다. 서울: 창지사.
이연섭·강문희(1999). 부모교육. 서울: 정민사.
이완희·최양미(2009). 영유아 부모교육프로그램의 연구동향 분석, 2000년-2009년. 열린부모교육연구, 제1권, 제2호(2009년 11월).
이윤경·김선영·김성희·김지은·나종혜·문혁준·신인숙·안선희·천희영·최은미·황혜신·황혜정(2003). 유아교육개론. 서울: 창지사.
이혜순·이완정(2016). 어린이집 부모참여와 부모역할 만족도 - 부모참여 만족도의 매개효과. 아동권리학회 V204..
정하영(2013).어린이집 행사에 관한교사와 학부모의 중요도 및 만족도 인식차이. 세종대학교 교육대학원 석사학위논문.
최윤정·안소영·최수경(2017). 샛별유치원 부모참여 수업의 의미탐색. 한국육아지원학회, 12(2), 51-81.

Galen, H.(1991). Increasing parental involvement in elementary school: The nitty gritty of one successful program. *Young Children*, 46.
Howes, C., & Ponciano, L.(2000). Child care. In J. L. Roopnarine, & J. E. Johnson(Eds.), *Approaches to Early Childhood Education*(3rd ed.), NJ: Prentice-Hall.
Nedler, S.(1973). Parent teachers and early education. In B.Persky, & L. Clubcheck(Eds.), *Early Childhood*. Wayne, New York: Avery Publishing Group.
OECD(2012). Starting Strong Ⅲ - A Quality Toolbox for Early Childhood Education and Care. OECD publishing.
Schorr, L. B.(1997). Common purpose: Strengthening families and neighborhoods to rebuild America. New York: Anchor Books.

CHAPTER 11 참고문헌

나종혜·김송이·신나리·권연희·배선영·손승희(2018). 영유아 중심 보육교사를 위한 보육학 개론. 파워북.
대학 어린이집 사진 자료.
보건복지부(2020). 2020 보육사업안내. 보건복지부.
보건복지부(2020). 영유아보육법.
보건복지부·한국보육진흥원(2019). 2019 어린이집 평가 매뉴얼.
아동권리보장원(2020). 아동학대 예방 신고 의무자용 교육자료.
아동안전사이버교육센터 홈페이지. http://www.childsafedu.go.kr
어린이안전교육관 홈페이지. http://www.isafeschool.com
조혜경·곽혜경·구경선(2016). 보육학개론. 서울: 창지사.
최석란·서원경·이슬기(2016). 어린이집운영관리. 경기: 파워북.

CHAPTER 12 참고문헌

김소양·장현주(2019). 보육학개론. 경기: 공동체.
김연희·홍유나·이승숙·송나리(2018). 영유아를 위한 아동관찰 및 행동연구. 교육아카데미.

김희진 · 박은혜 · 이지현(2011). 영유아교육기관에서의 관찰. 서울: 창지사.
보건복지부(2020). 2020 보육사업안내. 보건복지부.
보건복지부 · 한국보육진흥원(2019). 2019 어린이집 평가 매뉴얼: 어린이집용.
서문희 · 양미선 · 이정원 · 김온기 · 원종욱 · 송신영(2013). 「어린이집 질 제고를 위한 평가인증제도 중장기 개편방안」. 육아정책연구소.
서영숙 · 사혜진 · 김영명 · 채혜숙 · 김진숙(2013). 보육학개론. 경기: 양서원.
심성경 · 백영애 · 이희자 · 변길희 · 김은아 · 박유미 · 박주희(2018). 보육학개론. 경기: 공동체.
유구종 · 조희정(2007). 영유아 보육학개론. 경기: 공동체.
이미화 · 서문희 · 최윤경 · 임지원(2012). 「보육서비스 품질 제고를 위한 어린이집 평가인증 발전방안 연구」. 육아정책연구소.
조혜경 · 곽혜경 · 구경선(2016). 보육학개론. 서울: 창지사.
최영희(2017). 아동관찰 및 행동연구. 경기: 공동체.
한국보육진흥원(2017). 어린이집 평가인증 12년. 한국보육진흥원.
황해익(2004). 유아교육평가. 경기: 양서원.
황해익 · 임재택(2004). 영유아관찰 및 평가. 경기: 양서원.

Bradley, R. H., Caldwell, B. M., Corwyn, R. F.(2003). The Child Care HOME Inventories: assessing the quality of family child care homes. *Early Childhood Research uarterly*, 18, pp.294-309.
Decker, C. A., & Decker, J. R.(1992). *Planning and administering early chilhood programs*. New York: Mac-Millan Publishing Co.
Essa, E. L.(2003). *Introduction to Early Childhood Education*(4th ed.). New York: Delmar Learning.
Gullo, D., F.(2005). *Understanding Assessment and Evaluation in Early Childhood ducation*(2nd ed.). New York: Teachers College Press.
Harms, T., Clifford, R., M., & Cryer, D.(2005). *Early Childhood Environment Rating Scale*(revised ed.). New York: Teachers College Press.
http//www.naeyc.org/about/releases/20031106.asp
http://www.kcac21.or.kr
Hyson(2002). Curriculum and Assessment in Early childhood Programs. *Young Children*, May, pp. 56-57.
Kostelnik, M. J., Soderman, A. K., & Whiren, A. P.(1993). *Devellopmentally appropriate programs in early Childhood Education*. NY: Merrill Prentice Hall.
Wardle, F.(2003). *Introduction to Early Childhood Education*. Boston: Allyn and Bacon.
Wortham, S., C.(2005). *Assessment in Early Childhood Education*(4th ed.). New Jersey: Pearson Merrill Prentice Hall.

저자소개

조혜경

덕성여자대학교 대학원 유아교육과(교육학박사)

한국성서대학교 영유아보육학과 교수

구경선

독일 Bonne 대학교(철학박사)

서울신학대학교 보육학과 교수

보육학개론

초판 1쇄 인쇄 2021년 2월 27일
초판 1쇄 발행 2021년 3월 2일

지 은 이 | 조혜경 · 구경선
펴 낸 이 | 김기섭
편 집 인 | 이초롱
펴 낸 곳 | 창지사 www.changJisa.com
08589 서울시 금천구 가산디지털 1로 83 파트너스타워 1차 9층
전화 (02)719-2211~3
팩스 (02)701-9386
등 록 | 1977년 4월 28일 · 제1-421호

ISBN 978-89-426-1220-8 (93370)

값 22,000원